心經密意

——心經與解脱道、佛菩提道、
祖師公案之關係與密意。

——平實導師　演述

ISBN 978-957-30019-8-0

自序

本書之緣起，乃是由於本會之台南共修處成立，於開課之前，應台南地區同修之建議，而前往演講，並加以錄音，然後由章乃鈞老師直接於電腦中打字成文之後，再由本人將口語理順，只作少數文字之修改，消除掉重複之口語，而不作大幅度之修改，以保持演說當時之景況，以如是原則而潤飾之。

《心經》為中國地區極為流行之短文經典，甚至在尚未學佛之家庭中，亦常可見之。亦有極多家庭，將《心經》請人書寫工整，裱褙裝框，懸之中堂，作為避邪之用，或作為裝飾之用。是故《心經》在中國地區之流傳極為廣泛，可謂為家喻戶曉之經典也；乃至道教中，亦常以之為課誦及法會上常用之經典。

然而，正由於流通之極度廣泛，而諸方宣講《心經》者又多誤說、誤解，是故誤導眾生之現象極為嚴重；以是緣故，本會中有諸同修強烈建議，要求平實宣講《心經》之眞實意旨，以利衆生。然因觀察緣猶未熟，故暫置之未講。今以台南共修處之成立故，彼處之親教師，邀請平實前往共聚，並請同時宣講此經，共襄高舉義旗弘法度衆之勝舉，將來整理成文，以利今時及後世末法衆生。如是邀請，非爲自身，乃爲成熟衆生、住持正法而作；於事於理，求應可在，是故聞言當時隨即承諾宣講。

由於《心經》之宣講，古來已多，今時諸方註解亦極多，乃由台南共修處之親教師提出希望宣講之方式與內容，希望別出心裁而宣，並由其決定主題爲《心經密意》，副題爲：《心經與解脫道、佛菩提道、祖師公案之關係與密意》，以如是名義內涵，而爲大衆宣講。

鑑於今時諸方大師之誤解佛法極爲嚴重，印順、昭慧、傳道、星雲、證嚴法師：等人，復又將《心經》所說之如來藏眞實心，橫加否定，廣作極多扭曲佛意及扭曲菩薩論意之說，是故此書之出版，正合時節因緣。

云何平實作是說耶？此謂今時台灣印順法師及四大法師：等人，已將《心經》之眞實義，與第八識如來藏加以分割爲二，往往稱言：「眞如別是一心，如來藏別是一心，非是同一心。」又多稱言：「阿賴耶識是妄心，應該滅除，眞如方是眞心；只要能將覺知心修除妄念，常住於一念不生之境界中，即是眞如，即是佛性。」

如是誤會佛法眞實義，擅自加以分割，導致佛教三乘菩提之正法出現支離破碎之現象，令末法衆生無法把握佛法之內涵，更無法實證般若實相中道智慧，乃至亦無法修證粗淺之二乘菩提—解脫道。是故此一《心經密意》之出版，自有其時代意義，能改正以往受諸大法師所誤導之邪知邪見故，能修正三百年來對《心經》眞意之妄說謬傳而積非成是之謬見故。若得修正原有之邪知邪見，則此世證悟佛菩提，便有希望，便可遠離凡夫惡見與二乘之愚癡，對於正法之長久住世及今時後世學人之證悟心經密旨，皆有極大意義。今幸有人整理成文，得以出書，令諸末法大師與後世學人，同受其益；即以原講題目作爲書名，略敘此書出版緣由，即以爲序，如是出版之。

佛弟子　平　實　謹識

公元二〇〇二年寒露序於喧囂居

引言

我是蔡文元，在蕭老師演講的這兩天中，由我來擔任司儀。首先利用演講前的這一個空檔，來對演講者作一個簡單的介紹：蕭平實老師，公元一九四四年出生於臺灣中部，是農家子弟，父母與祖母皆是三寶弟子，祖父是耕讀爲生之人，在蕭老師出生以前便已過世了，也留下了一些古籍。

蕭老師早年忙於世務，厭惡迷信，中年歸命三寶，矢志求道。自成無相念佛功夫，於話頭疑情中深入體究，公元一九九〇年破參，悟明心地；十幾年來不捨悲願，廣度一切有緣佛子，先創辦了佛教正覺講堂，然後又在因緣演變之下，成立了台北市佛教正覺同修會。

蕭老師一方面爲了護持 世尊正法，另一方面也因爲不忍衆生被錯誤知見誤導，乃不計個人毀譽得失，以其悟後所修證無生法忍的道種智、解脫道的證量及解脫知見、世世增上的般若慧、以及禪定的體驗，依三乘經典中，三乘菩提的正義，先後寫了《無相念佛、念佛三昧修學次第、禪—悟前與悟後、眞實如來藏、正法眼藏—護法集、公案拈提、平實書箋、楞伽經詳解、宗通與說通、邪見與佛法、甘露法語……》等書與佛子結緣，部分則藉各大書局之流通管道；以這兩個管道而作摧邪顯正，救護衆生迴向正道等事。其精神猶如唐朝玄奘法師，在印度廣開無遮大會作法義辨正，是一樣的。摧毀破斥各種佛門中的邪知邪見，以彰顯 世尊獨一了義的正法，弘揚唯一佛乘的佛菩提道，是目前衆生唯一可以依止求悟的大光明及究竟安樂的處所。

今晚佛法講座的題目是《心經密意》。衆所週知：《心經》爲六百卷大般若經的精華所在，講的是般若的總相智、別相智及眞心之體性。這一個眞心，每一位衆生都有；不僅有，而且每天依賴祂，每一刻都離不開祂，但卻始終不知道祂、不認識祂，而錯認妄心。因此《楞嚴經》上說：**一切衆生從無始以來生死相續，皆由於不知這個常住眞心**。衆生因爲不知這個眞心，只好試著將妄心—也就是清楚明白的意識心、會分別、會了知六塵的心，經由修鍊而讓祂住在一念不生的境界中，讓祂看起來像是眞心的樣子。殊不知覺知心的本質是依他起性，會變異、會生滅，不是本來常住的不變異、不生滅的心；能見能聞能知能覺這個妄心，本質就是會分別六塵的心，不是眞實的不分別心。因此修學佛法，若依此妄心而修，定不能成就佛道，就如煮沙不能成飯，是一樣的道理。

禪宗五祖弘忍大師有云：「不識本心，學法無益。」那要如何才能找到這一個眞心呢？我想最重要的莫過於聽聞熏習正確的知見。沒有正知見的引導，或是被錯誤的知見誤導的話，你想要找到這一個眞心，那是很難的！

在末法時期，有很多證悟後的菩薩，因爲看見此土是五濁惡世，衆生的心性極爲剛強，又喜歡自以爲是，難受正法的敎導，因此不來娑婆；所以在此末法之季，要聽聞符合三乘法義正理的正知見，幾乎是不可能的。如此就更顯得今天晚上和明天下午的這兩場佛法講座的殊勝，請各位來賓、各位居士大德提起道心，用心聽聞。因爲這兩天的演講，有可能是大家在無量劫的生死輪迴中，一個很重要的轉捩點。

最後敬祝各位道友：

福慧增長、道業成就！

阿彌陀佛！

第一章　心經在說什麼？

微妙甚深無上法，百千萬劫難值遇；
我今見聞得證悟，願解如來究竟義。

各位法師！各位居士大德！
阿彌陀佛！（大眾回答：阿彌陀佛！）

我們這一次會來這裡講《心經密意》，它是有一個緣起的。是因為我們台南共修處成立了，要高舉正義大旗，開始接引眾生了；因為這個緣起，所以藉這個因緣，來這裡宣講《心經密意》。今天要講的《心經密意》有一個子題，也就是副題：《心經與解脫道、心經與佛菩提道、心經與祖師公案的關係》，最後才講《心經的密意》。

這一次，是我第二次到台南來演講，第一次是應台南紡織公司侯董事長的邀請，在北門鄉他們的侯氏宗祠裡面講的。那一回並沒有準備綱要，就只是「稱性」而談，也跟大衆對談了四、五個鐘頭。這一回，因爲有人希望我們講的內容，要與一般人所講的《心經》有所不同，所以他們特別擬了這個題目，加了副題，讓我來說。由於這種講法，與以前的善知識所說的內容，有很大的不同，所以我準備了大綱，按照次第來爲大家演述，希望大家可以因此而獲得更大的法益。

又因爲主要是講給台南、高雄地區的佛弟子們聽，恐怕位置不夠，讓大家沒有地方坐，所以禁止台中及台北地區的學員來這裡聽講，不過還是有十幾個人偷偷跑來聽。不過他們抗議說：「這麼好的題目，爲什麼不許我們來聽？似乎不太公平。」並希望以後我們能整理成書，出版流通；我們覺得這個建議也有道理，所以就答應以後將會整理出版；所以諸位算是先聞爲快吧！我們現在就正式來講《心經密意》了。

這個題目，我們一共要分爲五個部分來講。第一個部分是講：「心經在說什麼？」第二個部分是講「心經與解脱道的關係」；第三個部分是講「心經與佛菩提道的關係」；第四個部分是講「心經與祖師公案之關係」；最後才是講「心經的密意」。今明兩天所講的內容，有一部分可能會是諸位所不曾聽聞過的，但是也有淺顯的部分是諸位可以聽得懂的，至少要讓諸位在來聽講的這兩天有所收穫，所以深入與淺出，是我們所照顧到的兩個原則。

今天第一章的部分，先講「心經在說什麼？」在這個題目之中，要讓久已失傳的「心經密意」再現於人間。在第一章的第一節中，要說的是「心經所說的眾生心」，第二節要說的是「心經所說的菩薩心」，第三節要說的是「心經所說的佛心」，第四節說明：「說種種心故名心經」，第五節說「心經是般若諸經的精華」。

第一節 說眾生心故名心經

《心經》在說什麼？第一節的部分，先來說《心經》所說的眾生心。很多人以為說：「心經講的就是眞實心」，但是他們沒有注意到：《心經》也講眾生的妄心。《心經》所說的法義面面俱到，不但說眞實心、實相心，也同時說眾生的妄心。

一切人間的有情衆生，都同時具有眞心與妄心，並不是只有眞心，也不是只有妄心。因此說：人間所有的有情都是眞妄兩心和合並行。不瞭解實相的人會說：「心只有一個啊！怎麼會有兩個呢？」不瞭解的人總以爲：我們這一個見聞覺知的心，祂就是眞實心，因爲除了這個心以外，就沒有別的心可以找得到了！所以衆生總是認爲自己見聞覺知的心就是眞心！

可是等到學佛之後，善知識引經據典開示：「見聞覺知的心是妄心，處處作主的心是妄心，是生死輪迴的根本。」學佛的人聽到這麼一說，心裡面就慌張了！起了恐慌而想：「我這個心竟然是妄心，那麼一定還有一個眞心。」可是也有人不信，說這個覺知心怎麼叫做妄心？明明只有這個見聞覺知的心，怎麼可能說祂是妄心？所以就起了爭執。

但是善知識就會爲他證明，爲什麼這個見聞覺知的心是妄心呢？善知識開示說：「譬如你每天晚上睡覺，睡著了以後，這個見聞覺知的心就斷了、不見了；既然是會斷滅、會不見了的心，應當這個心斷滅了以後，你就應該是死了啊？

可是你明明沒有死了啊，第二天早上天亮、有聲音了，你又醒過來，見聞覺知的心又出現了！」所以從這裡就證明到一件事實：見聞覺知的心斷了以後，一定還有一個眞實心不斷不滅，這樣，第二天早上，我們的見聞覺知心，才會重新再出現啊！

有的人說：「你這個說法不對，因爲我的見聞覺知心是睡著了，不是斷了。祂不是斷滅啊！所以第二天又會再出現。」可是如果見聞覺知的心是睡著了，而不是斷滅的話，那怎麼叫做睡著？因爲見聞覺知的心，祂的體性就是：只要現起了，就一定是能夠見聞覺知的。既然見聞知覺性不見了，當然祂就是斷滅了。斷滅了就是變成無法—沒有了；沒有了以後，怎麼可能第二天早上祂自己又出現呢？祂在第二天早上可以又出現，一定得要靠別的心在眠熟時不斷，才能使祂再出現；因爲祂既然斷了，斷了就不可能自己又出現，得要依靠別的心才能使祂再出現；那一個能夠使祂再出現的心，當然就是眞心了！因爲祂常住不斷的緣故。

另外，如果有人說：「覺知心只是睡著，並不是斷滅；所以明天早上它又會再醒來，再出現。」如果眞的是這樣的話，那就不應該有睡眠這個法存在；睡眠的意思就是：覺知心斷滅了，所以使得見聞知覺性，長時間斷滅了、消失了，這才是睡眠啊！如果覺知心還存在的話，那就一定還有見聞知覺性存在，那就不叫睡眠了，那麼世間就沒有睡眠這個法相了。所以，睡眠就是覺知心暫時斷滅了，不存在了；到明天覺知心再度出現了，才又會有見聞覺知性，才能再度了了分明的了知六塵境界，這才叫做覺醒。

好，這麼一說，有的人就會想：「大概是我一念不生時，離開外面色聲香味觸的覺知心就是眞心。」所以他就想讓自己一念不生，以爲這樣就變成眞心了。但是，一念不生而不接觸外五塵的心，還是見聞覺知的心啊！還是不離定境中的法塵境啊！而且睡著了以後，這個住在不觸五塵的一念不生的覺知心也是一樣會斷滅。既然是會斷，那表示這個就不是眞心了。所以這樣一想，又恐慌了，才不得不跟著佛、跟著善知識好好的修學佛法。

由這一個例子來看別的狀態：睡著的時候是這樣，悶絕昏迷了也是這樣，因爲沒有意識覺知心現起了，所以見聞知覺性就消滅了。如果有禪定的功夫以及解脫的智慧，入了兩個無心定—無想定、滅盡定，覺知心也同樣是間斷了。再不然的話，人死了以後一段時間，正式進入正死位中，跟他講什麼話，他也聽不見；昏迷的時候，你跟他講什麼話，他也聽不見，完全不知道；見聞覺知的意識心也是同樣的間斷了。既然是這樣，就可以知道見聞覺知的心，祂不是眞心；因爲會斷滅的法，斷了、滅了以後，不可能會自己無中生有，因爲自己已經不在了，怎能由不存在的自己再出生自己？也就是說不可能會從「一無所有」之中，無因無緣而自己生起，必須依於其他的常住而不間斷的法作爲所緣，才可能使見聞知覺性從無而再有。

如果能夠無中生有，而不須依賴其他的常住法爲因爲緣，便能自行生起，那就變成無因無果，問題可就大了。那就可能今天晚上睡覺後的見聞覺知的你，明天醒來變成在你先生身上出現，你說：「我怎麼變成男生了？」也許，你明天醒來以後，你的見聞覺知心在你兒子身上出現，你說：「我怎麼變成兒子了？」因爲諸法都可以無因而起的緣故，所以會變成如此，這樣就會變成無因無果了。

一定要有互相隸屬的眞心與妄心—一個你的見聞覺知心所隸屬的眞實心

「駐」在色身中—才能夠使見聞覺知的你，繼續出現在同一個色身之內；所以，在見聞覺知心存在的當下，一定是有一個從來都不曾暫時斷滅的眞實心同時存在「身中」。《心經》就是在告訴我們這個道理，說有妄心和眞心同時存在於「色身中」，眞心與妄心同時同處在運作。

上面所說的就是《心經》在說的衆生心，就是「諸法空相」的意根心和見聞知覺性的六識心。

那麼見聞覺知的妄心，爲什麼說祂是「妄」？因爲妄心祂不能遍一切時存在，祂不能遍一切處存在，祂不能遍一切界存在，祂也不能遍一切地存在。因爲不具足這四種「遍」，所以說祂無常，無常所以叫做「空相」，所以不是般若所說的空性。眞實心卻具備了這四種「遍」，體性眞實存在，可以讓人在證悟之後現前體驗祂的運作，這四種遍，就是「遍一切時、遍一切處、遍一切界、遍一切地」。但是眞實心的法相，祂雖然有眞實體性，可以由證悟的人證知而現前體驗祂的體性，卻又是無形無色的空法，不是色法，不是物質的法，所以又叫做「空性」。

首先，我們先要來說明什麼叫做「遍一切時」？具有見聞知覺性的妄心，不能夠遍一切時存在，譬如剛剛我們講眠熟了、悶絕了、入了無心定—也就是無想定和滅受想定—以及正死位（息脈斷滅以後一段時間而進入真正死亡階段的時候），這個覺知心都必定斷滅了，所以見聞知覺性就全部消失了；而且見聞知覺心入胎後就永遠斷滅了，不能去到未來世去；未來世是另一個全新的見聞覺知心，不是這一世轉生過去的。祂既然會斷滅，那就表示祂不能遍一切時存在。見聞知覺性既然是會斷滅、會間斷的心，就表示祂不可能是眞實心，所以說能見聞覺知的心是妄心，是意識心，不能遍一切時都存在。

「遍一切處」是說：妄心不能夠遍於我們的十二處存在，眞心卻普遍地在我們的十二處中存在。十二處是講六根和六塵。爲什麼見聞覺知的妄心不遍十二處存在呢？譬如說，眼見色，是眼根接觸了色塵；雖然眼根接觸了色塵，但其實不是眼根能看見色塵，而是眼根接觸了色塵以後，眼識在這裡面看見了。我們能見的心，是由於眼根接觸了色塵，祂才能出現的。換句話說，祂是在眼根和色塵接觸的當中出現，所以祂不是在眼根之內、不是在色塵之內，而是在眼根與色塵接觸的地方出現。所以能見的心不是存在於眼根和色塵之內，而是在根與塵相「觸」的處所出現，這樣就表示能見的心—眼識—不遍眼根和色塵。

那麼，耳識也是一樣的道理，鼻舌身意識也是一樣的道理；所以，能聽的一念心，並不是耳根能聽，也不是存在於耳根之內，更不是存在於聲塵之內，而是耳根觸聲塵之處，能聽的一念心—耳識—才能在這個「觸的所在」生起，而了知聲塵，所以，能聽的一念心就是耳識心，而這能聽的一念心不能遍在耳根與聲塵之內存在。如此一來就很清楚了：眼識見色、耳識聞聲……乃至意識—覺知心—了了分明的了知六塵法，都是在根塵「觸處」所生起的，都不是遍在十二處之中的，都不遍於十二處；《楞嚴經》的七處徵心，說見聞知覺性不在根、不在塵、不在內、不在外、不在中間……等等，說的就是這個道理啊！

能見、能聽、能覺……乃至能了知的心，都是不遍於十二處的心，怎麼會是眞心呢？眞心一定得要是遍於十二處，才是遍一切處的啊！那麼，眞心怎麼遍於十二處呢？你的六根裡面的眼耳鼻舌身五根是有色根，有色根是由眞心如來藏所生，由祂所執持的，當然祂就遍於五根—不論是扶塵根或勝義根；意根也是由祂所生出來，由祂所執持，所以祂也遍於意根。然後，我們所接觸到的色聲香味觸五塵，也是由如來藏所變現的，法塵就在這五塵上面顯現出來，所以祂才是遍十二處的法，這就是遍一切處。而且，見聞知覺性的六識妄心，也都是從第八識眞心出生的，所以第八識眞心才是遍十八界的法。

有的人不相信我這種說法，他說：「奇怪！你怎麼這麼說？明明我聽到的聲音是外面的，明明我看見的色塵也是外面的，怎麼會說是我的眞心變的？」其實：衆生從無始以來，不曾接觸過外面的五塵；你所接觸到的五塵，都是由你的如來藏，藉著你的五色根所變現出來的內相分，只是因爲那個內相分和外相分一模一樣，所以你不知道是自己的心所變現的內相分，而誤以爲所見所聞乃至所知的五塵都是外面的五塵。這就好像開戰車一樣，戰車的駕駛員並沒有直接看見外面，而是看著三菱鏡所反射出來外面的影像來駕駛的。

又好像電視的監視器一樣，你在房間裡面的螢幕看見影像，就知道外面是怎樣了；如果你從來沒有看見過外面，而電視螢幕也放大到遍滿整個房間時，你就會以爲你現在所看見的影像是外面的。內相分也是一樣，遍滿整個見聞覺知心所處的房間境界，所以，你所接觸到的色聲香味觸，全部都是你的如來藏所變現的內相分，但是你自己不知道，卻以爲自己眞的接觸到外面的五塵。所以在很多部的經中，佛說：「一切法都是自心所現。」有時又說：「能取（的覺知心）與所取（的六塵），皆是自心現量。」就是這個意思。

既然這色聲香味觸是如來藏所變現的，當然祂就遍於這五塵，然後法塵就在這五塵中出現，所以法塵也是祂所變現的。所以說如來藏遍十二處。我們的見聞覺知心不能遍十二處，只能在十二處的根與塵相觸的「觸處」存在，所以祂是妄心；如來藏──你的第八識──遍於十二處，所以祂叫做眞心。

接下來說「遍一切界」，也就是遍於十八界，那又加上六識了。六識是衆生最執著的，說這就是「我」啦。一天到晚「我」喜歡、「我」討厭、「我」想要做什麼、「我」不要做什麼，一切以這個「我」做中心。因爲認定這個「我」的關係，而這個「我」跟六塵相連結──由六塵爲緣才能出生，無法離開六塵，所以就會去攀緣六塵；攀緣六塵就一定會起貪厭，因爲貪厭的緣故就會造作種種善惡業行而輪轉生死。

眾生不瞭解這個道理，就以前六識的見聞知覺性作為「我」，作為眞常不壞的我；我們依《阿含經》裡面的佛語，說這個是常見外道的見解，因為這個心不是眞正的常，而他們把祂執著為常，所以這種見解叫做「常見」。這個能見聞覺知的心，其實是因為有眼耳鼻舌身意六根，加上色聲香味觸法六塵，在六根與六塵接觸的地方，才會有六識的出現。六識出現的時候，不可能是憑空出現的；是由如來藏所生的六根，接觸如來藏所變現的六塵，根塵接觸的時候，由意根的作意，使得如來藏在這個根與塵「相接觸」的地方，把能見、能聽、能嗅、能嚐、能覺、能了知、能了了分明的六識心變現出來，所以就有見聞覺知的你、我、他，以及一切的眾生。

可是眾生不瞭解，就以為「見聞覺知的我」是眞實常住的法，卻不知道見聞覺知的我，其實是被如來藏藉著根與塵的緣所變現出來的，是要借如來藏的因，以及種種的緣才能變現出來的。如果你的五根壞掉；五根有扶塵根：眼如葡萄、耳如荷葉，鼻如懸膽，舌如偃月，身如肉桶；五扶塵根之外還有五勝義根，就是頭腦。頭腦是你的五勝義根；你看見外面的影像，其實不是眼睛看見，而是勝義根看見，是你的頭腦裡面掌管視覺的部分出現了眼識所看見的；你聞見什麼聲音，不是你的耳朵聞見，而是你的頭腦裡面掌管聽覺的部分出現了耳識所聞見的；……乃至你知道了種種的法，也是你的勝義根（頭腦）專門掌管分別思惟的部分出現了意識所了知的。不知道的人，就以為見聞覺知六塵萬法，都是五扶塵根的作用；其實不是，是在你的勝義根──頭腦──在見聞覺知。可是你的勝義根一旦全部或大部分壞了，就死了。所以腦震盪嚴重的話，當下就死亡了，雖然身體都好好的，但是他就死掉了。因為勝義根一旦壞掉，人就不能存在，見聞覺知心就不能現起，所以當你的五根壞掉的時候，你的見聞知覺性就全部跟著消失斷滅了。所以見聞覺知心的現起，一定要有五根和五塵相觸，意根和法塵相觸。在根與塵相觸的地方，你的見聞覺知心才能從如來藏中出現。

既然是這樣子，你的六根、你的六塵、你的六識：眼耳鼻舌身意六識，都是你的眞實心所變現出來的，見聞覺知的你既然是祂所變現出來的，你怎麼可能遍於六根與六塵呢？所以你不遍六根與六塵，你是和六根六塵相對的，你是藉六根六塵而了知諸法；既然是相對的，只是在根與塵相觸的地方出現，當然就不是遍在六根六塵裡面，當然就不遍十八界了。這表示說：見聞覺知的心不是真實心，因為不遍十八界。可是你的十八界：六根、六塵、六識，都是由你的真實心如來藏所變現出來的，所以祂才是遍於十八界的法，這叫做眞心遍一切界。所以如來藏才是遍十八界的法，見聞知覺性的心不能遍在十八界法中，所以不是眞心。

那麼，甚麼叫做「遍一切地」？有的人說：「我生來就是可以嗅香，我嗅到香味我很喜歡；我生來就喜歡吃好的東西。所以我能夠嗅香的這個覺知心，就是我的眞心了；我能夠嚐各種味道的這個覺知心，就是我的眞心了。」然而那是有問題的說法喔！因為見聞覺知的心不能「遍一切地」。

我們能夠嚐味嗅香，這是在人間欲界才有的心，只存在於欲界之中；如果你有禪定的功夫，下一輩子出生到色界去，色界卻沒有食物給你吃，而是以禪悅為食：所以色界既沒有舌根，也沒有鼻根。「色界天人沒有舌根，沒有鼻根。」有人聽了覺得怪怪的─那色界天人是不是「歿鼻丫」？（編案：這是閩南語。形容塌陷的鼻子）是不是啞巴？其實不然！他們的扶塵根還是有的，仍然有鼻子的模樣，仍然有舌頭；因爲色界天人還是要呼吸的，色界天人還是要說話的，但他們沒有鼻子和舌頭的勝義根，所以說他們沒有鼻根與舌根。因爲他們不吃東西嘛！所以不需要嚐味、不需要嗅香。

好！既然「沒有舌根，沒有鼻根（頭腦中沒有掌管香塵與味塵的勝義根）」，這就表示色界天人的境界中，沒有香塵、也沒有味塵，這樣就少了四界了；那當然也就不可能有鼻識和舌識，這樣總共就少了六界了。所以：這個能嚐味的覺知心，能嗅香的覺知心，只能在欲界地存在，不能在色界天等四地中存在，所以祂不是眞心，因爲祂不能遍一切地嘛。三界裡面分成九地，地是層次的意思；從欲界地開始，到初禪地、二禪地、三禪地、四禪地，以及四空天共有四地，所以三界中總共有九地。你這個嗅香的心、嚐味的心，不遍於上八地，只能在欲界地中才有，那怎麼會是眞實心呢？因爲祂不能遍一切地啊！眞心是遍一切地的！

再說：「色界天人沒有舌根與鼻根，至少還有別的啊！總是能見色，總是知道身體的覺受嘛！」欸！這樣說也有道理啊！可是請問你：「知道身體覺受的心是甚麼心呢？」這個覺知心是身識，能覺身體的觸覺；能夠見色的心則是眼識。請問：「眼識和身識，如果入了初禪的等至位，祂還在；但是到了二禪的等至位時，祂還在不在？」顯然祂不在了！那就表示說：祂在第三地——二禪地——時就斷滅了、就不見了。

有人也許會說：「我出了二禪等至位，進入二禪的等持位中，就又有了見色覺觸的覺知心。」不錯！但是仍然不能「**遍一切地**」。譬如說：你在修定時，進入了四空定，捨壽時生到無色界以後，你還有眼識嗎？你還有身識嗎？沒有啊！既然沒有了，當然就沒有能見、能覺的心性出現了，只剩下能了知的心存在了，能見、能覺的心性就斷滅了，由此可見：能見能覺的心不能遍於上四地嘛！他得要等到有時起心動念而變現色界身、而到色界天來，才會有能見的眼識和能覺的身識生起嘛！才會有能見能覺的心性出現啊！既然不能出現在四空天，就是不**遍一切地**，怎麼會說這個能覺的心是眞實心呢？所以這個說法不對。

有人說：「**能聽法的一念心就是眞心**。」（編案：是惟覺法師之語）可是這個所謂的「眞心」，其實只是耳識而已；這個心是不能**遍一切地**的，當你往生到無色界天的時候，能聽法的一念心就永遠斷滅了；得要等到你起心動念，想要來人間聞法，或者想要去色界天宮中聞法，變現了色界天身而來到色界天以後，你才能再度有「聽法的一念心」啊！而且，在人間時，這「聽法的一念心」是每夜都間斷的法；而且當你進入二禪等至位時，祂就斷滅了；既是夜夜間斷、入定會斷的法，那就是生滅法；生滅法怎麼可以說是眞心呢？

最後，當你到了無色界的時候，只剩下極微細的了知心—因爲色界天人還有色身，但是到了無色界就沒有色身，只剩下一個了知心。你又說：「我這個極微細的了知心，總算是遍一切地了吧！」對！覺知定境法塵的了知心是遍三界九地的。但是不要忘了：我們剛開始講的時候，已經提到了知心於五位（眠熟、悶絕、正死位、無想定與滅盡定）間一定會中斷、會間斷。斷了以後祂怎麼又會出現的呢？諸位有沒有想過這個問題？

譬如俱解脫的阿羅漢托缽回來，用過午齋，經行了一會兒，進入山洞一坐，就到第二天早上才出定—他入了滅受想定。滅受想定之中，因爲意識心斷滅了，所以沒有知覺性了！意識滅了之後，應該不可能自己再有意識心出現，所以知覺性不可能再自行出現，因爲不能無中生有。可是俱解脫的阿羅漢，第二天早上到了差不多九點十點鐘時，他又自己出定、準備要去托鉢了。

可見得：除了了知心的意識以外，一定另外還有一個眞實心，不論什麼時候，祂都是從來不間斷的，才可以使意識了知心重新再出現。這一個可使意識了知心再度出現的心，是從來不斷的如來藏心，祂遍一切界、遍一切地、遍一切時、遍一切處，這一個心才是眞心。《心經》就是在告訴我們：有眞心、有妄心；所以才會宣說「不生不滅」的道理。會間斷、會斷滅的心，當然不是「不生不滅」的法，當然不是《心經》所說的眞實心。如何證明《心經》確是這樣說的呢？我們到演講最後結束之前，會用《心經》本文中的密意來告訴諸位。

眞心就是講我們的第八識如來藏，或者又叫做阿賴耶識；這個第八識具足了這四種「遍」，所以說祂才是眞心。在《般若經》裡面說祂叫做「空」。但是「空」有兩個含意：一個是空相，一個是空性。

妄心之相也是空，眞心之相也是空，同樣都沒有形色，都不是物質的色法。《心經》裡面講「諸法的空相」，說見聞覺知的心——眼耳鼻舌身意識等六心——無常、變異、終歸壞滅，但是諸法卻必須依見聞覺知心及如來藏眞心，和合運作以後，才能間接的生起在我們的覺知心中，所以諸法也是同樣的無常、變異、終歸壞滅，所以叫做「諸法空相」；可是，除了這一種空，還有另外一種空，也就是「空性」。

爲什麼叫做「空性」？因爲祂有自體性，祂的自體性最主要的一點就是：祂恆常而不斷滅。這個空性本體就是第八識如來藏，自從無始劫以來，祂連短到一刹那的間斷都不曾有過；從無始劫以來，祂就一直這樣延續下來，不曾有一刹那的間斷，所以祂叫做空性。雖然叫做空性，並不是像虛空那樣的「無」，祂有眞實的體性。可是，既然有眞實的體性，就表示祂是有性、有法啊！有性有法，爲什麼還要叫做空性？這是爲了對治衆生的執著於三界的「有」，所以叫祂爲「空性」。因爲衆生都貪著三界的有，所以只好把這個眞實心叫做空性，所以告訴衆生：「你們應該證空性，不要去貪求三界的有。」

三界的有就是欲界有、色界有、無色界有。「欲界有」就是在五塵中見聞覺知的心、處處作主的心，就是能了知、能領受淫欲的樂觸的覺知心；不管性高潮時多麼專注在樂觸上而起不起妄念，仍然是意識覺知心，但是藏密卻將祂當作是眞實心。「色界有」就是那個一念不生的覺知心、作主的心；「無色界有」也是這個心，但是離開了色法，沒有色身了，也沒有了知色塵的眼識心，也沒有了知聲塵的耳識心，也沒覺知觸塵的身識，只剩下長住於定境法塵中的極微細了知心，這就是三界的「有」。

一切凡夫眾生都執著這三種「有」，一神教的上帝與基督、阿拉與先知，都離不開這三界有的執著，他們都無法斷我見與我執。爲了破除這三種「有」的執著，所以不說這個第八識眞心是「有性」，而跟眾生說眞心叫做「空性」。這個空性心，如果要具足的說，應當叫做「空有性」，因爲祂也具足了能夠出生「三界有」的種子，因爲一切眾生、一切的三界有，都是從祂而出生的。所以這個空性，講的就是眾生的眞實心—第八識如來藏。

從上面所說的道理，所以我們就知道：當《心經》在講眞心的時候，同時也講眾生的妄心，是講眞心、妄心和合並行運作。由於眞心與妄心和合在一起，不容易分清楚，所以讓你感覺到祂們好像只是一個心，就認爲沒有第二個心，就會將見聞覺知五塵的心，或者住在定中的了知心，誤認為是眞實心。

第二節　說菩薩心故名心經

《心經》也說菩薩心，所謂菩薩心，講的是「非妄非眞」的心。怎麼叫做非妄與非眞？我們引一段《勝鬘經》的經文，唸給諸位聽，勝鬘夫人說：《「……自性清淨心而有染者，難可了知，唯佛世尊實眼實智，為法根本，為通達法，為正法依，如實知見。」勝鬘夫人說是難解之法問於佛時，佛即隨喜：「如是！如是！自性清淨心而有染污，難可了知。有二法難可了知：謂自性清淨心，難可了知；彼心為煩惱所染，亦難了知。如此二法，汝及成就大法菩薩摩訶薩乃能聽受；諸餘聲聞，唯信佛語。」》

這一段經文的意思是說：一切眾生都有一個自性清淨心，這個自性清淨的眞心，不管你有沒有修行，不管你的見聞覺知心清淨不清淨，這個自性清淨心的體性始終是清淨的，這叫做自性清淨心，這就是講我們的第八識心。可是，這個自性清淨心，卻有染污。爲什麼有染污呢？因爲祂含藏著染污的種子，而染污的種子出現時，就是我們的見聞覺知心、以及處處作主的心的貪瞋癡性。所以我們的第八識心雖然自性清淨，卻含藏著我們不清淨的七識心的染污種子，這叫做「自性清淨心而有染污」。

換句話說，這段經文的意思是在講：我們的第八識，祂的體性從來就是清淨性，這個第八識從來不起貪念，這個第八識從來不起瞋心，這個第八識從來不跟眾生一樣貪染；從來不起討厭的心、從來不起喜歡的心，祂始終沒有心情的起伏，永遠保持那一種清淨性。你說：「我現在很痛苦，要自殺了。」祂也沒有意見。你說：「我現在很快樂，我想多活一千年。」祂也沒有意見。祂永遠是不墮兩邊的，既不討厭也不喜歡，既不貪求也不排斥，祂的自性一向就是這樣的。因爲這樣的自性清淨性，所以說祂是自性清淨心。而祂在三界六道中到處輪迴的時候，始終保持這樣一貫的體性，從不改變，所以叫做自性清淨心。

可是，這個自性清淨心裡面卻含藏七識心的種子，因爲含藏七識心的種子，所以會使七識心現行，七識心現行的時候，就是我們的見聞覺知心與處處作主的意根；見聞覺知與作主思量的七識心，會跟貪染污穢的種子相應，而這些貪瞋等種子是由第八識所執持、所含藏的，所以說這個自性清淨心有染污。祂在三界中所表現出來的自體性，祂的現行運作，都是清淨性的、不染污的，但是祂所出生的七識心卻是染污的，祂所含藏的七識心等種子卻是染污的，所以叫做「自性清淨心而有染污」。

這個法非常的深，很難了解，除非你找到了這個自性清淨心，親自去體驗這個自性清淨心，否則，你就無法了知：這個自性清淨心爲什麼會有染污？這個道理，你是無法眞正弄得懂的。所以佛才會說：「自性清淨心而有染污，唯佛與利智菩薩能知」——只有成就大法而智慧深利的菩薩們才能了知。沒有證得這個第八識的人，不能體驗到這個自性清淨心的清淨自性，更不能體驗到染污的七識心與貪瞋等染污法都是由祂所含藏，所以他們心裡面產生懷疑，就會這麼說：「既然是自性清淨的心，怎麼會有染污？你講這種話，不是自相顚倒嗎？」印順法師的徒衆們就是這樣的看法。

但事實上絕無顚倒，確實是這樣，而且在佛法的修證上，確實可以親自去證得這個自性清淨心。然後，悟了之後你可以發覺說：這個自性清淨心確實是含藏七轉識心的我，七識心的我卻是染污的，所以這個自性清淨心是有染污的。當你可以親自證實這一點的時候，就說你是成就大法的菩薩，是利智菩薩。這是我們正覺同修會的許多會員們所親證的境界。

現在有一些人聽到開示說：「自性清淨心而有染污」，他們沒辦法接受。定性二乘的人也無法接受，所以 佛說《法華經》的時候，有五千聲聞退席。為什麼？因為不信。沒有辦法信受：「怎麼自性清淨心而有染污，怎麼可能有這樣的一個眞實心？怎麼會有這種心叫做眞如？」因為沒有辦法相信，所以就退席不聽了。因此說：「只有 佛及成就大法的菩薩，才能夠實證這個道理。」所以，到了末法的時候，如果你們聽到有人否定自性清淨心，聽到有人否定第八識，這其實是正常的，因為他們無法了解：為什麼自性清淨心會有染污？

他們以世俗凡夫的知見，而作思惟揣測：「染污的心一定不是自性清淨的心，既然是自性清淨的心，就不可能有染污，否則就不是自性清淨的心。」他們不能瞭解這個悟境，不能瞭解般若之精義，所以就會否定，就會說：「《勝鬘經》、唯識諸經、第三轉法輪的方廣經典都是後人編造結集而成的。」他們不信受第三轉法輪的如來藏系列經典，認爲不是 佛親口宣說的。所以，有人不信受而誹謗第三轉法輪經典，在末法時期是正常的現象，因爲第三轉法輪所講的如來藏心，正是《心經》所講的心；而《心經》所講的這個眞如空性的法，眞的甚深難懂，眞的極難親證。

爲什麼說《心經》講這個菩薩心是「非妄亦非眞」之心呢？既然你講祂是自性清淨心，體恆常住而不間斷，應該就是眞心啊！怎麼忽然又叫祂做「非眞」的心呢？意思是說：這個自性清淨心裡面，祂含藏七識心相應的煩惱染污種子。你找到這個心以後，會發覺祂的體性，在一切時中的運作都是那麼清淨；可是，祂所出生的你─也就是大家的見聞覺知的自我，卻是染污的。

找到這個「自性清淨而有染污」的心以後，如果你說這樣的第八識，祂就是眞實心，那你就會跟著祂所含藏的七轉識染污的種子去運作，就將只能證得「本來自性清淨涅槃」，就將永遠無法證得二乘無學所證得的解脫果─無餘涅槃，永遠無法出離三界的生死；也將永遠不能進修而證得佛地的大涅槃，因爲這個自性清淨心所含藏的七識心染污種子都還存在啊！所以還要再繼續進修，轉變祂所含藏的七識心之染污種子等等，不能只依止因地的第八識眞心，所以佛說祂還不是眞正的眞如心。

可是，你如果要說祂不是眞心，心想：「我就丟掉祂，另外找眞心。」但是你如果離開這個第八識心，卻又永遠找不到另一個眞心，因爲只有祂才是眞心，只有祂才是究竟終極的眞心。因爲當你明心時—你找到祂以後，轉依祂的清淨體性，修除自己的染污性，然後一直修行到達佛地以後，還是這一個心啊！還是同一個第八識啊！如果你把這一個心否定了，再要找另外一個眞實心，你將永遠找不到！因爲將來成佛之體就是祂。所以，離開了祂就沒有佛道可成，因此祂又不是妄心，所以非妄。

但是現在的祂雖不是妄心，卻又有七識心的染污種子存在，怎麼可以說是佛地的眞如心呢？怎麼可以說祂就是眞心呢？所以才說祂「非眞亦非妄」。這個自性清淨心，就是《心經》所說的菩薩心，就是《般若諸經》所說的「菩薩無住心、不念心、非心心、無心相心」。

因爲還沒有修到究竟佛地，這個自性清淨心，所含藏的七識心相應的煩惱障種子和所知障的隨眠，還沒有加以斷除，還沒有完成斷除這些種子隨眠所須修的梵行，所以叫祂做「非眞亦非妄」。說祂是妄心，錯啦！說祂是眞心，也錯啦！所以，對於還沒有證悟的人來說，要告訴他：「這個心就是眞心。」因爲你將來成佛的時候就是祂，你是靠祂才能成佛；離開這個第八識，就沒有二乘菩提的解脫道可證，也沒有佛可成，就會變成斷滅；而見聞覺知的心卻是妄心，不可認妄作眞。

因爲祂的體永遠都是常住，而且祂有眞實的體性，可以讓我們在悟後來體驗祂，也有一部分的體性是可以讓我們來運作祂的，是可以讓我們來領受祂的。祂是我們最好的朋友，是我們至死不渝的最好搭檔，絕不會違背你、算計你，祂就是這樣的一個心。祂有這樣的眞實體性，可以讓我們在悟後來體驗領受，所以說祂不是虛空、不是斷滅空無──祂有祂自己的眞實的體性，所以說祂非妄，所以空性如來藏並不只是名詞的施設名相而已，空性如來藏這個名詞，其實是代表著我們修學菩提道的學人所應該親證的實相心；而大乘佛法的般若智慧，其實就是以這個空性心的體性來加以宣說的，所以般若並不是印順法師所講的性空唯名。

「非眞」，是說祂還不是眞常不變異的心，這是對已經證悟的菩薩們來說；對於還沒有證悟的初學菩薩來講，祂卻是眞心，因爲你必須要找到祂，你的般若智慧才會出現，因爲祂是常住不壞、不間斷的心。可是對已經證悟的人，卻要告訴他說：「這個還不是究竟的眞心，這個心，在現在的階段名爲阿賴耶識，還有分段生死的染污種子，須要藉著悟後起修而斷除，所以只能叫做阿賴耶識，還不能叫做眞如，還沒有捨棄阿賴耶識的名稱，還不是純粹的異熟識；所以你悟了祂以後，還要悟後起修，要修除七識心的我執，斷除煩惱障的現行與種子，也要去斷除所知障的無量數隨眠。」

所以，對已悟的菩薩們來說，這個心仍然還是要認作非眞的心，因爲你的一念無明中的「修所斷」的煩惱，還沒有斷盡啊！證悟時，只是打破了無始無明；在煩惱障上來說，只是同時斷了「見一處住地無明」，只是同時斷了聲聞道的三縛結而已，那只是煩惱障中的見道所斷的煩惱啊！可是還有修道所應斷的煩惱—五鈍使，要在見道之後再去斷。因此還不能夠說祂是究竟的眞實心喔！

除此而外，假使你悟後修行而斷除了思惑的現行，成爲阿羅漢，你仍然還有無始無明的上煩惱無量隨眠還沒有斷盡啊！無始無明的隨眠還沒有斷盡，就表示所知障還沒有全部斷盡，那你就還有變易生死。你的眞心所含藏的種子還會有變易，因爲還要再接受佛菩提智的熏習嘛！一直熏習到究竟成佛，你的眞心—第八識—裡面的種子不會再有變易，因爲一切種智已經具足了，從此永遠不再接受熏習了，種子究竟清淨了，不須、也不能再轉易種子了，這樣就離開了變易生死了，這才算是究竟的眞心。

所以說：對已經證悟的菩薩們來講，你雖然證悟了這個如來藏心，還不算是眞心，因爲無始無明的所知障隨眠還沒有斷除淨盡。這個自性清淨而有染污的心，就是《心經》在講的菩薩心—從第八識來講「非眞非妄」的心。

第三節　說佛心故名心經

「佛心」跟「菩薩心」有什麼不同呢？在《大般涅槃經、解深密經》裡面說：佛心是「常樂我淨」的，菩薩心還沒有到達「常樂我淨」的地步。也許有的人會這樣想：「佛法不是一直在講『無我』嗎？可是你今天爲什麼又說『我』呢？又說『常樂我淨』呢？這就有個『我』了！這樣就跟無我的正理相違背了啊！」但是，「常樂我淨」所講的是佛地的第八識眞如心，不同於菩薩地、聲聞緣覺地、凡夫地的第八識心，所以「常樂我淨」才是究竟涅槃。

聲聞與緣覺所證的涅槃，都不是究竟的涅槃；菩薩所證的涅槃，也不是究竟的涅槃，只有菩薩依照佛菩提道的內容，次第修行到達佛地時所證的涅槃——具足了四種涅槃——那才是究竟的涅槃。如果想要瞭解究竟的涅槃，我們就先得要瞭解：「佛心究竟是怎麼一個狀況？」還得要瞭解：「聲聞與菩薩的涅槃，與佛的涅槃有什麼異同？」

心、佛、衆生，固然說是「三無差別」，但那是依大家的本體同屬一類而言，也就是說：眾生與佛，都同樣是由各自的第八識如來藏本體而出生的，而大家的第八識心都同樣是自性清淨的心，所以在這方面來說，心、佛、眾生的本體既然同樣都是自性清淨的如來藏心，的確是三無差別的，這就是前面所說如來藏的本來自性清淨涅槃，就是說如來藏能生萬法而自性清淨。但是，佛地的第八識心，體性雖然有同於眾生的部分，其實內涵是大有差別的。

佛心，是斷盡第八識中煩惱障的一切習氣種子隨眠—也就是煩惱障的習氣種子已經斷盡，並且斷盡第八識中所知障的一切上煩惱隨眠，這樣才叫做佛心。換句話說，煩惱障的習氣種子隨眠斷盡以後，所有煩惱障的習氣種子已經全部斷盡了，只有無漏種子；第八識心所含藏的全部種子都永遠不會再變異了，也不能再增長了，因為已經究竟圓滿了。一切的有為法也跟無漏法完全相應，不再跟有漏法相應，全部轉成無漏的有為法；也沒有煩惱障的習氣種子隨眠，這樣叫做一念無明的煩惱障習氣種子斷盡—從此永無煩惱障的習氣種子存在。

另外一個部分就是無始無明，無始無明和一念無明有什麼不同？一念無明的現行，會使得眾生輪迴三界生死。無始無明的存在，並不妨礙眾生出離三界，所以阿羅漢把「一念無明的現行」斷盡了以後，就出離三界的分段生死了，可是他的無始無明卻仍然還沒有打破，更不要說斷盡了；但是他卻照樣能夠出離分段生死──不再受生於三界中輪迴生死。

無始無明是講什麼？無始無明就是講：衆生不瞭解法界的眞實相，不瞭解法界中一切萬法的根源，不瞭解法界萬法根源的體性，也就是說他沒有法界體性智。法界有三界的法界、有十八法界、有四聖六凡法界；不管哪一種法界，祂的根源都是第八識，都是從第八識而出生了這一切的法界，所以一切法界的眞實體性，就是第八識心的體性；所以一切法界的根源，就是衆生的第八識心。如果不明白法界根源的眞實體性，那就是住在無始無明境界中的人；證得第八識如來藏心的人，就是證得**法界體性智**的人。阿羅漢不明白法界的眞實相，不明白法界的根源，不明白無餘涅槃的實際，所以是還沒有打破無始無明的聖人；所以在大乘中，雖然說阿羅漢是聖人，然卻也是大乘別教法門中的愚人，在大乘別教中，還是排不到賢位的第七住位。

可是，衆生從無始劫以來，不曾相應到這個無明；乃至成爲阿羅漢了，也還是不曾相應到這個無明。從無始劫以來，衆生不過就是這麼想：「我怎麼樣才可以不再輪迴生死？如何才可以免受世間的生死苦？」從來沒有想過法界的眞實相是什麼？所以說衆生的心從來不曾跟這個無明相應過，所以稱爲無始無明。也就是說：從來不曾去探討我們的五陰十八界是從哪裡來的？心裡想的都是：「我怎麼樣離開生死輪迴的痛苦？」衆生從無始劫以來，雖然都曾努力勤修解脫道，然而卻不能證得生死的解脫，所相應到的煩惱，也都只是一念無明的「起煩惱」，而沒有相應到無始無明的「上煩惱」。

而這個使人不能了知法界體性的無明，從無始以來就存在著，所以祂叫做無始無明。要到什麼時候衆生才會相應到無始無明呢？要到他心中起疑，想要探究法界萬法的眞實相，想要瞭解萬法是從哪裡來的？想要瞭解萬法的根源是什麼？想要證知萬法的實際是什麼？想要了知法界的眞實體性是什麼？這時候，才算是第一次與無始無明相應了。這就是衆生進入大乘佛教，開始修學大乘法，想要證知般若實相的時候，這才是正式與無始無明相應的時候。在這之前，是不會與無始無明相應的，所以經中稱爲「心不相應無始無明住地」，就是這個意思。

無始無明又稱爲智障、所知障。有很多大師誤會所知障，他們這樣的認爲：「學人就是因爲所知太多而障礙修道。」（編案：這是聖嚴法師所說的話）其實錯了！所知障的意思是說：「對於法界實相的體性無所知，因此而障礙成佛之法道。」所以叫做所知障。不是有些大法師（聖嚴法師）所說的「因爲所知太多而障礙佛道」，反而是對於「成佛之道」的見道內容無所知，對於「成佛之道」的修道內容無所知，由於對佛道之見道與修道的內容所知不足，所以成爲修學佛法的障礙，故名所知障、智障。

而所知障的隨眠，在煩惱障的習氣種子斷除淨盡時，無始無明的隨眠如果也同時斷盡了，那就成佛了；因爲如果沒有斷盡所知障的一切隨眠的話，煩惱障的有漏習氣種子是不可能斷盡的。如果第八識裡面所有的有爲法，所相應的全都是無漏習氣的話，沒有一絲一毫的有漏法相應，這個時候就表示：第八識永遠不會再有種子的變易了，究竟清淨了。就好像是提煉黃金：黃金已經提煉到究竟清淨的時候，就不用再提煉它，永遠不會再變化它的體質了。而煩惱障的有漏習氣種子，想要斷盡的話，只有悟後修學一切種智，一直到究竟了知時，才能辦到；否則永遠都不可能斷盡有漏習氣種子的隨眠。

到這個時候，才算是成佛了。到了佛地時，爲什麼說這個第八識叫做「常樂我淨」？因爲煩惱障中的分段生死的煩惱現行，已經在很久以前就斷盡了，早已具足二乘聖人的有餘及無餘涅槃；而煩惱障的有漏習氣種子隨眠如今也斷盡了，如來藏中的種子也永遠都不再變異了；所知障的無明隨眠也都全部斷盡，也永遠不可能再受熏增進了。既然內含的種子已經永遠不再變異了，所以祂叫做眞常—眞正的常，已經超越中道的「非常亦非斷」的境界了。

到了這個地步的時候，分段生死也斷盡了，變易生死也斷盡了；變易生死斷盡是指你的第八識所含藏的種子究竟清淨而不須要再變易了，所以沒有種子生滅變異的現象了，祂已經斷盡變異性了，不再有異熟性了，所以是永遠的常、究竟的常，所以稱爲眞常。這種眞常，包括本體的恆常，也包括本體中所含藏的種子常不變異，這才是眞正的常，這就是究竟的涅槃，這才是眞正的常，與因地菩薩的中道的常，有很大的差別。

這種眞常，與印順法師所說的外道主張的眞常，是完全不同的，而且是天壞之別的。外道的常，其實仍是無常，但他們自稱是常；因爲外道所說的眞常，都是意識覺知心，不曾離開意識覺知心的體性，尙且不能與七住菩薩所證悟的第八識心的「體常」相提並論，何況能與初地、八地、等覺地的非斷非常的第八識中道心相提並論？更何況等覺菩薩所不能了知之佛地第八識眞如之眞常？根本不能一概而論。

印順法師完全不知道這個正理，連禪宗初悟祖師所證得的「本來自性清淨涅槃」都不懂，就以自己所崇信的密宗邪見，而說「大乘佛法中的『眞常唯心』的常，與常見外道的常一樣，富有外道神我、梵我色彩」，以此誤會之見而貶抑大乘眞常唯心思想：「如來藏思想富有外道的神我、梵我色彩。」他眞是完全誤會「眞常唯心」的究竟了義佛法了。

這兩種死（阿羅漢所斷的分段生死，諸佛所斷的變易生死）都斷盡了，成爲無上正等正覺，無人能出其上，就成爲三界至尊，所以叫做「樂」啊！一切法無所不知，成就一切智智：具足了一切智、道種智、一切種智，所以叫做「樂」。世出世間沒有人比你更有智慧，成爲究竟佛了，所以叫做「樂」。世間與出世間的究竟果報，到此已經究竟了，再無可斷的不淨法，再無可學的清淨法，再無可修的了義法，再無可證的般若實相法，再無更上的可修境界，究竟圓滿了，所以稱爲「樂」，這是究竟清淨的境界，這是**永離一切苦樂受**的境界，乃至最微細的心地上的**苦樂受也都永離**（編案：非指應化身之色身苦樂受），究竟安隱，所以是樂。

可是藏密的上師們根本不懂這個道理，卻用雙身法中的第四喜的淫樂，作爲報身佛所證得的快樂，所以他們的「報身佛」都是手抱女人而受淫樂，永遠不與女人分離，而永遠處於與女人交合的狀態中在受淫樂；但這種樂其實是苦，因爲是無常的，是變異的，是受制於他人的，也是有爲有漏的。那根本不是佛法，那其實是很低級的外道法門，由那種崇拜性器官，而追求淫樂最大樂受第四喜的行門，我們可以宣稱：**藏密是原始低級的宗教**，不是進步的宗教。他們的**即身成佛**法門，只是原始低級宗教的，物欲上的邪淫法門，但是卻冠上佛法的果位名相，本質則是：還在物欲上追求，妄說淫樂沒有形色所以是佛法所講的空性，他們是還沒有提升到精神層次的欺騙世人的宗教。

佛地的「常、樂、我、淨」中，爲什麼又叫做「我」呢？因爲，菩薩從證悟第八識如來藏開始，一直到等覺位都一樣：第八識都只能夠跟五遍行的心所有法相應；因地時的第八識，一定都是離見聞覺知，不與六塵中的見聞覺知相應，所以沒有辨法與別境五心所法相應，所以不能了別六塵萬法。換句話說：此時的第八識如痴如呆，好像白痴一樣；好像白痴一樣，卻又很伶俐──善能了知衆生心行，衆生的任何一個心行都不能瞞祂。但因爲不與別境五個心所法相應，所以不能了別六塵境界，因此就不與「善十一」心所法相應，所以不能稱之爲「我」！所以等覺菩薩及一切菩薩，他們的第八識都只能稱作「無我如來藏」，不能稱之爲「常樂我淨」的「我」！而佛地的第八識，不但可以跟五遍行心所法相應，也可以跟五別境、善十一等心所法全部相應。由於和全部二十一心所有法都能相應的緣故，所以佛地的第八識眞如心叫做「我」。

爲什麼又叫做「淨」呢？因爲無漏法已經具足圓滿，已經無須再熏修任何無漏法，所以祂才是究竟的清淨，才是眞實的清淨。因此佛地的第八識才能稱爲「常樂我淨」，才是具足了常、樂、我、淨，到這個地步才是究竟的涅槃。究竟涅槃就是無住處涅槃：不住生死亦不住涅槃。無住處涅槃本身，其實是函蓋了菩薩所證的本來自性清淨涅槃，也函蓋了二乘聖人、六地滿心以上菩薩所證得的有餘及無餘涅槃在內，所以說佛地具足四種涅槃，所以佛地所得涅槃，才是究竟的涅槃，所以二乘涅槃不是究竟的涅槃。所以《心經》這裡講的就是佛心，佛心就是究竟涅槃。如果沒有證得第八識心，就永遠不能證得本來自性清淨涅槃，永遠不能證得佛地的無住處涅槃，就不可能證得《心經》所講的究竟涅槃的佛地境界。可是究竟涅槃的道理，很少有人能在講《心經》的時候加以解說，我們在這裡爲諸位稍微加以宣說。

由於佛地的第八識具足了「常樂我淨」四法，所以才稱之爲大般涅槃，才是《心經》所講的究竟涅槃。這種涅槃不是定性聲聞的大阿羅漢們所證的涅槃，也不是緣覺所證得的涅槃，他們的無餘涅槃不叫大般涅槃，只能稱爲二乘涅槃！這是六地滿心以上的菩薩都具足的涅槃，但是第七住賢位菩薩所證的本來自性清淨涅槃，卻不是二乘聖人所能稍稍知悉的。定性二乘的無學位阿羅漢、辟支佛，以及等覺位以下的菩薩，都不具足佛地的這四種法，所以不能稱爲「常樂我淨」，所以說二乘聖人都是無漏不盡，只有佛才是究竟無漏的聖者。

勝鬘夫人在《勝鬘經》裡面說：「阿羅漢、辟支佛無漏不盡」，講的就是他們不能斷盡煩惱障的有漏習氣種子，他們還有有漏習氣種子隨眠在第八識中；也是說他們還不能斷除無始無明所知障的「上煩惱」隨眠，還有**可斷的煩惱**未曾斷，還有可增進的無漏法未曾修證圓滿，所以不究竟。而諸佛的第八識已經永盡這一切有漏習氣種子隨眠與無始無明的隨眠，不止是斷盡煩惱障的現行而已，已經無可再進斷的了，所以叫做究竟涅槃。

但是這個究竟涅槃的法呢，得要證悟以後，才能眞正的了知，所以《勝鬘經》中，佛才會這麼說：「⋯如此二法，汝及成就大法菩薩摩訶薩乃能聽受；諸餘聲聞，唯信佛語。」也就是說：「**自性清淨心**難可了知，**自性清淨心而有染污**—自性清淨心可以修斷二種煩惱隨眠—究竟清淨而證得**究竟涅槃**，這兩種妙法，只有利智菩薩及 佛方能了知。」一般證悟的菩薩，若不繼續研讀 佛所說的第三轉法輪經典而進修種智，若是悟後生慢而不肯閱讀上地菩薩所造的書論的話，就不能了知這些道理。以上所講的是佛心，是佛地「常樂我淨」**究竟涅**

槃的佛心。

第四節　說種種心故名心經

《心經》爲什麼會叫做《心經》呢？因爲它宣說了種種心，所以才叫做《心經》。有好多人解釋《心經》的時候，都把它解釋成「一切法緣起性空」，因爲《心經》裡面說：「無眼耳鼻舌身意，無色聲香味觸法，無眼界乃至無意識界。無無明，亦無無明盡，……無智亦無得。」唸到後來全部都沒有了，就誤認爲是一切法空，他們（編案：指印順法師等一派人）就認爲「一切法空」就是《心經》的意思了，就認爲「一切法空」就是《般若經》的眞正意思了。

那麼我們就要請問大家：「如果是一切法空的話，那麼**心**究竟是存在、不存在？」（大衆回答：不存在！）是不存在啊！如果**心**是不存在的話，那就是沒有**心**了嘛！那怎麼可以叫做《**心經**》呢？顯然《**心經**》講的不是一切法空啊！一定是在一切法空的經句之中，顯示有一個**畢竟存在**的不壞的**心**哪！那才能叫做

《心經》啊！可是《心經》明明又告訴你：「無眼耳鼻舌身意」，乃至「無智亦無得」，什麼都沒有！那爲什麼又叫做《心經》呢？所以《心經》的內涵，眞的是可以大大的探討一番了。

《心經》雖然很簡要，可是，它由實相心來說五蘊十八界虛妄，由實相心來說諸法空相—包括三十七道品虛妄—都是意識心所得法，這樣，令衆生了知意識心等十八界法全部都是虛妄的，這樣依《心經》而證得解脫道。然後，又依實相心來說「成佛之道」，也就是佛菩提道，所以這一部經才叫做《心經》。換句話說：《心經》所有的語句、所有的文辭，都是圍繞著第八識實相心，都是從第八識實相心出發，來講解脫道的涅槃境界，來講佛菩提道的般若，這樣才可以稱之爲《心經》。

如果《心經》眞的是在講一切法空，那跟斷見外道就沒有差別了，那就不應該稱爲《心經》了，就應該稱爲《**一切法空經**》了。因爲斷見外道也是講一切法空啊！死了一了百了，全部都沒有了—連心也沒有了；那麼，這樣一來，《心經》所說的法，不就變成斷見外道法了？可是明明《心經》告訴你的不是外道法，祂明白地告訴你：「**不生不滅、不垢不淨**」啊！完全是中道法啊！因此說《心經》講種種心—不但講妄心，也講眞實常住的不壞心；絕對不是像印順法師他們所講的「離第八識眞心而有一切法緣起性空」，不是離開第八識眞心而講眼等六識六根空，而是依法界常住不壞的眞實心，來講眼等六識六根空，來講一切法緣起性空，來講三十七道品等聖道法亦空。

由此緣故，所以，所有的法師與居士們，都不可以離開眞實心，來講見聞覺知等七識心都空幻不實；都不可以離開眞實心第八識如來藏，來講一切法緣起性空、來講六識心空，不然就變成外道的斷滅空了。因此，我們在這裡作一個註腳：「說種種心，故名《心經》。」

第五節　心經是般若諸經的精華

般若是菩薩六度的最後一度。很多剛學佛的人常常會問人說：「什麼叫做『般若』？」後來有人說：「不！這不唸『班若』，要讀作『鉢惹』。」般若從字義的表相來解釋，通常說它叫做「智慧」；可是，如果一定要把它翻成智慧兩字的話，也有問題啊！因爲智慧有很多種啊！那你們佛法中講的智慧，究竟是什麼智慧呢？插花有插花的智慧，書法有書法的智慧，音樂有音樂的智慧，農穡有農穡的智慧，……種種世間法中都有種種的智慧啊！你說的智慧，講的是什麼智慧？

因爲佛法裡面的般若，講的是世間蘊處界萬法的緣起性空，以及出世間的二乘菩提法的不墮斷見的四聖諦的智慧，又包括法界體性實相的第一義諦的智慧，所以般若兩字的含意很廣，不能單純地翻成智慧兩個字。既然含意那麼廣，又不是用兩個或三個中國字就可以代替的，所以乾脆就音譯，照祂的原音prajna把祂翻過來—般若。

古往今來有許多的善知識，知道般若諸經的精華，在於《金剛經》；又有許多的善知識說：「般若諸經濃縮以後就成爲《金剛經》，再把它濃縮就成爲《心經》。所以《金剛經》的精華就是《心經》，可見《心經》就是般若諸經的精華所在。」《心經》所說的主要意旨，是在講眞心妄心和合運作，並行不悖；也在講妄心與一切法都是虛妄法。也就是說：如果離開了眞心的話，妄心就統統是無常、是空；如果離開了眞心的話，三十七道品等一切佛法也都是無常、是空。因此，學般若的人，絕對不可以離開眞心第八識，而說一切法空，不可以說「一切法空就是般若，沒有第八識心。」

在末法時代有很多人解釋般若，總是學印順法師而講解爲「性空唯名」，因爲印順大法師講：「般若就是性空唯名。」那麼，如果眞的是性空唯名的話，那麼般若就變成戲論了。請諸位想想看：「**性空**是什麼？**唯名**是什麼？」性空是說體性變異無常，終究必定要歸於壞滅之空無，所以是空，沒有眞實不壞的常住法存在了嘛！既然體性是變異、是無常、是壞、是空，沒有眞實法，所以不管是受想行識的那一個法，全部都只是「名」，「名」就是不眞實，只有一個「名」的表相而已，或者只是所施設出來的一個名相而已。

如果佛法眞的是像印順法師他們這樣講的話，五蘊當然是性空、是唯名。但是，假如說：**五蘊無常斷滅之法**，就是佛法的話，那麼這個佛法就是斷見法了；那麼兩千五百年前，就不需要 釋迦牟尼佛來人間示現受生說法了，因爲斷滅見外道早就說過一切法空的理論了，斷見外道早就宣示：**五蘊十八界統統是**

性空，統統是無常法、斷滅性，死了就統統沒有了。那 釋迦牟尼佛就不必來人間弘法了，因爲同樣是一切法空的斷滅見啊！如果眞的是這樣的話，那斷滅見外道也應該都已經是佛了。

可是，佛不是這麼說的，佛說蘊處界性空唯名的時候，祂有說「名色緣識、識緣名色」的第八識，祂有說「無餘涅槃的實際」、「涅槃的本際」，祂有說「眞如」，有說「如來藏」，祂有宣說「名色因、名色習、名色本的識」，祂有說「名色緣（意）識、（意）識緣行、行緣無明，無明依（第八）識而有，推究到此，齊（第八）識而還，不能超過此（第八）識」，所以十二因緣支不會有推之無窮無盡的過失（編案：欲知如是內涵，請詳蕭老師所著《楞伽經詳解》各輯）。所以，五蘊十二處十八界的體性是緣起無常、其性是空，都是依「名色所緣、無明所緣識」的第八識，來說一切法緣起性空；般若諸經所說的法，都不離這個道理。

所以般若不是在講性空唯名，般若是講五蘊十二處十八界，見聞覺知的心，處處作主的心虛妄；但是這個虛妄心，卻是依附於一個眞實不壞的心而存在。依附於這個眞實不壞的心而有時現起，有時間斷，這樣證知而生起了證知法界體性的智慧，才叫做般若。而《心經》則是：從般若系列的經典，濃縮成《金剛經》，再濃縮成《心經》；所以它告訴我們的就是「因地的菩薩不斷煩惱而證菩提」。

「不斷煩惱而證菩提」有兩個意涵：一個是說菩薩在種種的煩惱法裡面去證得菩提；第二個意涵是說，菩薩不斷除煩惱而證得菩提。

我們先來講第一個意涵：菩薩想要證得佛菩提，就要在一切三界中的煩惱法裡面，特別是在人間的煩惱法裡面，才能夠證得菩提，因爲菩薩所要證的菩提是佛菩提，佛菩提所證的標的就是第八識如來藏。如果斷除了煩惱障，捨壽以後入了無餘涅槃，入了涅槃以後，你的十八界統統都沒了、都滅盡了，沒有見聞覺知心的你，如何去證你的第八識呢？因爲你都不存在了，怎麼會有你去證得第八識？

所以尚未開悟的菩薩們，不修證二乘的涅槃，不去斷我執煩惱，而在人間、在三界中來求證佛菩提。當你還有色身存在，還有見聞覺知心，那你就一定還在三界之中，三界中所有的法統統是煩惱！沒有一法不是煩惱啊！因爲，三界中所有的煩惱，都是依附於五陰或者四陰而有的，既然是依附於五陰四陰而有，當然是煩惱啊！因爲五陰四陰就是三界生死輪迴的本質。

可是菩薩卻在這五陰四陰裡面，種種的煩惱法裡面，去證得佛菩提。菩薩爲衆生奔忙，這也是煩惱啊！每天在家裡，伺候先生兒子吃飯，洗衣煮飯，這也是煩惱啊！每天爲了家庭而出外奔波，爲了求得一家人的溫飽，在外頭從早忙到晚，這也是煩惱啊！但是如果離開這一些煩惱，你就很難去證得佛菩提啊！因爲你的妄心、見聞覺知心、處處作主的心，在這些煩惱中運作，你的第八識當然也就在這當中運作啊！

如果離開了三界，你就消失了嘛！第八識就不在五陰三界當中現行，那你也就找不到祂了：沒有一個能夠尋找的你，也沒有第八識可以讓你找得到，因爲在無餘涅槃之中，你已經不存在了，滅失了，怎麼還會有你可以找得到祂呢？所以要趁著現在有五陰把祂拉住啦，趁著祂跟五陰的你同在的時候，才能證得祂的所在；所以，只有在三界煩惱之中，你才能夠證得祂。

可是五陰所在的地方統統都是煩惱，沒有一法不是煩惱。也許你會說：「哪兒有？我睡覺的時候好舒服噢，都沒有人來吵我。」眞的沒有嗎？樓下人家如果「叭叭叭」的按喇叭，你就氣死了；天氣很熱，正在房子裡吹冷氣時：「怎麼又停電了？」……這些都是煩惱啊！但是，菩薩所證的佛菩提，是要證第八識，第八識就是要在這些煩惱裡面去證；離開了這些煩惱，就證不到第八識，所以說：「菩薩不斷煩惱而證菩提。」這個就是《心經》所講的眞正的、了義的、究竟的佛法。菩薩就是在「諸法空相」裡面，也就是五蘊十二處十八界的「無常空」存在的同時，去證得眞實心。證得眞實心以後，就能現觀蘊處界的虛妄了，就能了知法界根源的體性了，佛菩提智就開始出現了。但是這個初悟菩薩的我執還是存在的，還要等待以後的十住、十行、十迴向、初地到六地中，再去慢慢地斷除它。但是他這樣證得佛菩提智的時候，卻沒有先去斷除我執的煩惱，這就叫做「不斷煩惱而證菩提」。

另外，有些菩薩並不是先證得聲聞的初果、二果、三果、四果，然後才來證得佛菩提。他什麼煩惱都沒有斷，就只是努力來修學大乘佛法；就在我見與我執等煩惱都還沒有斷的當下，卻找到了這個第八識，使得他的般若智慧開始出現；般若智慧出現時，也同時使得他的我見斷除了。菩薩如果先證得解脫果，成爲滅盡定的阿羅漢，他就會一天到晚想：「我捨壽以後就出三界，不再來受生輪迴了，又何必那麼辛苦的去求證什麼般若智慧？」如果他不肯再來人間受生，就永遠無法證得佛菩提，只能證得聲聞菩提、緣覺菩提。

但是菩薩卻保持著那些三界中的我執煩惱而故意不去斷它啊！然後依大乘法的知見，去證悟第八識。證悟第八識以後，佛菩提的智慧就開始漸漸出現了。但是證得佛菩提的時候呢，我見的煩惱當下也就斷了，從此以後就是悟後起修，漸漸去斷聲聞人所斷煩惱障的煩惱——我執。當他頓悟佛菩提的時候，他並沒有斷我執的煩惱，是悟了之後才開始慢慢的斷除的，是不急著斷除的，是以修學無生法忍爲主的，在這過程當中，是以超過一大阿僧祇劫的時間，緩慢的次第修除的，是以很多的時間來利樂有情，來教導有情同證般若的，而不是在取證有餘涅槃上用心的。這個就是《心經》所講的「菩薩不斷煩惱而證菩提」。

二乘人所證的菩提叫做二乘菩提，名爲聲聞菩提、緣覺菩提。他們所證的菩提，是要斷除煩惱——斷我見我執煩惱時——才能證得菩提，因爲二乘菩提修證的內涵，就是斷見思惑—修除我見我執煩惱—而證的菩提，是解脫道的修法。

菩薩當然也修解脫道啊！可是，菩薩的解脫道是慢慢來修的，不急著斷我執，不急著取證有餘涅槃的，所以菩薩在七住位明心時，如果努力的進斷我執的話，一生就可以取辦了，一生就可以成爲阿羅漢了；但是菩薩並不在這上面用心，所以菩薩證悟般若之後，如果還有很重的貪瞋等習氣，也是正常的，這表示他還是停留在第七住位中，還沒有往前進修。雖然並不是每一位證悟的菩薩都那樣。

菩薩的主修是在般若實相的智慧上，是法界實相體性的智慧，是自心如來藏本來解脫的智慧，而不在事相上去取證解脫果。所以菩薩所證的菩提，不是因爲斷我執煩惱而去證得的，而是我執煩惱還很深重的時候，就證佛菩提了。這就是禪宗的開悟破初參，所以禪宗祖師破參後的我執習氣大多仍很重；而且破參後也不急著求證有餘涅槃，而是在救度衆生同證般若上在用心，希望有更多人從此可以永離三惡道。

所以《心經》處處宣說眞心與妄心，宣說的是：在這兩個心具足不滅時，可以現證空性實相。菩薩由於證得眞心與妄心和合運作，並且現前觀察、現前體驗：這個第八識心常住不滅，所以人死了以後不是斷滅，所以阿羅漢入無餘涅槃時不是斷滅空。因此菩薩不害怕生死，也不墮於常見之中。菩薩只有掛念：「這一世爲佛教、爲眾生該做的，做了沒有？做完了沒有？」他只掛念這個，不掛念自己能不能出三界，不掛念自己解脫果的修證。所以他雖然還沒遠離胎昧，卻能夠不畏懼生死，因爲知道有個眞心以及自己永遠不滅，所以不害怕。是哪個自己永遠不滅呢？是意根！意根就是處處作主、恆審思量的心，在第三轉法輪裡面的經典，說祂叫做末那識。

因爲知道這個作主的自己永遠不滅，雖然見聞覺知的意識自己不能去到未來世，但是作主的心可以繼續去到未來世。又還有一個第八識，祂跟著我常住不滅啊！祂也含藏著此世的我所修習的種種智慧法種，而帶到來世去，此世所修的佛法結果，絕對不會唐捐其功；既然這樣，那我怕什麼呢？所以就不怕生死，來世再來人間；就算有隔陰之迷，也沒關係，下輩子照樣又會開悟。如果這一輩子悟了，下輩子因爲隔陰之迷沒悟（編案：因爲是打聽來的，不是自己辛苦去參究而悟的），那也沒關係，下下輩子總會再悟嘛！總有一世又會讓我再證悟了。就這樣不害怕，一直進修，直到三地滿心以後（亦有至四、五地滿心以後），就不會再有胎昧了。

所以菩薩七住位明心之後，一直要到第六地滿心位時，方才取證俱解脫果；在這以前，精進的人，在一生乃至四生中，都可以取證慧解脫果；在三地滿心位時，就可以取證俱解脫果；然而菩薩都不取證，一直到六地即將滿心時，若不取證有餘涅槃，就不能再進修無生法忍了，這才不得不取證俱解脫果—取證滅盡定而成六地滿心菩薩。所以，菩薩就是這樣不急著斷煩惱，而利益眾生，而求證佛菩提；因為這樣留惑潤生而利益眾生、而地地進修的結果，最後福慧俱足時，終於可以究竟成佛了。

所以禪宗的開悟，絕不是印順法師所亂講的「小乘急證精神的復活」，因為「小乘急證精神」的目標，是在一生之內，最遲四生取證有餘涅槃，是希望在捨壽時可以取證無餘涅槃；然而菩薩卻是在證悟佛菩提之後，能在一生至四生之中取證無餘涅槃，而不去取證的大悲願之下，不懼胎昧而世世受生，他是以利益衆生、護持正法、修學無生法忍爲他的佛法修證的主要內容；是在這種不斷付出的情況下，以將近二大阿僧祇劫的時間，方才斷盡我執的。所以印順法師所說：「追求禪宗的開悟，就是小乘急證精神的復活」，眞是對中國禪宗最大的誣蔑，也是對大乘菩薩們的最大誣蔑，也是對大乘法教的見道法門最大的誣蔑；因爲他的說法，與中國禪宗祖師們的行止完全相反啊！因爲他的理論與大乘菩薩證悟後的修行法道完全相反啊！因爲他的理論與大乘菩薩所作的利他行爲完全相反啊！

他將大乘菩薩的證悟之道，將大乘菩薩悟入般若實相的正理，加以完全否定，教大家不可去求悟，斥之爲「小乘急證精神的復活」，使人在學禪求悟時，會覺得很羞愧，會覺得很自私，不敢光明正大去學，不敢光明正大去求悟，這樣就使得禪宗開悟明心而證般若的見道法道，漸漸的沒人敢努力去學了；縱使人間確實有眞正證悟的人，也沒辦法廣弘，大乘佛法就會像印順法師所主導的路線那樣，漸漸的膚淺，漸漸的世俗化、學術化了。

他又將中國禪宗誣蔑爲「中國所傳的野狐禪」，又將禪宗佛光山、中台山、法鼓山等臨濟法脈所弘傳的如來藏否定掉，說那是外道的神我、梵我思想；他這樣將臨濟禪宗的根本否定掉，然後引進所謂的「原始佛法」的阿含義理，卻又不以原始佛法的四阿含諸經中的眞實義理來宣說；再以一神教中的外國佛教研究者的主張，來否定四阿含諸經所說的第八識心，來否定大乘諸經，誣指爲「非佛親口所說」者；然後又主張應該修證解脫道，主張「解脫道的修證就是成佛之道」，不承認大乘諸經所說的佛菩提道。

其實，他的這種思想，才是眞正的「小乘急證精神的復活」，因爲他所說的「佛法」，全部都是在小乘涅槃的取證上說的（編案：雖然他講的是小乘解脫道的涅槃，而他所講的小乘涅槃，又墮於斷滅見中；但他絕不會承認他的大乘般若的法義其實就是小乘的解脫道。然而他的著作中，這些主張的事實俱在，他是無法狡賴的），所以他自己才是應該被指責爲「小乘急證精神復活」的人，卻用自己應該被責的理由，來指責大乘菩薩「與小乘急證精神完全相異」的佛菩提的法道，所以，事實上，應該說他才是顚倒的人吧！

菩薩由於證得這個「眞心以及意根妄心並存不滅，可以一起去到未來世」，所以他能夠發起受生願，而不急著斷除我執的煩惱，世世受生於人間，一再的出生來世的意識覺知心，來利益有情，永不止息，這樣才叫做眞實的般若啊！這樣才是眞正的佛菩提啊！所以不是「一切法緣起性空」可以說爲般若，那是二乘菩提所說的法；眞正的般若實相智慧所證得的是：依於眞心第八識，才能夠產生了一切法緣起性空的事相，這樣才叫做般若；眞心第八識才是法界萬法的根源，才是法界的實相，才是**法界體性智**的根本。那麼，講到這裡，《心經》究竟是在說什麼？諸位聽過這一席話，就可大概的瞭解了。

第二章 心經與解脫道之關係

第一節 解脫道之意涵

接下來要講《心經》和解脫道的關係，在講這個題目之前，必須先要讓大家瞭解：「解脫道之意涵」。

什麼是解脫道？末法時期學佛的人，最可憐的地方，就在於不能夠瞭解佛法究竟有什麼內涵！一般人學佛時，總是認爲：「佛法不外就是四聖諦、八正道、十二因緣；這些瞭解了以後，佛法就統統瞭解啦，佛法就是這樣而已啦。」一般人初學佛的頭一兩年，總是這樣想啊！因爲現在大乘佛法中的各大法師們，也都是這樣教啊！因爲他們也都是認爲：修證解脫道就是修證佛法。但是我們今天卻要讓大家瞭解：佛法分爲兩個主要道，第一個部分是解脫道，第二個部分是佛菩提道，然而解脫道其實是包含在佛菩提道裡面的。

本來，佛法就是成佛之法，但是爲了接引一些畏懼生死輪迴，而急切想要解脫分段生死輪迴的人，所以從佛法裡面，把出離三界生死的方法抽出來先講，先讓有緣的衆生可以親自證實：出三界是可能的。所以就專教他們出三界的方法，也就是二乘菩提，也就是解脫道的義理與行門，也就是斷我執煩惱而取證解脫果的法門。

當他們證得解脫果，進入二乘菩提以後，就會相信 釋迦牟尼佛所說的法是眞實的法，眞的是可以出離生死的法，所以他就信受 釋迦佛所說的法了。由於這個信受，所以 佛繼續再來宣講如何成佛的正理，他們才會眞的相信；這就是佛菩提道，這就是大乘佛法的義理，也就是唯一佛道的正法。所以，成佛之道必需具足佛菩提道及解脫道，這才叫做「成佛之道」。如果落入斷滅空，如果否定了第八識以後，而說諸法緣起性空，那就變成了斷滅見，不但和佛菩提道不能相應，而且也和二乘菩提的解脫道不能相應。

因此，佛法最主要的內涵，就是這兩個大科目；第一個科目，也是大家最切身的科目，就是解脫道。怎麼樣可以出離三界的生死？能出離三界的生死時，已經證得解脫了，解脫知見也具足了，然後再來探討佛菩提道：「怎麼樣成爲究竟佛？」如果對於成佛之道的這兩個主要的內涵，有所了知，就知道修學大乘佛法時是應該怎麼走？應該如何進入佛門？如何悟後進修？自己漸漸地就可以瞭解啦！那麼，關於《心經》和解脫道的關係，這個題目開講之前，先要跟大家說明：解脫道的意涵是什麼？

解脫道的意涵，就是出離三界生死輪迴，而不再受業力與無明的牽制，不再流轉於三界六道之中，免除了不斷的受生而後又再死亡，受種種的生老病死的痛苦。所以解脫道的意涵，就是：以二乘菩提的法義，去如實觀行，而證得解脫果，出離三界的生死。

第二節　出三界生死

所謂出三界生死，就是把三界中的自我滅除掉，因此而證得無餘涅槃。無餘涅槃是什麼境界？現在來說明它。它還有一個名字，叫做無餘依涅槃，也就已經沒有餘苦所依了。

一般人總是想：「我一定要有個所依。」因為沒有依靠的話，那還得了！孤伶伶地好可憐！但是我告訴你：如果想要證得解脫果，就得要無所依，有所依就一定會輪迴生死。

無餘依涅槃為什麼叫做「無餘依」？我們剛剛有講有餘依涅槃，也就是還有世間的冷熱痛癢等微苦，作為其五陰之所依，所以還在三界中輪迴。無餘依涅槃就是說：沒有任何的微苦所依，所有的痛苦通通不存在了。為什麼會都不存在呢？這是因為你完全的消失掉了；當你完全消失掉了以後，還會有苦嗎？凡夫眾生正是因為不肯讓自己消失掉，所以會有種種三界的苦啊！

可是一般學佛人聽到我們這麼說，大概都會說：「蕭平實講這個法，沒聽過噢！這種說法，跟所有的大法師們都不同，這個可能有問題，會不會變成斷滅空呢？」可是等你把所有的經典找出來，去印證看看；再去把所有眞悟的菩薩的論藏找出來（像密宗的「月稱」那種否定如來藏的人，根本不是菩薩，他的《入中論》並不是真正的佛法，是斷滅見），去印證看看；完全是這樣說的，和我所說的法是完全相同的。

只是到了末法時期，正確的知見和正確的解脫道法門失傳了，大家不知道，跟著大法師們以訛傳訛，就認爲：覺知心一念不生時就是無餘涅槃；當他們臨死的時候，就這樣想：「我就是保持一念不生，就進入涅槃中了。無餘涅槃之中就是一念不生的覺知心安住不動。」這樣一來，結果就變成外道的「五現涅槃」的邪見了，也就是《楞嚴經》所講的外道五現見涅槃，那不是 佛講的涅槃啊。「我」就是十八界、就是五蘊、就是十二處。出三界生死，就是把自我滅除掉，也就是把見聞覺知的心、處處作主的思量心滅掉，不再去投胎，只剩下一個無形無色、無覺知、無思量的第八識存在。可是這個第八識離見聞覺知，祂也從來不思量、不作主，祂從來不會想要去投胎，從來不會想要保持六塵中的見聞知覺性。因爲處處作主的我們——意根，不願意自己消失掉，不願意和六塵境界相隔絕，所以就不願意進入眞正的涅槃，而喜歡自己所以爲的涅槃，就拉著如來藏去投胎啦！

又因爲一直想要有見聞覺知，不想讓見聞覺知的自己消失掉，所以後來在中陰身階段中知道：「這個中陰身只有七天壽命，我如果不去投胎，我就沒有見聞覺知啦！那我豈不是變成斷滅？還是得趕快去投胎。」因爲沒有證得第八識的人，又沒有建立正知正見，不知道有個第八識離見聞覺知而確實存在，所以在這個階段中都會害怕：「我若不去投胎，恐怕就會變成斷滅，那還得了？所以我必須要趕快去投胎。」因此就去投胎了，投胎以後當然就會有來世的生死了。

所以，入無餘依涅槃，就是把十八界的「我」滅除掉；滅除掉以後，第八識沒有見聞覺知，祂也從來不思量、不作主，就這樣無形無色而存在於三界「之內、之外」，隨你怎麼說內外都可以。因爲既然無形無色，你不能夠說祂在三界內；可是出了三界，就再也沒有任何處所了啊！

你說：三界還有一個外面嗎？沒有！三界只是一個施設，是因爲衆生有三種大層次的境界，才叫做三界。不能像一般人那樣想像：「這個是欲界，這個叫色界，這個叫無色界，出了三界的處所地方，這些叫做三界外的世界。」沒有！根本沒有三界外的世界，出三界時其實也沒有地方可出，只是十八界的自己消失了，沒三界外的世界存在，所以也沒有一個我出到三界之外。所以出三界者，無三界可出。我們如果依照《金剛經》上的說法，可以這樣來講：「所謂出三界者，即非出三界，是名出三界。」「所謂親證解脫者，即非親證解脫，是名親證解脫。」這就是《金剛經》法句中的眞正意旨啊！

如果你跟我說：「我出三界了！」說是眞正的出了三界，我告訴你：你還沒有出三界。因爲你的這個「我」還在嘛！「我」還在的時候，一定還在三界中，最多就是住在無色界境界裡面，絕不會超過無色界。當你出了三界的時候，實際上沒有「我」出三界，而是自我滅失了，這樣才是眞正的出三界。所以，沒有我出三界，才是眞正的出三界。所以說：所謂出三界者，即非出三界，是名出三界。《金剛經》的眞實義，就是在這樣的智慧上而宣講的。如果你確實證得如來藏了，你只要把這個道理套上去，《金剛經》隨你怎麼講都通，般若的正法就是這樣的！

可是很多人不瞭解《金剛經》的眞正意旨，而這樣宣說：「當你出了三界的時候，不要執著出三界，那才叫做出三界。」錯了！實際上沒有任何的「我」出三界，所謂出三界是方便說。實際上則是：你把自我十八界的一一界都全部滅除以後，才是無餘涅槃，才是眞的出三界；但是這個時候，還有誰存在呢？沒有了啊！因爲十八界的「我」已經都不存在了啊！既然「我」都不存在了，還有什麼苦作爲「我」的所依呢？當然沒有任何苦作你的所依啊！既然沒有任何苦作你的所依，那不就是無餘依涅槃？不就是眞實的「無我」了嗎？所以說「涅槃名爲無我」。這就是《心經》所講的出三界的生死啊！

第三節　無餘涅槃所滅之我

接下來要說明：無餘依涅槃所滅的「我」是什麼？

無餘依涅槃所滅的「我」，就是五蘊和十八界。在末法的時代，修學佛法的人，不能證得解脫果的原因，就是由於沒有能夠如實的了知五蘊和十八界，沒有如實的現前觀察五陰十八界法的眞僞。佛出道的時候，施設了五蘊和十八界，來跟衆生說明，讓衆生了知五蘊和十八界虛妄；與佛有緣的衆生，聽聞佛的開示以後，知道什麼是五蘊，知道五蘊的內涵是什麼；然後又知道什麼是十八界，知道十八界中一一界的內涵。佛這樣的跟衆生開示：五蘊就是「衆生我」，十八界就是「衆生我」。這個「衆生我」的自我爲什麼是虛妄的？詳細的爲衆生開示，使聞者可以斷除我見，再進斷我執。我見斷了以後，就是證得聲聞初果了；我執斷除了以後，就是證得解脫果的極果了，就可以出三界啦！這就是二乘菩提所證得的解脫果，就是決定性的聲聞緣覺所證得的解脫果，雖然他們都還沒有證得第八識如來藏，都還沒有了知法界的根源所在，還沒有生起般若智慧，但是已經有了解脫道的智慧了，所以稱爲慧解脫。

爲什麼會說五蘊不是「常住不壞的我」？爲什麼要說五蘊不是眞實不壞的我？爲什麼說五蘊會壞、會滅？所以說五蘊無常？那麼，我們就來探究一下五蘊的內容。

五蘊的內容和十八界的內容，跟大家修學佛法中的解脫道，是息息相關的，今晚大家可以一面聽聞，一面當下現前觀察自己的五蘊和十八界，看看是否虛妄？或者是眞實不滅的法？今天要讓諸位現前觀察聲聞初果所證的「我見斷、三縛結斷」的分證解脫的境界：

受想行識四陰且留到後面再說，先要講色蘊。色蘊，剛剛我們說有五色根：眼根、耳根、鼻舌身根，這五根是講我們整個的肉體，稱爲扶塵根；而這五根的勝義根，就是我們的頭腦。眼睛是眼根的扶塵根，耳朵、耳聒、耳膜是耳根的扶塵根；乃至我們的色身，一直到腳底，你都知道痛癢，這個是身根的扶塵根。可是，你們要瞭解：實際上在了知五塵的，並不是扶塵根的身體，而是你的勝義根——頭腦。

有的人聽了我這種說法，也許會抗議：「哪兒有？明明我來的時候，腳不小心踢到了樓梯，痛死了。明明是腳在痛，你怎麼說是腦筋在痛？」告訴你：「是腦筋在領受痛覺，不是腳在領受痛覺。」我們早期出來講這個證量的時候，有一些人不信，不聽我的話，就走掉了。但是後來醫學家證實了：把頭腦中掌管痛覺的勝義根的部分，用麻醉藥噴一下，他的腳就不痛了。對於本來腳是不痛的人，在他的頭腦掌管腳痛的勝義根的部分，用很微弱的電流去刺激一下，他就覺得腳好痛！好痛！其實是電在他的頭腦刺激，頭腦所接觸的微弱電流關掉以後，他的腳就不痛了。

從這裡就可以看得出來了，結果是哪裡在痛？是你的勝義根頭腦在領受痛覺，而不是你的腳在領受痛覺；你的扶塵根的腳，只是把那個受創的狀況傳達到你的勝義根頭腦，然後你的覺知心在勝義根裡感受到痛；但是卻有一個機制，讓你覺得是腳在痛，讓你知道腳撞到了、受創傷了，要去保護及治療它，才能繼續正常的使用它。

所以，我們表相的肉體，它是扶塵根，勝義根則是頭腦。有一些印順法師的徒衆，在書裡面解釋說：「意根就是大腦。」我這一世在還沒有證悟以前，讀了以後也眞的信受那個錯誤的講法。但是，現在有個大問題來了：意根如果是大腦，那麼，在座的生過孩子的媽媽們！請問你們一個問題：「你們剛開始懷著孩子的時候，有沒有看見那個孩子從前世來的時候，帶著大腦來投胎？」（女衆輕聲的回答：沒有！）是沒有啊！可是佛明明開示過：「意根帶著第八識來投胎。」依照他們所說的意根是大腦嘛！那應該是大腦帶著第八識來投胎啊！可是你們有沒有看見孩子帶著大腦來投胎呢？根本就沒有啊！所以，可見他們那個說法不對。

我今生初學佛的時候，讀到他們的開示，當時因為是初學，也因為還沒有離胎昧，所以沒有正知見，我也相信欸！可是後來發覺：不對欸！這個問題很大噢！意根如果眞的是頭腦，那來投胎的人應該都帶著前世的頭腦來，可是明明沒有啊！後來自己當了父親，心裡想：「我兒子、女兒也沒有帶著頭腦來投胎啊！」所以，顯然意根不是頭腦欸！頭腦是五色根的勝義根聚合在一起，叫做頭腦；因爲是五種勝義根的集合體，所以叫做五勝義根。

現在，這五根的意思瞭解了吧？再來是第六根意根，祂是無色根；無色根的意根是心，不是物質的色法，不是有地大、有形色的法。由於五根是色法，色法本身是不能了知色聲香味觸法的，只有心才能了知色聲香味觸法，因爲五塵是色法，不是心法。既然意根能夠接觸五塵上面的法塵，當然祂就一定是「心」嘛！如果祂不是心，那祂不就是跟五色根一樣成爲色法了？如果不是心法，那祂怎麼可能了知色塵相呢？請問：「眼根能了別色塵嗎？」不行啊！得要眼識才能了別色塵啊！如果眼根不須要眼識就能了別色塵，那就應該死人也可以看、也可以聽，也可以有覺知囉！應該是這樣的嘛！

那你在死人身上拿個鑽子戳一下，他應該會叫：「痛死了！」也應該會在心電圖上看見死人的心電反應啊！可是他卻完全不知道痛癢啊！因爲心已經離開了、滅失了，可見五色根是不能了知五塵的，只有六識心才能了知六塵，只有在「**意根是心**」的情況下，意根才能接觸法塵啊！五色根當然更不能了知法塵，只有心才能夠了知法塵，所以顯然意根是能觸、能知法塵的，祂是「心」，不是頭腦。佛又說祂是無色根，說祂是意識心出生的俱有依的緣，是意識所依之根，所以名爲意根。

意根接觸到法塵的時候，意識就在意根和法塵**接觸的地方**出現了，就能分別了，就了了分明而知六塵的了。這樣子算來，總共有幾個心？眼耳鼻舌身意——六識，六個心噢！再加上意根是能觸知法塵的心，所以意識才能現起嘛！那意根也是心哪！這就有七個心了，對不對？

這個色蘊的色身，是由我們的如來藏，藉著父母的助緣而生起的，父母只是提供我們助緣而已；這個色身並不是父母造的，並不是母親造的，而是藉著他們的助緣，然後你自己的如來藏，去攝取母血中的四大物質，而製造出這個具足五色根的色身；五根的身根滿足了出生的因緣時，就出母胎了。

然而這個色身遲早一定會壞掉的，從來沒有人敢說：「我這個色身是不會壞的。」因爲，如果你的色身是不會壞的，那麼你出生時是個什麼樣子，就應該永遠都是那個樣子，永遠都不會變、都不會成長，那才可以說是不壞的；出生的時候大概是三公斤左右，永遠都那樣，那才可以很勉強的說是不壞的。既然會長大，就一定會衰老，就一定會死。顯然，色蘊不是眞實不壞的法。既然不是眞實不壞的法，怎麼可以說色身有眞實性呢？如果沒有眞實不壞的體性，怎能說是有我呢？

或許你又說：「那應該是能夠見聞覺知的心才是我。」好！問題又來了，見聞覺知心如果是眞正的我，那麼祂爲什麼要靠五色根接觸外五塵，再加上意根去接觸內相分中的五塵上所顯現出的法塵，才能出現呢？可見這個識陰中的六識心也是虛妄的嘛！並不是自在的心嘛！見聞覺知心的我，是被人家所生的；我們的覺知心，是被意根和五色根，去接觸六塵爲緣，而從如來藏裡面出生的，是被人家所生出來的，是依因藉緣而出生的法，所以沒有眞實不壞的自體性，所以不是眞正的「我」；既然沒有眞實不壞性的我，又是無常的法，無常所以是苦，「苦」當然不可能是眞正的我嘛！

有的人也許會這麼講：「既然色蘊不是眞正的我，識蘊也不是眞正的我，識蘊的七個識通通是虛妄的，那麼我想：大概是能夠在世間法裡面，產生受—苦受也好、樂受也好、不苦不樂受也好—這個受才是眞正的我啊！」可是當你這麼想的時候，佛就問了：「樂受是眞正不壞的你嗎？」被提醒了以後，你就會想：「待會兒有人打我一記悶棍，苦受就來了，我的樂受還在不在？不在了！已經是斷滅了的樂受，怎麼會是眞正的我呢？」

這樣想一想，覺得也有道理，可是緊接著心裏又想：那應該是苦受才對，因爲我被打了一記悶棍，現在正苦著。可是，等一下如果有人送給你一牛車的黃金，現在突然變這麼有錢，心裡好高興噢！也就忘了苦受，這時你的苦受還在不在？忘掉了！忘掉了的時候，苦受就不在了；不在的話就是無常，無常而消失了的苦受，還會是眞正的你嗎？當然不是噢！

那這樣應該是不苦不樂受才對，甚至我睡著無夢的時候，都還是不苦不樂，而且是不苦不樂受的時間最多。但是，假如不苦不樂受是眞正的你，等一下如果有個酒鬼來撞門，無理取鬧一番，你又氣死了，苦受又來了，不苦不樂受又不見了。那麼這樣看來，三個受都不是噢！有人就會想：「應該在那三種受當中，有一個沒有語言文字而繼續在了知的我，也就是想陰嘛！想陰才是眞正的我。」有很多人不知道見聞覺知中的了了分明的了知就是想陰，總以爲用語言在覺知心中想事情，才算是想陰。其實六塵中的**了知性就是想陰**啊！如果這個了知性的想陰是眞正的不壞的你，那這個想陰其實就是六識心的見聞覺知所顯示的體性啊！見聞覺知就是識陰所顯性啊！識陰尚且是虛妄的，何況識陰所顯現的想陰，怎麼可能是眞實常住的不壞法呢？怎麼會是眞實的我呢？所以那又不對了。

有人又會想：「那麼應該是我在一切日常生活中跑跑跳跳的這個『我』：我會吃飯、我會走路、我會吃喝拉撒……等等，這個就是眞正的我。」可是，這些動作都是行陰，如果把你的色身弄壞了，你還能跑跑跳跳嗎？還有這個行陰嗎？所以說這個也不對了！是不是？所以，這只是行蘊噢！也是依色、識、受、想陰而產生的啊！到了這個地步，確實的去觀察，原來五蘊都不是眞實的我，那麼你以前將五蘊認作是眞實不壞的我，認爲確實有一個我眞實不壞，這個「五陰是不壞我的惡見」就這樣斷除了，五蘊的我見就斷了嘛！這就是聲聞初果所證得斷我見的境界。

五蘊是我的邪見斷了以後，今天晚上你就應該證得聲聞初果了。回去以後找個安靜的地方，好好去思惟這些道理，去作更詳細的思惟與整理；這樣子，我見眞正斷了的時候，雖然還沒有成爲證悟的菩薩，不妨可以成爲聲聞的初果人。但是不可以只是今晚聽了以後，就說你已經證得聲聞初果了，必須要如實地現前去觀察它，仔細地去觀行，詳細地去整理它，確實是可以把我見斷掉的。我見斷掉了以後，你可以把三縛結的內容拿來自我檢驗，看自己的三縛結斷了沒有？如果眞的斷了，那你就可以確定自己已經是聲聞初果了，不必我來跟你印證。今天我們沒辦法像「禪淨修學班」的課程中那樣詳細爲大家解說，所以你們聽完回去以後，還得要自己詳細的觀行與思惟；如果有確實去作觀行的話，就可以親證聲聞的初果了，不必再去跟什麼人學習解脫道了（編案：一念不生的活在當下，其實仍是意識心，其實還沒有斷我見，不能證得初果）。還沒有來正覺同修會開始共修，就可以先證聲聞初果，棒極了！

如果真的如實觀行以後，仍然有所懷疑的話，你可以去把　佛所講的四大部的阿含經，總共有一千多部經，拿來對照看看，究竟自己的三縛結斷了沒有？看看我今晚所講的法對不對？可以將菩薩造的論拿來看看，看自己的三縛結斷了沒有？看我所說的對不對？也可以把小乘法中的論—譬如《俱舍論》—拿來看看，印證看對不對？　如果對的話，你就信受我的話，信受自己的觀行。信受了之後，自己再去深入整理，把我見斷得更乾淨一些。這樣子，還沒有來正覺同修會共修，就先證得聲聞初果，何樂不爲？這就沒有辜負我今天來到台南的這一場說法了。

剛才講過六根、六識，但是還有六塵啊！所以接下來說十八界。如果從五蘊的觀行之中，還不能斷除我見，那麼從十八界的觀行之中，也還是可以斷除我見的；我見斷了的話，三縛結就會跟著斷除了。十八界的法中，方才說過六根與六識，至於六塵，我們剛才也說明過：我們所接觸到的六塵相分，其實是由如來藏，藉著五色根去接觸外五塵，而變現出內相分六塵來的。然後，見聞覺知的心，還有作主的意根，在這個內相分的六塵裡面運作，所以我們所接觸到的六塵，統統是如來藏所生的，都是依因與緣而出生的緣起法，我們從本以來不曾接觸到外六塵，都是只接觸到內相分的六塵，卻又是如來藏所生出來的法，怎麼可以說六塵是眞實不壞的法呢？

我們所接觸到的六塵，是如來藏所產生的法，而見聞覺知的心是六識心，只要五根壞了—五勝義根的頭腦大部分壞了，你就死定了，見聞覺知的心就永遠消滅了。可見，見聞覺知的心，是依你的勝義根作爲助緣而存在的啊！所以在醫學上會作這樣的判定：腦死就是死人。

但是這個判定還有疑問，因爲腦死還是常有誤判的時候，所以腦死的很多種狀況，是醫學家所不知道的，只有親證道種智的菩薩們才能知道。腦死，有些植物人並不是完全的腦死，他的見聞覺知的心都還存在，都能領受色聲香味觸等五塵，只是掌管行動的部分，不管是眨眼皮還是手腳的動轉—也就是說掌管行動部分的操控系統壞掉了—不能表示意思。

如果是這種植物人，你就把他判定是腦死，當醫生開始把他開膛破肚，作器官移植的時候，他是很痛苦的；所以這時候將他判爲死人，而作器官移植的話，那就是殺人。所以有的外科醫生會成爲殺人者，但他不是故意的，只是他還沒有道種智的智慧去判斷罷了。所以，是不是眞正的腦死？也要有道種智，才能夠完全正確的判斷。換句話說，見聞覺知的心，不是眞常不壞的心，因爲你的五勝義根壞掉的時候，見聞覺知心就永遠不能再生起了，就隨著斷滅了。

如來藏一定要藉你的不壞的五根，才能使你的見聞覺知心在人間生起，當五根全部都壞了，如來藏就無法去接觸外五塵，就無法對現內相分的六塵法，見聞覺知心就無法生起，由此可見這個見聞覺知心是虛妄的，所以說見聞知覺性是依他起性的緣起法。這樣如實去一一現前觀察的話，就可以確認十八界統統是虛妄的。那就可以成爲解脫道上的見道者，成爲二乘聲聞法中的初果人，成就二乘菩提的見道功德了。這就是四阿含所偏重而說的解脫道，就是聲聞初果人的觀行；這就是上座部所傳的佛法，就是今天的南傳佛法所修的解脫道；但是聲聞解脫道中的初果人，卻不能瞭解內相分六塵的道理。今天原始佛法的弘傳者，不論是南洋的出家二衆，或是中國的大陸與台灣地區，所有自認爲已經證得解脫道的人，都還落在意識心上，都還是認爲：覺知心保持一念不生、不起煩惱，清楚明白地活在當下而不攀緣，就是證得聲聞初果，就是證得禪宗的開悟境界。這些人都是因中說果的人，都成就了大妄語業，因爲都還沒有斷除我見的緣故。所以，意識心是虛妄法，不能去到未來世，是虛妄法，所以意識覺知心絕對不是常住法，既然是有斷有滅的法，當然就不可以說是眞實的我。

也許你又說：「可是還有一個意根啊！這個意根，佛說意根從無量劫以來就一直存在到現在，還要到未來無量世去，除非我入了無餘依涅槃。那可見祂是眞心啊！」現在我要請問你一個問題：「意根如果是眞實心，而眞實心是應該能夠執持一切法的，三乘諸經裡面都是這樣說的。那麼，像這樣的話，意根應該可以執持你所造的一切善惡業的種子了，意根應該也可以執持你身中的四大才對。」可是，請問：「爲什麼那些壞人造了惡業以後，他知道自己未來世要受惡報，他想要把那些惡業的種子丟掉，可是爲什麼卻又丟不掉？」可見種子不是由祂所收藏的，祂不是眞心；雖然祂能夠處處作主、恆審思量，卻不是執持善惡業種子的心。

又譬如說：地獄道的有情，他們在地獄裡面忍受長劫的尤重純苦，很想讓地獄身趕快死掉，往生到善道去，就不必受苦了；結果卻是死不掉欸！當他苦痛到受不了而死掉的時候，馬上業風一吹，很快的又活過來，結果還是在地獄身中受苦，還是沒有辦法捨身啊！由此可見意根不是眞心嘛！因爲時時思量的你、處處作主的心就是你的意根，你很想要捨棄地獄中受苦的身根，可是你作不了主啊！還是得繼續在忍受極苦的地獄身中受苦啊！既然不是持種、持身的心，當然意根絕不是眞心。而且，入無餘涅槃時，必須要加以滅除的意根，怎麼會是眞實不壞的法呢？所以意根並不是眞實心啊！這樣看來，十八界都是虛妄法，都不是眞實不壞的常住我。

由此可見：十八界我的每一法都是虛妄的。像這樣，你一樣一樣、一界一界去把它現前觀察，詳細思惟，就可以把我見斷掉，三縛結也就斷了，聲聞初果的功德就可以先放在自己口袋裡，何樂不爲呢？爲什麼要去相信那些大法師所講的「有一個覺知心的我不滅，這個我可以入涅槃」的我見的說法呢？有「我」入無餘涅槃，這個涅槃就已經變成外道涅槃了，就成了有我的涅槃了，就不是佛所講的無我的涅槃了。

十八界都滅了以後，剩下那個第八識祂不作主，祂離見聞覺知，祂不住於一切法中，所以就「無眼耳鼻舌身意、無色聲香味觸法……乃至無苦集滅道，無智亦無得」；《心經》就是在講這個道理。所以，《心經》所講的菩薩的解脫，也包含無餘依涅槃所證的眞實無我的境界。爲什麼說《心經》有這麼講？後面會跟諸位進一步證明。

第四節　解脫之意涵

所謂解脫，就是「梵行已立，所作已辦，不受後有，解脫，解脫知見知如眞」。那，什麼叫做「梵行已立，所作已辦」？想要證得解脫果的話，應該要作什麼呢？要斷我見啊！斷我見是第一步。我見斷了以後，修所斷的煩惱也要把它斷掉，就是把我執斷掉。所以我見的斷除和我執的斷除，都完成了，那就是解脫果的所作已辦。

在三乘共通的解脫道上的修行，對於我見有沒有斷除，一定要去詳實的觀察；對於我執有沒有斷除，也要去詳實的觀察。你必須去觀察：五陰虛妄，十八界的一一界也都虛妄。這樣現觀之後，再來檢討：我見是否眞的斷除了？我執是否眞的斷除了？如果是眞的斷除了，那就是所作已辦，這是證得解脫果的第一個條件。解脫果的修證是三乘佛法的共道，也是菩薩所必須修證的佛法，不過六地以前的菩薩們，都會保留最後一分的思惑，故意不斷除它，以滋潤未來世再度受生的種子，繼續上求下化。

「不受後有」，是講現般涅槃以及中般涅槃。現般涅槃是講慧解脫阿羅漢，以及俱解脫阿羅漢，在捨壽了以後，七識就統統自願消滅了，也不再出現中陰身，只剩下阿含佛法中所說的「名色因、名色本」的第八識如來藏獨存，這樣就是無餘涅槃了。換句話說，就是眞實的無我，「五陰我、十八界我」完全不存在了。「我」不存在以後，剩下第八識—涅槃的實際，祂離見聞覺知，從來都不作主，從來都不思量，從來都不自覺自觀有自己的存在。如果沒有意根起了我執而拉著祂，祂就不會再去投胎；意根的我執斷盡了以後，捨報時作主思量的意根自願消滅了，就不會再出現中陰身；意根不會再出現了，意識也就跟著不再出現了，這樣叫做「現般涅槃」，在捨壽的現下、當下入般涅槃。這是指俱解脫的大阿羅漢，以及慧解脫阿羅漢的解脫、不受後有的意思。

又譬如極少數慧解脫阿羅漢，解脫證境如果不很堅固，捨報時忽然在意根中生起一分微細的我執，而未能當下斷除的話，他雖然想入無餘依涅槃，但是捨報之後不知不覺之間，就會感生到即將生往色界的中陰身；等到中陰身出現的時候，他想：「我怎麼沒有入無餘依涅槃？怎麼我又出現了？」這個時候趕快再把自己剩下最後那一分的「我執」斷盡，斷盡後就不會再有第二次的中陰身出現了。但是這第一次的中陰身要等到第七天才能消滅的噢！因為他不是俱解脫的大阿羅漢，所以他要等到這第一個七的中陰身壞掉，祂才能入無餘依涅槃，這個就是解脫不堅固的時解脫阿羅漢的中般涅槃。但是，從廣義而言，這不是完全的不受後有，因為他受了中陰身的後有，中陰身也是廣義的後有嘛！雖然狹義的來講，也算是不受後有的聖者。

可是，除了這兩種般涅槃以外，還有一種叫做「上流處處般涅槃」，這也是解脫。這是指未到四果的聲聞行者，他得要再受後有，但是受後有之後，他也可以解脫。上流就是說往上層境界投生去，往上去並沒有說一定去到什麼地方證解脫，有的人是中陰身出現以後，他生到五不還天的下四天中去；生到那一天以後，趕緊修禪定；證得禪定之後，斷除了所剩下的一分微細我執，提前捨壽而取涅槃，這也是解脫。但是他在人間捨壽時，得再受後有之天身，他不是不受後有啊！他受了中陰身的後有，五不還天的後有，然後證得解脫。這叫做生般涅槃，也是「上流般涅槃」的一種。

還有一分人就更差了，但是也算是「上流處處般涅槃」。因爲他中陰身出現以後，生到五不還天的下四天中，在五不還天中的時候，他雖然眞的把最後一分我執斷除了；但因爲禪定修不好，所以一直等到色界天身壞掉，不曉得是多少劫以後，才能入了涅槃，那也是生般涅槃的解脫（編案：有的人是中夭，而且壽命長短不一，非必盡壽而終，所以劫數不定）。

有的人則是生到色界天的四禪天中的某一天，在那裡才再做觀行，觀察微細的意識心與意根虛妄，斷盡最後一分我執，捨報時取證無餘涅槃。有的人則是生到五不還天之後，仍然未能斷盡我執，依禪定而修，證得四空定，再往生到四空天中，才斷盡我執，才能取無餘涅槃。也有人往返欲界多次以後，才能成爲阿羅漢而取證無餘涅槃，叫做轉世般涅槃，都是屬於「上流處處般涅槃」所攝。所以，有很多種取證涅槃的狀況差別，這就是「上流處處般涅槃」，所以，不受後有和解脫，是有所不同的，也就是現般涅槃和「上流處處般涅槃」的差別所在—關鍵在於是否再受後有。眞正的俱解脫，具有無生智而不是只有盡智的人，這些知見還是得要具足的，才能算是解脫知見具足，才算是證得無生智的聖人。

解脫果，還有一部分叫做「解脫知見知如眞」。什麼叫做「解脫知見知如眞」呢？也就是完全了知我見和我執全部斷盡的內涵，這個叫做「解脫知見知如眞」，這就是聲聞的無生智。

解脫知見並不是每一個阿羅漢都有的，在佛敎史上很有名的周利槃特伽，他成爲阿羅漢了。有人說：「掃帚兩個字都唸不好，竟然可以成爲阿羅漢，眞是不簡單啊！」就請他來供養，供養之後，請這位聖僧開示。周利槃特伽卻說：「我不會開示，我請舍利弗尊者來幫你開示。」也就是說：「飯我吃，他開示。」（大衆聽了大笑）他已經證得解脫了啊！爲什麼他卻不能開示？那就是解脫知見不具足了知，也就是說：他有盡智，但沒有無生智。這是二乘一切智裡面的盡智與無生智。換句話說，不具足解脫知見的人，他只能自己得解脫，有盡智，但沒有無生智。這就是沒有解脫知見，知道確實已經把對自己的執著斷除了，可是要怎麼去修到這個境界？他不會整理，不會宣講出來。

所以解脫的眞正道理就是剛剛所講的這幾種。「梵行已立，所作已辦，不受後有，解脫、解脫知見知如眞」，這樣才是眞正的解脫道。現在北傳與南傳佛法的弘法人，不能證得解脫果的最大的原因，就是對於解脫道不瞭解，對於「衆生我」不瞭解，對五陰十八界誤會了，不能一一現觀五陰十八界的虛妄，所以落在意識心的覺知心我上面，不能斷除對覺知心自己的執著，落在我見上面，所以更不能斷除我執；這就是對解脫道的內涵不瞭解的人，所以無法證得二乘菩提的解脫果。不是只有北傳佛法是這樣，現在的南傳佛法那些「聖僧」們，他們也不知道這個解脫道的眞正道理，所以其實不是眞正的「聖僧」。

第五節　大乘二乘解脫之異同

大乘菩薩所證的解脫，與二乘聖人所證的解脫，有什麼地方不一樣？又有什麼地方是一樣的？這也要讓大家瞭解。二乘聖人所證得的解脫，不能證得無餘依涅槃的實際；但是，大乘菩薩所證得的解脫，卻實證了無餘依涅槃的實際。無餘依涅槃的實際，在《阿含經》裡面，佛又叫祂做「涅槃之本際」，有時候講「如」，有時候講「實際、我、如來藏」。「實際」也就是說當你證得有餘依涅槃，捨壽入了無餘依涅槃的時候，五陰十八界都滅盡了以後，無餘依涅槃裡面唯一的一個法，那就是「實際」。無餘依涅槃就是把名與色滅除了，變成完全的無我。名就是受想行識，就是前七識和受想行陰；色就是五根身，五色根扶塵根與勝義根都捨棄了，受想行識也都滅除了，就是無餘依涅槃。

換句話說：捨報之後，十八界的自我全部都滅盡了，就沒有前七識存在，所以就沒有見聞知覺性的我存在，也沒有恆審思量處處作主的我存在，只剩下名色所緣的識，只剩下「名色因，名色習，名色本之識」存在，就是只剩第八識離見聞覺知、離思量而獨自存在，無所依倚。這時已經沒有人間的痛癢冷熱飢寒等餘苦存在，沒有這些餘苦作爲所依，所以稱爲無餘依涅槃。

當名與色都滅盡了以後，還有一個「名色在三界中所緣的識」獨自存在不滅：名色既然包含了有七個識，那麼名色所緣的識，當然就是第八識了。名色滅盡了以後，無餘依涅槃裡面只剩下那個第八識，那個第八識就是涅槃的實際，祂就是涅槃的本際。定性阿羅漢沒有入無餘依涅槃以前，不知道自己的第八識本際在哪裡；捨報時把十八界的自我滅除了以後，入了無餘依涅槃，也不知道無餘依涅槃裡面的第八識是什麼；他入了無餘依涅槃以後，能知能覺的我已經滅掉消失了，當然不可能知道無餘依涅槃裡面的實際是什麼，因爲「我」都已經不存在了，怎麼可能會知道無餘涅槃中的實際！所以，阿含期的經典裡面說：無餘涅槃之中有實際不滅，所以無餘涅槃境界不是斷滅法。阿羅漢信佛語的緣故，所以不怕入了無餘涅槃時成爲斷滅。

菩薩則不然。菩薩還沒有證得有餘依涅槃，就先把無餘依涅槃的本際——第八識——找出來，體驗整理了以後，他就知道：把「我」滅盡之後，就是無餘依涅槃；滅盡了我自己十八界以後，剩下的第八識是什麼，他都知道！對第八識的祂，處在無餘涅槃裡面是怎麼回事？如果「我」不存在了，祂會變成怎麼樣？菩薩對這些都知道。所以，六地滿心位以上的菩薩斷滅了我執以後，同樣是證得有餘依涅槃、無餘依涅槃，菩薩能知道無餘依涅槃裡面的實際是什麼，決定性的阿羅漢—不迴心大乘的阿羅漢，卻永遠不知道無餘依涅槃裡面是什麼，所以他不知道涅槃的實際。

有的菩薩明心之後，在未滅盡我執之前，也都能了知無餘涅槃中的實際。但是，菩薩還沒有入涅槃，就知道無餘依涅槃裡面是什麼；乃至剛剛明心的人，雖然還沒有斷除我執煩惱，但是聽了我這一段開示以後，他也知道無餘涅槃裡面是怎麼回事了，所以才說菩薩智慧不可思議。

當你還沒有證得如來藏的時候，你會說：「眞的是不可思議噢！」但是！告訴你：等你證得如來藏以後，你卻會說：「可以思議！」這是說，對不知道的人，才說爲不可思議，但是眞正證得如來藏的人，卻是可思議的。因爲無餘依涅槃裡面是什麼，既然我知道了，爲什麼不能講？爲什麼講不出來？只是不可以跟一般人講，跟同樣知道的人，互相之間是可以了知的；如果想要對還沒有悟的人明講的話，其實是一句話就講得出來的，就可以讓他證知的，並不是講不出來的。無餘涅槃裡面究竟如何？也是可以講得出來的！這不是二乘聖人所能知道的，更不是尚未證得大乘菩提、也沒有證得二乘菩提的凡夫所能知道的（編案：印順法師就是因為不知道這個真實義，所以把涅槃講成斷滅法了，就把涅槃玄妙化了）。

所以說，大乘的涅槃解脫，與二乘的涅槃解脫，確實有不同的地方。但是三乘聖人所證的涅槃，也有相同的地方：菩薩如果將來又退轉回小乘法的話，或者七地滿心時沒有獲得佛加持（這是假設而方便說涅槃），而取證無餘依涅槃的時候，也是十八界滅盡，也是名色五陰滅盡；阿羅漢入無餘依涅槃，也是十八界五陰統統滅盡啊！在無餘涅槃裡面安住時的境界是完全一樣的，都是唯有第八識心離見聞覺知及思量性而獨存的。所以三乘聖者進入無餘涅槃時的境界，都是一樣的，都是沒有差別的。

但是，在沒有進入無餘依涅槃境界的時候，那個無境界的智慧境界，卻是完全不同的；這是因爲菩薩知道入無餘依涅槃以後是怎麼回事，阿羅漢卻不知道入無餘依涅槃以後是怎麼回事。這個就是大乘解脫與二乘解脫有異有同的所在，但是無餘依涅槃裡面的境界都是一樣的，然而對於涅槃的體證的智慧，卻是不相同的。這就是說：大乘所證的解脫與二乘所證的解脫，有異也有同。至於菩薩究竟地，成佛後的解脫境界差異，那就更大了，這個題目暫時不說，留到後面講解《心經》的究竟涅槃時，再作開示。

第六節　心經與解脫道之關係

第六節的內容，我們把它分成五點來說。

第一點：由於菩薩依《心經》的教導而證得眞實心，然後轉依第八識這個眞實心的體性，因此他消融了我執，所以證得二乘菩提的解脫果。但是我這段話所說，有一個附帶條件：他所知道的《心經》的密意，如果是跟人家探聽來的，那就沒有這個功德了。

必須是要跟著善知識去熏習，然後自己去參，自己去走過來，去親自體驗，這樣！才有這個功德啊！如果想要害你的話，那是很簡單的，現在就直接告訴你：《心經》所講的心是哪一個心！我一句話就可以講出來，但是就害死你啦！你聽了一定不信，因爲你沒有辦法像眞參實究的人一樣的證驗祂，結果就使得般若智慧不容易生起；我以語言明白的直接告訴你以後，因爲你沒有實際上深入的體驗過祂，如果再被一個錯悟的大法師加以否定，你就永遠退轉了；從此以後，智慧就不能顯發了，就與般若實相智慧絕緣了。甚至於會跟著大法師，誹謗這個無比勝妙的第一義的法義。

菩薩所證得的解脫道，是從證得第八識這個自性清淨心，然後現前觀察、現前體驗這個心確實有祂的自體性，確實是常住而不暫斷的，而祂的自性是本性清淨的，從來不貪、不厭、不瞋；而且不愚於一切法：你在想什麼祂都知道，所以祂也是不落於愚痴裡面的；你心裡想什麼，都瞞不過祂的。雖然你在想什麼，祂統統都知道，但祂就是那麼樣的清淨性。

菩薩證知了這個第八識心，是這樣清淨的體性，然後就想：「我這一生眞的是齷齪，人家第八識祂一向是那麼清淨。」於是就轉依祂的清淨體性，也就是轉變七識心自己的體性，使自己符合祂的體性，也就是把我見我執，三界的貪愛統統消除掉。因爲我見斷了以後，我執也會漸漸的消融掉了；因爲我執消融掉了，所以就能身證解脫，在這一世中成爲菩薩阿羅漢，成爲通教的菩薩。

可是由於衆生—特別是末法時的學人—誤會了《心經》所說的眞實心，去把那個**活在當下**的妄心認作眞心，所以我見就斷不掉；我見斷不掉的結果，就是繼續輪迴生死。舉一個大家所耳熟能詳的善知識的開示，來爲大家說明，大家就容易瞭解眞實義與似是而非的說法之間的差別所在了；這種錯誤的開示，從古到今一直在流傳。大家可能都見過，許多寺院裡面的牆壁上常常貼著：「不怕念起，只怕覺遲。」提醒大家要時時保持警覺：只要時時警覺、警醒，要隨時警覺妄念的生起，不被妄念牽著轉；能這樣**活在當下**的話，那你就是覺悟佛菩提了。我相信諸位之中，有很多人都看過這樣的開示。

有的「善知識」寫書出來，也是這樣跟你講：「不怕妄念起，只怕警覺遲。」意思是：只要不跟著妄念轉，保持你的見聞知覺心的警覺性，了了分明而一念不生，這樣子，你就是覺悟了，這就是佛法所講的覺。現在我們卻要援引一段

《大乘起信論》馬鳴菩薩的開示，跟諸位說明。馬鳴菩薩說：「如凡夫人，覺知前念起惡故，能止後念，令其不起；雖復名覺，即是不覺故。」（編案：實叉難陀譯作：「如凡夫人，前念不覺、起於煩惱，後念制伏令不更生，此雖名覺，即是不覺。」）馬鳴菩薩講得這麼清楚！

馬鳴菩薩說：「就好像那些凡夫人一樣，他們認為：前一念沒有覺察到世間煩惱的妄想生起，結果起了種種煩惱妄想；後來發覺到了，再起另一個念，把妄想壓伏下來，使這些煩惱妄想不再出生，這樣叫做覺悟。可是他們這個境界雖然叫做覺，其實就是不覺。」很多人不懂佛法，誤會佛法，看見論中所說的這個意思，和他一念不生的修法不同，就誹謗說：「起信論一定是外道所作的啦，明明這樣叫做覺，為什麼又叫做不覺？」所以錯會佛法的人就會說《起信論》是外道假藉馬鳴菩薩的名義創造的（編案：這是月溪法師所說的話），但是這些人所謂覺悟的境界，確實是不覺（編案：聖嚴、惟覺、星雲、證嚴等人，一樣落在這種邪見中）。

因為佛菩提的覺悟，是要去覺悟到你的自性清淨心。而那些悟錯了的人，他們所謂的「覺」，卻只是在覺察語言妄念、在修除語言妄念啊！只是讓語言妄念不生起啊！像這樣的覺，都是在意識心上面用功夫，是在意識妄心上面去誤認了，根本沒有覺悟到佛菩提的般若所講的那個眞實心啊！所以，這樣的人他們自己雖然自稱爲覺悟，馬鳴菩薩卻說：「其實這樣叫做不覺。」因爲還沒有覺悟佛菩提啊！因爲這些就是以定爲禪的人啊！

所以，大乘行者不能夠證得解脫果的原因，就是由於誤會了《心經》所講的眞實心，把妄心當作《心經》所講的眞實心。於是，他就以爲：「這個一念不生之時的意識覺知心，就是佛所說的自性清淨心，我捨報時，就是以這個心進入無餘涅槃之中。捨報以前，我就這樣一念不生而不昏昧，常常覺醒的**活在當下**，這就是覺悟的境界。」但是，這樣的人，所有已經證悟的菩薩們，都會異口同聲的說：落在這種境界的人都是還沒有覺悟的凡夫衆生。

有很多人誤會經文裡面的眞正意旨，也誤會《起信論》的眞正意旨，就把論文曲解了，就以爲自己所想的是正確的。譬如《起信論》中如是說：「所言覺義者，謂**心體**離念。離念相者，等虛空界，無所不遍，法界一相，即是如來平等法身。依此法身，說名**本覺**。」（編案：實叉難陀譯作：「言覺義者，謂心第一義性離一切妄念相。離一切妄念相故，等虛空界無所不遍。法界一相即是一切如來平等法身；依此法身，說一切如來為**本覺**。」）這意思是說：所謂「覺」的意思，是眞實心的第一義的體性，祂的心體是離一切妄念相的。如果所悟的心，眞的是離一切妄念的心，那就是等虛空界而無所不遍的；像這樣的法界一相，沒有第二種法相的心，就是如來的平等法身。

但是有很多人誤解了這一段論文的意思，就去將覺知心修行除掉妄念，以爲一念不生之時就變成眞心了。殊不知論文中的意思是說：眾生的八個識之中，有的識是具有**念相**的，有的識是**不具念相**的。有念相的識，是有時會起妄念的，祂們永遠都是「有時會起妄念」的，不會變成「永遠不起念相」的心；**無念相的識**，是永遠都不會出現念相的，祂是不會有時生起妄念的，永遠都是不會有妄念的。這種有念相和無念相的心性，是本來就這樣的，是從來都不會改變的；並不是修行以後可以改變它的有無念相的體性的。如來就是證得這個無念相的心，而這個心卻是有祂自己的知覺性的（編案：這是指六塵以外的覺知，不是六塵中及定境法塵中的覺知性），因此，如來證得這個覺的時候，就稱爲本覺。

但是有很多人誤會了這個論意，總是想要將會起妄念的意識心修行而變成眞心；他們總是想要將「常常會起妄念」的、有念相的意識心，想要將永遠會有念相的意識覺知心，修行變成「永遠都無念相」的眞心。但是他們將永遠無法達成目標，因爲有念相的意識心，是永遠都會有時住在念相中的，永無可能變成**永遠**沒有念相的眞心。而眞心則是**本來**就沒有念相的，不須要人們去修行、去將祂轉變成沒有念相，因爲祂是**本來**就沒有念相的；祂在過去無量劫以來如是，現在也如是不起念相，未來的無量劫中，祂也將是永遠不會有起念的時候。

所以眞正的大乘佛法的**覺悟**，是用常常會起念相的覺知心意識，去尋覓**本來**就沒有念相的如來藏眞心；找到祂以後，無妨有念相的覺知心與從來沒有念相的眞心同在，根本不必與覺知心中的妄念對抗。這樣的明心開悟，才是眞正的開悟；這樣的**覺**，才是眞正的**覺**。這樣證得第八識所具有的不墮於六塵見聞覺知妄覺上的**眞覺**，才可以稱爲**本覺**；因爲第八識的這個**覺**，是本來就有的，不是修行以後才證得的，這才是眞正的**本覺**。證得這個**本覺**的人，就稱爲**始覺**位的菩薩了。因爲這是以從來就沒有念相的第八識眞心，以祂的從來無念相、從來離六塵上的見聞知覺性，而能**覺了**眾生心的專屬第八識的**真覺**，來作爲覺悟的標的；這樣的覺悟，才是禪宗破初參的「始覺位菩薩」的**覺悟**。

但是現在諸方大師們都弄錯了，都是落在有念相的意識心中，都是想要把有念相的意識知覺性，變成沒有念相的眞心，所以他們都不是眞正的證悟者，所以他們一直在覺知心上作修除妄念的功夫，一直都是以定爲禪，一直都是以禪定行門作爲般若行門。

所以，如果想要避免落入這種**自以為覺悟**，而其實是**不曾覺悟**的狀態中，就應當要去求證你的眞心，才不會產生誤會，錯將生死心認作解脫心。只有第八識眞心才是**解脫心**，前七識永遠是輪轉生死的心，除非你已經修到究竟佛地了，已經使前七識心的種子究竟清淨了；不然的話，前七識心永遠都是有漏的法。一直要到佛地，具足無漏法以後，七識心種子都不再熏習變異，那才叫無漏有爲法。這樣才可以說是**解脫心**。

然而，佛地的前七識心，雖然已是解脫心，仍然不是眞如心，仍然是七識心。所以諸 佛仍然是以第八識眞如心，作爲究竟歸依，作爲佛地的自性法身。

所以十方諸佛說法時，都不以前七識心的體性，說為佛菩提所證悟的實相心，都是將第八識如來藏修除染污種子之後，說為諸佛的自性法身，原因就在於此。所以，《心經》所說的解脫道，不是以二乘菩提的現觀十八界、五陰的虛妄，而斷我見我執，而取證解脫果；乃是以親證第八識自心如來，而回過頭來現觀十八界、五陰的虛妄，而證解脫果，這就是《心經》與解脫道的關係所在。（編案：以下第二點至第五點，於演講當時，因時間不足，省略未說；於第二天續講時，逕由第三章開始演說。今因讀者請問所遺漏之四點內涵故，乃予以改版，自第二版第一刷起，將演講大綱中之第二點至第五點，以口語化之文句再作補充，仍維持原先售價而流通之。）

第二點：一般人學佛很多年以後，還是不能證得解脫果，這種久修不證、唐捐其功的根本原因，都是因為假善知識對五陰所作的錯誤開示，導致學人對五陰的內容沒有真正的理解，錯將五陰中的識陰（將離念靈知的意識心及處處作主、時時作主的意根）認作第八識真如，所以就斷不了我見，無法取證聲聞法或菩薩法中的初果，斷不了三縛結，因此而不斷的輪迴生死。我見不斷的緣故，更無法斷我執，所以就永遠輪迴生死，永遠進不了佛法大門──對三乘菩提的內涵永遠都無法正確的理解與親證。

二乘聖人由於斷除我見，以及斷盡我執的緣故，對五陰——特別是對識陰——的內容具足觀行，了知自己虛妄，對自己完全沒有執著，所以捨壽時滅盡五陰，不再入胎，也不去受生於天界，所以不再出生後世的五陰或者四陰，所以出離三界生死。他所觀行的內容是人間的世俗法五陰，所以名爲世俗法中的眞諦，簡稱**俗諦**；因爲五陰是緣起法，所以其性本空，不是眞實常住不壞之法。這個五陰緣起性空，無我無人，是**世間道理極成**的緣故，所以名爲**世俗諦**。

然而菩薩卻不只是這樣，菩薩不但像阿羅漢一樣的現觀五陰緣起性空，而且親證五陰出生的根源，親證自心第八識如來藏，由此而了知「無餘涅槃之本際」其實就是第八識如來藏。證得《心經》所說的眞心以後，再來反觀五陰、十二處、十八界的虛妄，由此緣故而證得大乘法中的解脫果，他所證得的解脫智慧，與二乘聖人所證的解脫智慧並不相同。

二乘聖人證得有餘涅槃，沒有捨壽以前，並不能知曉將來進入無餘涅槃以後的「境界」；而將來捨壽後進入無餘涅槃時，自己卻又已經完全滅盡，十八界中的任何一界都已經不存在了，根本沒有自我存在，沒有見聞知覺性、沒有思量性，完全無我，如何能再有「我」來了知無餘涅槃之中的境界呢？所以二乘聖人不能了知無餘涅槃中的境界。

菩薩卻是證得無餘涅槃中的實際—自心如來藏；無餘涅槃其實是依如來藏的不再出生五陰十八界法，而建立涅槃的法相，所以無餘涅槃其實是以如來藏爲體，所以無餘涅槃其實沒有自性，其實就是眞心如來藏不出生十八界法的自住境界，依如來藏而立名。菩薩由於證得無餘涅槃中的實際—自心如來藏—的緣故，所以菩薩還沒有進入無餘涅槃境界中，便已經知道無餘涅槃中的境界是怎麼一回事了。

無餘涅槃既然是滅盡五陰十八界的所有法，所以稱爲滅度，而不稱爲生度，所以就沒有任何的自我存在了，就沒有任何人可以進入無餘涅槃中去了知無餘涅槃中的境界了，所以無餘涅槃中沒有十八界法中的任何一界，完全無我；因此，無餘涅槃的境界根本就沒有境界：沒有六根，沒有六識，沒有六塵，當然也沒有見聞知覺性存在。所以二乘聖人在沒有證得自心眞如以前，是無法了知無餘涅槃中無境界的境界相的；然而菩薩卻早已證知無餘涅槃中獨存的實際了，早已證得其中的實際—第八識自心如來。這種未入無餘涅槃，便了知無餘涅槃境界的智慧境界，就是禪宗破初參的七住位菩薩們所證知的境界；這是不迴心的二乘聖人所不知的、所未證的，所以二乘聖人不能了知大乘菩薩「不入無餘涅槃卻又了知無餘涅槃實際」的境界。菩薩由於親證無餘涅槃的實際—《心經》所說的眞心，因此就可以獲得分證解脫或滿證解脫的功德受用，這就是《心經》與解脫道的關係所在。

第三點：二乘聖人是以諸法滅盡，作爲無餘涅槃；進入涅槃以後，自我卻又滅失了，所以沒有自我可以了知無餘涅槃的境界，所以他們還沒有入無餘涅槃之前，以及入了無餘涅槃之後，都不能了知無餘涅槃中的境界究竟如何？所以，如果是以事相上來說，他們是確實證得有餘及無餘涅槃的；但是，如果以般若的智慧來說，以無餘涅槃的實際境界來說，他們其實是沒有證得涅槃的。所以他們所證得的涅槃，只能名爲二乘涅槃，不得名爲大乘涅槃；因爲他們只知道如何能觀行五陰十八界虛妄，如何能斷除我見與我執—斷除覺知心和思量心的自我執著，因此捨報時可以滅盡自己而入無餘涅槃，卻不曾了知無餘涅槃的無境界境界，不曾證得無餘涅槃中的無境界境界，因爲他們都不曾證得《心經》所說的眞心，而眞心就是無餘涅槃的實際，所以「了知無餘涅槃內的境界」的智慧，二乘聖人都不具備。

菩薩卻由於親證無餘涅槃中的**實際**的緣故，所以在還沒有進入無餘涅槃時，就已經了知無餘涅槃之中**無境界的境界**。又因爲未入無餘涅槃境界時，能以七識心的自己，現前觀察到自己的如來藏本來就是常住於涅槃的境界中，就是無餘涅槃的實際，所以他親證了世尊所說的「本來自性清淨涅槃」，因此他就轉依如來藏的本來自性清淨涅槃，所以菩薩未入涅槃，便已住在涅槃；由於這個現前觀察的緣故，了知自己及一切衆生都是本來就不曾離開涅槃，都是本來就沒有生死，所有的生死都只是假象，所有的生死都不是眞的，所以菩薩就不害怕生死，就不必急著進入無餘涅槃境界，因此能夠起心保留最後一分思惑，以潤未來世生，世世修行菩薩道，最後才能成佛。

因此菩薩所證得的解脫果，與二乘聖人所證得的解脫果雖然相同，但他是了知「無餘涅槃內**無境界**境界」的聖者，他是親證無餘涅槃內的**實際**的聖者，也是親見「未入涅槃便已是涅槃，涅槃常住而非斷滅，涅槃非從修得，亦非不修而能得」的聖者，所以他對於解脫的見地，與二乘聖者是完全不相同的，與二乘聖人是迥然不同的；所以，菩薩由於這種大乘涅槃的親證，他所修證的解脫果雖然同於二乘聖者，但是他所產生的解脫智慧，卻是遠遠地超勝於二乘聖人的。

如果有人能夠親證《心經》所說的眞實心—第八識**如來藏**—無餘涅槃的**實際**，那麼他的智慧是極爲勝妙的，絕不是那些不迴心的二乘聖人所能知道的，更何況是還在修學解脫道的凡夫？而且二乘聖人證得解脫果，捨壽而入無餘涅槃之後，十八界都滅盡了以後，只剩下自己的從來離見聞覺知的如來藏獨存，以這個不再出生十八界法的如來藏而立名爲無餘涅槃，所以涅槃其實就是如來藏獨存的境界，其實是依如來藏而立名的。所以如果有菩薩親證自心如來藏以後，他就知道：涅槃其實就是《心經》所說的「無一切法」的**無境界**境界。他就知道：解脫的境界，其實是以《心經》所說的**真心**爲依止而施設的名稱，他就如實的瞭解《心經》與解脫道的關係。所以一切悟得眞心的人，後來都會漸漸的了知《心經》與解脫道的這種關係。菩薩的這種解脫果上的智慧，是不共二乘聖人的。

第四點，我們要說的是**解脫色**。衆生由於八識心各各具備了心所法，而與色身和合運作，所以眞如與佛性才能出現於我們的五陰十八界中；由於這個緣故，所以我們才能以意識心及前五識心的配合運作，來尋覓、來證得自己的第八識眞如，來尋覓、來眼見自己的佛性；這樣地地進修之後，終於成就佛地的解脫色。如果離開了色身與七識心的共同運作，人間的一切衆生就沒有辦法證得眞如、也不能眼見佛性。

解脫色，是說已經有能力不再輪迴於三界的生死中，而又能乘願再來世間受生，上求佛道、下化衆生，這就是六地滿心以上的菩薩境界，因爲六地滿心時已經證得滅盡定了。究竟的解脫色，其實是說佛地的境界：以永遠不壞、永不間斷的莊嚴圓滿報身，而爲一切地上菩薩宣說深妙的一切種智；或以應身而受生於緣熟之淨土及穢土而度衆生，或示現化身於衆生的定中、夢中，給與感應而度眾生；或以化身示現，而與有緣鬼神感應而度化鬼神。佛地的這種解脫色，才是究竟的解脫色。

至於初地以上的菩薩，如果他願意取證無餘涅槃的話，他在捨壽時，其實是可以取證無餘涅槃的；但是他們捨壽的時候，都故意不斷除最後一分的我執，故意不取涅槃，都發願再來這個人間、或依照佛的安排再去別的人間受生，再去上求下化，所以初地至三地未滿心以前的菩薩色身，也是解脫色——是**廣義**解釋的解脫色。

佛地的解脫色，其實並不是在大乘法中才說的，其實是在原始佛法阿含部的經典裡面早就講過了。在《雜阿含部 央掘魔羅經》卷二裡面，有這麼一段經文說：「**虛空色**（佛地的自性法身）**是佛，非色是二乘**（二乘以滅除五陰色身而入涅槃作爲解脫）**；解脫色**（莊嚴圓滿報身）**是佛，非色是二乘；……如來眞解脫，不空亦如是；出離一切過，故說解脫空。如來實不空，離一切煩惱**（離見思惑及習氣種子煩惱，亦離所知障等上煩惱）**、及諸天人陰**（自性法身及莊嚴圓滿報身，以及菩薩之意生身，都迥異天人五陰四陰）**，是故說名空。嗚呼蚊蚋行，不知真空義，外道亦修空，尼乾宜默然。**」

這意思是說：**真空**的意思，其實是「非色、不離色、不滅色」，卻又已經解脫三界色身、解脫三界法的繫縛，乃至解脫於習氣種子的隨眠、解脫於無始無明的隨眠，這就是佛地解脫色的境界。一般人總以爲：覺知心不被五欲六塵所繫縛了，便是解脫。卻不知道這樣其實沒有解脫，其實仍然是在我見當中——認定覺知心的自我是常住不滅的。這樣的見解，會令人輪迴三界生死而永遠不能解脫三界生死。

深入經典的老修行人則以爲：滅盡了十八界的一一界以後，不再有我了，所以名爲解脫。但是卻又恐怕落入斷滅見中，便又施設一個「不可知、不可證的意識細心」，作爲滅盡十八界法以後的常住心，以爲這樣就是解脫、就是無餘涅槃。其實這樣也是落在我見中，因爲這種見解其實是依於常見而產生的；而常見卻是依意識心而存在的。當他不能滅除這種邪見的時候，他就必定會在捨報的時候，繼續去受生；因爲「不可知、不可證的意識細心」是不可能實證的，所以他的心中便不能決定無疑，便會懷疑究竟有沒有「不可知、不可證的意識細心」？心中恐怕落入斷滅空中，就不肯滅掉意識心自己，他就會繼續再去受生入胎，所以無法得到解脫的正受，所以無法進入無餘涅槃的境界，特別是否定了意根的人們！因爲意根的自我貪著性，他都還不知道，如何能斷除呢？意根的存在和體性都不知道，又如何能作觀行而了知意根的虛妄、而斷除我執呢？俱生相續的**我執**正是意根的**自我執著**啊！

然而阿羅漢與菩薩都是現觀意識與意根的虛妄的，所以，當菩薩修行而斷除了見惑與思惑時，**我見與我執**都已斷除了，他捨報時就可以像阿羅漢一樣的進入無餘涅槃的解脫生死的境界。然而菩薩繼續進修，多生多劫斷除煩惱障上的習氣種子隨眠；又進修一切種智，而斷盡了無始無明的隨眠，終於成佛了。佛地所成就的這種有餘涅槃和無餘涅槃，都不是二乘聖人所能想像的；佛在超過二大阿僧祇劫前—菩薩七住位—所證得的本來自性清淨涅槃，也不是阿羅漢所能證得的；如今佛位又證得了**無住處涅槃**—不住生死亦不住涅槃—都不是決定性的阿羅漢所能了知的。

由於親證了這四種涅槃，永遠不在三界生死輪迴之中，卻又不住於無餘涅槃境界之中，所以佛地的色法—圓滿莊嚴報身—是眞正的**解脫色**，永遠不壞而又不住生死、不住涅槃。諸佛成佛而又化緣圓滿，捨壽而入涅槃之後，便以自性法身和這種莊嚴圓滿的解脫色的報身，於十方一切三界中度化衆生，永無盡期；衆生如果還沒有度盡，就永遠不會停止這個無盡願。

菩薩三四五地滿心時，都是隨時可以取證滅盡定的，但是他們都故意不取證；六地滿心時雖然不得不取證滅盡定，乃至八九地菩薩其實都在無量世以前就證得滅盡定了，卻故意不入無餘涅槃；他們都是分證這種解脫色的境界，而以一種或二三種意生身，常在十方三界中自度度他，最後終於可以成就究竟佛道；這三種意生身，也是解脫於三界分段生死的解脫色，是由於三地或四五地滿心的無生法忍的功德，乃至後來再加上八九地的無生法忍的功德而獲得的。而無生法忍所產生的解脫色——一至三種的意生身，卻都是以親證《心經》所說的眞心，作爲基本入手處；證得眞心以後，以這個親證眞心而發起的實相般若爲基礎，然後次第進修一切種智，才能發起這三種解脫色。菩薩既然是因爲親證《心經》所說的眞心，所以漸次進修而證得各種的解脫色，這就已經說明《心經》與解脫道關係密切之所在了。

第五點要說的是：證得解脫果以後，其實沒有**解脫的境界**可證。依《心經》所說而修行的人，親證了《心經》所說的眞心以後，便生起了智慧，便可以自己親身證實：證得解脫的人，其實是沒有解脫可證的。因爲菩薩不是依二乘法所說的「五陰緣起性空」而證得解脫，是以《心經》所說的眞心本來解脫的實證，再來反觀五陰的緣起性空，這樣雙具三乘法的解脫功德，就看見了一項事實：解脫的實證，其實是沒有所證的，只是斷了**我見**與**我執**的煩惱，不必再受見思惑所控制，所以不必再輪迴生死，但是詳細的推究之後，其實卻是如來藏本無生死；無餘涅槃的實證，其實並不是見聞覺知的七識心進入無餘涅槃；事實上是七識心自己滅盡了以後，如來藏仍然住在本來自性清淨涅槃的境界之中。

所以，依《金剛經》的意旨，我們可以這樣說：「所謂親證解脫，即非親證解脫，是名親證解脫。」所以親證解脫的人，其實沒有所謂解脫可證，如果有人說他已親證解脫，他就是沒有親證解脫的人。由於這個緣故，《金剛經》中說：「如果阿羅漢這樣子想：『我是阿羅漢』，那麼這個人就不是阿羅漢！」因爲阿羅漢是斷盡了我執以後，才成爲阿羅漢的，哪裏還會有「**我**證得阿羅漢果」可說呢？阿羅漢是滅盡自己以後，才成就無餘涅槃的解脫境界的；所以阿羅漢沒有涅槃可證，沒有涅槃可入。

當阿羅漢證知這一件事實以後，他決不會說他有涅槃可入，決不會說他是阿羅漢；除非是爲了拯救誹謗他的人免入地獄，否則他不會自稱是阿羅漢，更不會說自己將來捨壽時有涅槃境界可入。因爲入無餘涅槃，就是自己消滅了，只剩下《心經》所說的離見聞覺知的眞心獨自存在，沒有五陰我，也沒有十八界中任何一界的我存在，所以，我們可以這樣說：「所謂入無餘涅槃，即是沒有入無餘涅槃，是名入無餘涅槃。」

另外，從菩薩親證無餘涅槃的本際來說：無餘涅槃的本際就是第八識眞心，而眞心是本來就在的，不論我們有沒有證得祂，祂都是本來就存在的，都是本來就涅槃的；菩薩證得涅槃時，只是證實、只是現觀這一個事實。而無餘涅槃的無境界境界，卻是本來就在的，不是修行之後才有。所以，我們可以這樣說：「所謂證得無餘涅槃，即是沒有證得無餘涅槃，是名證得無餘涅槃。」懂得這個道理，就能讀懂《金剛經》了。讀了這本《心經密意》以後，懂得這個眞實的道理了，再將這個道理套上經文，就可以讀通般若系列的經典了，接下來就得想辦法去親證眞心，也就是參禪尋覓眞心。如果能親證《心經》所說的第八識眞心，對自己以前從善知識書中所懂得的般若經典的眞意，就可以實證了。

由於這個緣故，證得般若的人，其實是意識心證得般若，而意識心卻是緣起緣滅的虛妄法；如果轉依眞心自住的無境界境界來看，其實沒有般若可證，因爲眞心從來離見聞覺知，從來自住涅槃絕對寂滅境界，有什麼般若可以證知的呢？所以，菩薩由於這樣的親證、這樣的現觀，因此覺知心與意根便滅除了我見、我執，因此而得解脫生死輪迴；然後發願留惑潤生、自度度他，修證無生法忍，直至成佛。這就是《心經》所說：依「眞心」而顯示解脫與涅槃修證的正理，這就是《心經》與解脫道的關係所在。

第三章　心經與佛菩提道之關係

第一節　佛菩提道之意涵

佛菩提道的意涵，分爲三個部分來說：第一部分是般若的總相智，第二部分是般若的別相智，第三部分是般若的一切種智。

總相智和別相智是有所差別的，總相智講的是般若智慧的總相，別相智說的是般若智慧的別相，都是從我們的眞實心—第八識—來說總相與別相；一切種智是講我們的第八識裡面，所含藏的一切種子；種子又名爲界，又名功能差別。了知如來藏中所含藏的一切種子的智慧，就稱爲一切種智；一切種智還沒有具足的時候，就稱爲道種智，也就是地上菩薩的無生法忍般若智慧。

總相智和別相智有什麼不同？我們以一顆水果來說明好了。譬如一顆芒果，當你看到一顆芒果的時候，知道它是芒果，但是你只是從它的表相上面去看到它，這樣只知道芒果的大概，就是對於芒果的總相智。

還沒有看見過芒果的人，聽說芒果是什麼樣子，什麼顏色，有多大，都只是一個想像，並不是眞實了知；這就好像還沒有證悟的人，不知道眞心第八識究竟是怎麼回事，無法去觀察祂、體驗祂，所以不具備般若的總相智；所以他只能依文解義而說，只能以想像的如來藏而說，所以常常會有講錯的地方，常常會有前後不一致的地方。

親眼看見了芒果的人，知道芒果長什麼樣子，什麼顏色，有多大多小；這就好像已經破初參，找到自心眞如一樣，能現前觀察祂，這就是對於芒果的總相智。般若的證悟也是一樣，當你確實找到了如來藏，能現前體驗觀察祂的時候，你就能確實的爲人解說般若，因爲你已經親證了實際，生起智慧了；也因爲有親自體驗，也能在宣講的時候，一面觀察祂，一面爲人宣講，所以就不會講錯，也不會前後不一致。

可是，這只是般若的總相智，因爲你看到了芒果，不知道它有多硬多軟，它是怎麼樣的酸甜苦辣，水份有多少等等，你都不知道；得要把它切開了，才知道果肉是什麼顏色，吃起來是什麼味道，是硬、是軟也曉得了，這就是說你知道芒果的別相智了，這跟別人只看到而不曾親嚐是不一樣的。

證得眞心的人，剛開始找到的那一刹那，那幾天裡、幾個月之中所發起的智慧，都叫做總相智，知道這個就是眞心了，可是只知道一個總體的概略情形；而這一個眞心裡面，祂還有很多的功能體性，他仍然不曉得，所以當他證得眞如第八識的時候，仍然只是總相智而已。得要在悟後長期去觀察祂：究竟祂的自體性還有哪些？祂的功能性又有多少？

觀察了一段時間以後，發覺這一個眞心果然是自性清淨心，卻又含藏著衆生的七識染污種子。當有情衆生在貪瞋痴當中打滾的時候，祂和有情衆生同在一起，可是祂從來不起貪瞋痴，所以說祂叫做自性清淨心；並且現觀祂的自性清淨，從來不染污，從來不起念，卻又含藏了衆生七識心的染污種子，卻又不斷有衆生的染污種子出現在七識心上面。

又觀察這個眞實心，含藏了種種的世間法與出世間法，乃至四聖諦、八正道、十二因緣、緣起性空……等一切佛法，都是從如來藏這個眞心所出生、所顯示。經過這樣的確實的體驗，我們就說你已經證得了般若慧的別相智。

在佛菩提道裡面，說總相智叫做根本無分別智，別相智叫做後得無分別智。根本無分別智是說，證得這個第八識的時候，那是進入佛菩提道眞正修行的開始，也就是說開始進入內門廣修菩薩行了。這根本無分別智，只是一個總相；雖然只知道總相，但這個總相智卻是佛菩提般若慧的根本。因爲接下去的別相智，以及證得別相智以後要學的一切種智，都是從這個總相智開始進修的；而總相智的獲得，卻是從這個第八識本體的證得開始產生的，所以這個總相智的般若智慧，是進修佛菩提智的根本，所以稱爲根本無分別智。

如果沒有證得這個第八識的本體，就無法發起般若智慧的總相智，更無法修學別相智，後得的無分別智就無法漸漸出現。那它爲什麼叫做根本無分別智？因爲這第八識是無分別智的根本，經由證得第八識之後，你才能夠產生根本無分別智；有了根本無分別智，才能獲得後得的無分別智。而後得的無分別智裡面，第一個階段要修學的就是別相智，也就是般若諸經所講的般若；有了別相智以後，才容易進修一切種智。

一切種智就是眞心所含藏的，總共八個識的一切種子的智慧；眞心如來藏不但含藏我們見聞覺知心的種子，含藏著時時思量、處處作主的意根心的種子，而且也含藏其他許許多多的種子。由於這一些種子的存在，所以我們人類才能夠有種種的功能差別出現，這一些功能的差別又叫做界。界就是種子，所以法界就是法的種子，法界就是法的功能差別；了知這些種子的修行，就是修證一切種智。

但是這一些智慧，都要從證得第八識的本體以後，才能夠漸漸的出生。因此，證得第八識，也就是禪宗破初參的時候，那時所發起的般若實相的智慧，就是根本無分別智。因爲，其後進修的一切般若智慧，都是以這一個第八識的證得爲根本。其他的別相智以及一切種智，既然都是以這個總相智作爲根本，然後才能出生，所以別相智與一切種智因此就叫做後得無分別智。因此，說總相智就是直接描述法界實相心的體性，並且使人聽聞熏習之後，具足知見，可以去證得第八識，也就是自己的眞實心，這個就叫做總相智。

禪宗眞悟祖師的公案，百分之八十是屬於總相智。破參而獲得總相智了，再來修學般若系列的一切經典，這個就是般若的別相智。般若系列的經典就是由種種的方向，由各種的層面，來爲證悟的菩薩們宣說眞實心的自體性，以及祂所出生的七轉識和色法、無爲法……等等的體性，這個叫做別相智。

可是，後得無分別智裡面還有一切種智，一切種是指所有的種子，也就是所有的功能差別；證得所有功能差別的智慧，就是一切種智。就好像找到了芒果，看見了芒果，也把它觸摸過、吃過了。可是請問你：芒果的皮裡面有哪些物質成份？你不知道！果肉有那些成份？你不知道！果肉內的糖分是多少？酸度是多少？澱粉的比例是多少？……等等，你都不知道！它的種子有著什麼內涵？這芒果的種子要怎麼種？種了以後怎麼樣長成？多久長成？怎麼樣開花？花的大小與顏色如何？怎麼樣結果？要多少時間長大成熟？你都不曉得！這一些就屬於芒果的一切種智。

我們大家每一個人都有的第八識心也是一樣，祂含藏了許多種子，這一些種子要透過悟後跟隨善知識去修學一切種智，也就是唯識增上慧學；然後經由證得第八識和祂的別相智，逐步去體驗祂，現前去觀察祂。這樣，你的一切種智才能漸漸出現。所以一切種智的內涵，就是開示眞心所含藏的一切種子，就是現觀眞心所含藏的一切種子。祂所含藏的種子無量無邊，包括諸位的色身等法，都是祂的種子所造成的；諸位的色身是怎麼來的？諸位並不能如實的知曉，而這些造色的種子，都在眞心裡面所含藏著。

一般人總是以爲：「我去入胎了，媽媽就給我這個身體。」不對！媽媽沒有給你身體，媽媽只是提供那個緣，提供那個環境，她把地水火風元素供養給你，你得到地水火風的供養，你的第八識則有大種性自性的造色功能，祂可以攝取地水火風，來組織構造你自己的身體；所以，你的身體是你自己的如來藏所製造的，不是媽媽製造的。從來沒有一位媽媽在懷胎時，每日努力觀想如何創造她的子女，也不曾親手去製造捏補她的子女，都是由各人的如來藏去製造自己的身體。

媽媽於你有恩，是因爲十月懷胎很辛苦，是你出生以後哺乳很辛苦，是爲你而「推濕就乾」很辛苦，是養育你很辛苦。但是你的身體，其實是你自己所創造的，上帝沒有能力創造你，所有大梵天等天主，沒有一個天主是能創造你的造物主，連祂們自己的色身都是祂們自己的如來藏所創造出來的，但是祂們自己卻都不知道這個實相。

你自己的第八識有這個能力去創造身體，這就是如來藏的大種性自性的造色種子，這也是第八識所含藏的種子，但是如今還有多少人知道這個深妙的正理呢？這些都包含在無分別智的後得智的一切種智裡面，所以一切種智也是在後得無分別智所函蓋之內。

但是，這個根本無分別智，以及後得無分別智，現在已經被誤解到非常嚴重的地步。當你證悟之後，跟人家推介：「我們正覺同修會台南共修處，有大善知識、有證悟的老師在帶領我們共修，將來緣熟時就可以證得第八識咧！眞的可以明心、可以破參。」將來有一天，你眞的悟了，人家來問你：「你悟了，你的第八識是怎麼回事？」當然你不可以直接告訴他哪一個是第八識，你就告訴他第八識的體性。

可是他聽了以後卻跟你搖頭：「啊呀！你別在那邊講一大堆了，那個都是分別心啦！開悟是證得**無分別心**，你現在卻都是在分別。」可是他不知道的是：「開悟的時候，其實是照樣有分別心，是不離原來的分別心，而找到另一個**本來**就無分別的眞心第八識，祂與有分別的覺知心共同並行在運作。」

那一些悟錯了的大善知識們都說：「我們就是要修證**無分別心**嘛！所以你在那邊聽經聞法就是分別，你在那邊說法就是分別，你在評論誰對誰錯，那就是分別。如果你想要證無分別心，你就不要起心動念、不要再分別誰對誰錯了嘛！」他們都說這樣叫做無分別心，都是將意識覺知心住在一念不生的境界中，跟白癡一樣的處在不能了知諸法的境界當中，就把這時像白癡一樣的覺知心，當作就是無分別心。都悟錯了！

既然有個心叫做**無分別心**，既然叫做根本**無分別智**，既然都是以**無分別**爲主，爲什麼又叫做「**智**」？你們有沒有想到這一點呢？如果是**無分別**的心，那就應該跟石頭木塊一樣，跟白痴一樣，爲什麼卻又叫做**智**？而他們所謂的**無分別心**，卻是**對境了了分明**的覺知心，其實還是分別心啊！眞正的**無分別心**，是對境也不了知的，才是眞正的**無分別心**；覺知心不起一念的時候，還是能分別的啊！所以當你一念不生的時候，有人打你一巴掌時，你還是了知痛楚啊！還是會生起瞋心來啊！當別人在你面前丟一個橘子給你的時候，不必用語言告訴你，你也不必用語言來思惟應該如何接？就能直截了當的分別橘子丟來的速度與遠近方位等等，就很輕易的接住橘子了；當此之時，心中都無一言一語，但是就都已經是完成分別的了。所以，一念不生時的覺知心，還是分別心啊！不可以說一念不生時就是無分別啊！

這意思是說：當你找到了另一個**本來**就無分別的心，找到另一個**本來**就存在的無分別心，因此而使得原來有分別的覺知心中，產生了知曉「**實相心從來無分別**」的般若智慧，這個才叫做**無分別智**；這時候有智慧能分別諸法，而同時照見另一個以前所不知道的無分別心，跟你同時存在而不斷的在運作；證知了這樣子的實相境界，證知如來藏在六塵中的無分別性，這樣子才是眞正的無分別智。而不是將能分別的覺知心坐在那邊不起分別，叫做無分別智。如果坐在那邊眞的能夠不起分別的話，那你就變成石頭人、木頭人了！那只是獃瓜一個，怎麼叫做無分別「**智**」？再不然就是入了無心定中，覺知心斷滅了，才能眞的無分別啊！如果不是入無心定，即使是在非想非非想定中的話，覺知心還是能了知定境中的法塵，也還是有分別的啊！所以，那些大師們對大乘佛法的無分別智，眞的是誤會到很嚴重的地步了。

我們要請問那些大師們：「世尊在人間遊化四十九年，祂有沒有分別？祂如果沒有分別，那又如何了知外道的說法錯誤？又如何觀察眾生的根器？又如何遍到當時印度各大城去破邪顯正、摧伏外道？」如果眞的像大師們所說的那樣才叫做無分別的話，那世尊不就要跟白痴一樣了嗎？那麼世尊一生之中是如何善觀眾生根器的呢？是如何了知外道法義的邪謬而加以分別破斥的呢？所以，世尊顯然還是有分別心存在的。

世尊宣講三乘法的十二部經時，究竟是有沒有分別心存在呢？當然有！但是，世尊卻另外有一個**本來就無分別**的第八識眞心存在；這樣親證，這樣現前觀察，這樣究竟觀察而具足一切種智，才是佛地的「**後得無分別智**」。由於所有的菩薩都有一個**本來就無分別**的眞如心存在，也有一個親證無分別心的境界的能分別心、覺知心存在，因而使得覺知心中的智慧生起，能了知眞正的無分別的解脫境界，這樣才叫做**無分別智**。

也就是說：第八識眞心無分別，而覺知心能分別第八識之無分別的境界，所以有了實相的智慧，所以有了「了知法界體性」的智慧，所以才稱為般若實相的**無分別智**，這就是**法界體性智**。並不是將一直在分別的意識心，去加以壓抑，而使它原本應該有的分別性消失；如果有人那樣修行的話，那樣就會變成愚癡無智的人，就永遠無法發起眞正的般若智慧。

所以，用我們能分別的覺知心，去參禪而證得那個**本來就無分別**的第八識心，了知第八識無分別的**本來解脫**體性，因此而發起了般若智慧，這樣叫做證得無分別智。所以，修證無分別智的意思，不是要人打坐修定，去壓抑覺知心不起分別而變成沒有分別，不然的話，就會離般若法道越來越遠了，就會越學越沒智慧了。

上面所說的總相智、別相智以及一切種智，都是般若實相智慧所含攝的範圍。但是這個總相智和別相智，是《心經》所說的內涵；可是《心經》並沒有說到一切種智，一切種智的開示，得要等到第三轉法輪的時候，講如來藏系的唯識方廣諸經時，才會開始宣說一切種智；在初轉法輪的四阿含諸經裡面，在第二轉法輪的般若諸經裡面，對於一切種智都只是一兩句話就輕輕帶過，都不解說。因此，《心經》與佛菩提道的關係，是定位在佛菩提智的別相智上面的。別相智當然就函蓋了總相智在裡頭。

第二節　修證佛菩提智之法門即是佛菩提道

我們前面已經講過《心經》和解脫道的關係了，現在接下來繼續講《心經》和佛菩提道的關係。

前面已經概略說明了解脫道是出離三界的輪迴。佛菩提道則是證知一切法界體性的眞實相，證知一切法界的根源，生起法界體性智，這就是佛菩提道。阿羅漢證得解脫道的極果，卻不能證得佛菩提道；如果他迴心大乘，不做決定性的聲聞羅漢，一旦破參明心了，他就不再是聲聞阿羅漢了，他就轉入大乘而成爲證悟的菩薩了，他就不會在捨報時取證無餘依涅槃。如果有阿羅漢，不知迴心大乘法，然因心生大悲之心，不忍自己滅度生死，要救衆生出離生死苦，因此而發心願意再受生死，此人即名大乘通教菩薩，已非定性聲聞阿羅漢。

求證禪宗的開悟明心，就是佛菩提道的第一個階段；所以開悟明心而證得第八識如來藏，就是大乘佛菩提的見道，就是大乘佛法修學的入道之門，也是佛菩提道的根本；因爲佛菩提道的修證，必須從證悟你的第八識眞心作爲根本，才能進修佛菩提道。換句話說：如果沒有經過禪宗的破參的階段—沒有找到你的如來藏，那麼，佛菩提智就無法進修，因爲你完全不知道你的十八法界的根源在哪裡，你也不知道這個法界的根源—第八識實相心—祂的體性如何？就無法進修大乘佛法。所以，修證佛菩提道的第一個法門，就是禪宗的開悟明心—證得第八識如來藏。

禪宗的這個明心開悟，在唯識增上慧學中，說之爲「眞見道」。「眞」的意思是說：這個見道是眞正的般若智慧的見道。又相對於後來的進修別相智，以及進修一切種智的「相見道」，而說之爲「眞見道」。因爲，後來爲了進入初地而進修的別相智，和一切種智的修行，都是以這個眞見道作基礎，才能進修的；而進修的內涵都是如來藏含藏的無量體性的法相，都是如來藏所含藏的種種

「界」的法相，所以稱爲「相見道」。而這個明心開悟的見道，有別於後來的「相見道」，所以特別立名爲眞見道。

學人經過禪宗的證悟之後，接下來要修學般若諸經的別相智；般若系列的經典，主要的有《大品摩訶般若、小品摩訶般若、金剛般若波羅蜜多經》，當然還有其他的幾部經典，但是比較有名的是這幾部，加上諸位每天早晚課誦所唸的《心經》，這一些都是明心破參者開悟以後，所應該進修的別相智的經典。般若慧的別相智，是屬於般若系列的經典所宣說的法，都在第二轉法輪的經典裡面宣說的。爲什麼說般若系列的經典不屬於一切種智的法？這是因爲它只說到般若慧的別相—說自心如來藏的自體性，沒有說到自心如來藏所含藏的一切種子—界；只是從別相上來說，所以才會不斷的跟你說這種類似的語句：「所謂涅槃，即非涅槃，是名涅槃。」「所謂般若，即非般若，是名般若。」「所謂成佛，即非成佛，是名成佛。」這些說法，都是爲了讓你通達般若的別相智，這個就是般若系列的經典所講的別相智。

第三個佛菩提智的修證法門，就是進修第三轉法輪的唯識方廣諸經，如來藏系的全部經典都屬於唯識方廣系列的經典，這是屬於一切種智所函蓋的範圍之內。而第三轉法輪的一切種智的經典，最有名的有三部，一部是《勝鬘經》，一部是《楞伽經》，一部是《解深密經》，其餘還有《金剛三昧經、如來藏經、無上依經、…》，律部則有《菩薩瓔珞本業經、菩薩優婆塞戒經》。但以《勝鬘經》等三部經典爲最主要。

這一些經典所說的，包括了眞心所含藏一切種子的功能差別，這個是屬於佛菩提道第三階段所進修的；這也是禪宗的開悟明心者，通達了別相智之後，要進入初地的時候所必須要通達的。通達了《楞伽經、解深密經、勝鬘經》，才能進入初地，這是屬於般若智慧的一切種智；對一切種智有了部分的證知，就是初地菩薩的無生法忍的成就，名爲道種智。繼續次第進修，地地增上，到最後，對於一切種智已經究竟了知、究竟無餘，並且加修了無量福德時，才算是成就佛道、成究竟佛。所以，佛菩提道修證的法門，就是修證佛菩提智的法門，那就是：無量福德的積集，禪宗的開悟，般若諸經的別相智的熏習，二乘菩提斷除分段生死現行的煩惱障的修斷，以及斷盡煩惱障的習氣種子隨眠，最後則是唯識諸經的一切種智的熏習親證而圓滿。這就是大乘佛菩提道的內涵，這才是眞正的**成佛之道**。

第三節　心經與佛菩提之關係

《心經》所說的法，都是總相智和別相智。譬如說，《心經》開宗明義的說：「觀自在菩薩，行深般若波羅蜜多時，照見五蘊皆空。」這幾句話已經函蓋了整部《心經》了，但是，這只是總相智，也可以說是《心經》的總持。觀自在菩薩爲什麼不翻譯作觀世音菩薩？因爲這部經不是講觀世音菩薩的觀聞衆生心聲，不是在說祂的悲愍大德；而是在宣示：你的見聞覺知心，這個能分別、能觀察的妄心，現前觀察到有一個本來自在的眞相識一直都在，現觀到這個眞相識是從來都不分別的，不必我們去修行而使祂成爲無分別心；也就是親證你的阿賴耶識，能夠現前觀察祂的「自己能夠獨立存在」的自體性，現觀祂的體性不同於七識心；七識心都必須依賴祂而存在，不是自己能獨立存在的心，所以不是自在心；你破參明心了，開悟了，可以現前觀察到如來藏——阿賴耶識——果然是可以獨自存在的心，果然是不必依靠別的因、別的緣，就可以自己獨自存在，所以祂才是自在的心。當你這樣現前觀察清楚了，證實佛所說的自在心確實如是，這樣子，你就是「觀自在」的菩薩了。但是不能稱爲觀世音菩薩，只能稱爲「觀自在菩薩」。

能夠這樣子「觀自在」的人，才可以稱爲眞實義的菩薩，成爲**勝義**的大乘菩薩僧；不管他是身現在家相或出家相，都是**勝義菩薩僧**。這是講禪宗開悟時所證得的般若總相智，使你成爲大乘勝義菩薩僧，已經不在凡夫僧數中。

當你證悟了，開始漸次觀行，而漸漸地可以「行深般若波羅蜜多」的時候，就開始出現別相智了；這個別相智是屬於「後得無分別智」。當你依眞見道的根本無分別智而深入觀行的時候，越觀越深，就變成「深般若波羅蜜多」，這個「深般若波羅蜜多」的智慧，會使你「照見五蘊皆空」。當你照見五蘊皆空的時候，你會發現：五陰、十八界的我，這一切法中的**我與我所**，都沒有眞實的體性，而只有那個本來自在的第八識有眞實不壞的常住體性，這麼一來，我執就必定會斷除了；若不繼續深觀的話，就不是「**行深般若波羅蜜多**」，我執就不能斷除；除非是過去世多劫以來常常熏習佛法，我執本來就不是很深重的人。

那麼！我見斷、我執也斷，就是「度一切苦厄」了嘛！捨報的時候，肯讓五陰我滅失掉，肯讓十八界的我滅失掉，肯讓覺知心我滅掉，肯讓作主心的我滅掉，如是而度過生死苦海，所以才叫做**滅度**。如果都不肯讓自我滅失掉，那就是我見與我執未斷，不肯讓自己滅失掉，那就不能稱爲**滅度**了。

如果是以現在這些大師們的想法，是要以覺知心、作主心去入涅槃而度到生死海的彼岸的話，如果他們硬要說這個無念的覺知心可以度到生死的彼岸的話，那就要改「**滅度**」爲「**生度**、**過度**」了，那就是**有生有度**的法了，不是眞正的佛法了。因爲他們各人的「意識我、意根我」都還存在嘛！都不是像蕭平實所講的十八界都滅了嘛！都不符合四阿含諸經所講的十八界都滅了嘛！那怎麼可以稱做**滅度**？應該要改名爲**過度**、**生度**！可是，「**過度**、**生度**」是他們的虛妄想，佛法講的卻是**滅度**，而不是**過度**、**生度**啊！

這樣，我見與我執都滅盡了，捨報時寧願讓自己**滅度**，不再有我了，這就是已經出了三界的分段生死；這是依大乘般若的佛菩提智而證涅槃，不同於二乘菩提的解脫道修行法門，這是屬於般若智慧中的總相智與別相智。二乘菩提的修行法門，只是解脫道，不涉大乘的般若觀行；所以，今日南傳佛法的小乘行者，他們**如果**親證解脫果時，只是現觀蘊處界的虛妄，斷除我見與我執，不必修證禪宗的開悟法門──不必開悟明心，只要觀行世俗法中的十八界一一皆是無常變易，無一法可說爲常住不壞的我，如是而在世俗法上的蘊處界空相上現觀親證，在蘊處界的觀行上去斷除我見與我執就可以了；因爲蘊處界是三界世俗法，所以說爲世俗諦。

但是大乘的般若智慧，卻須在禪宗的開悟明心上用心，必須親證自心如來藏，必須現前觀察到：五蘊的一切蘊皆是如來藏所生，皆與如來藏不一不異，所以，後面接下來又開示說：「色不異空，空不異色；色即是空，空即是色。受想行識，亦復如是。」這幾句經文所指的空，就是空性如來藏，這就是在告訴你般若智慧的別相智。這個就是《心經》與佛菩提之關係所在。所以《心經》不講一切種智，只講總相智和別相智。所以《心經》與佛菩提的關係，就是在講佛菩提裏面的總相智和別相智。

第四節　中觀之層次差別

「中觀」一名，是諸位耳熟能詳的名詞。中觀的意思，就是「中道的觀行」。「中道的觀行」，在一般人來說，只是臆想的名詞而已；乃至已經修學般若中觀數十年的佛子們、大師們，在還沒有親證第八識如來藏的時候，都只是在心中想像有一個中觀的道理，並不是眞正的進入了中道的觀行。

所以，一般的善知識在解釋中觀的時候，千篇一律都是這麼說：「我們覺知心中要保持中庸，不要落在**有**的一邊，也不要落在**無**的一邊；不要落在**貪**上，但也不要落在**厭**上；要兩邊都不執著，這樣就是中道的觀行。」像這樣子講的人，都是在講皮毛話，都是想像的中道觀行，自己都不知道中觀的義理。

有的人則會這樣說：「我們心裡面**不要起分別**，這個就是**無分別**；但是無分別也是一邊，所以要再把這個不起分別的見解丟掉，不要去執著不分別的覺知心，也不要去執著不分別的境界，這樣就不會落在無分別的一邊了，就不會落兩邊了，這樣就是中觀。」這也是想像中的中觀。

眞正的「中道觀」是：你照樣在分別，你也依舊認定中道而絕不改變；但是，不管你認定或不認定，也不管你分別或不分別，中道的法性始終都是那樣本來就存在著。也就是說：你的第八識，祂永遠都不會落在兩邊。當覺知心的你，起了貪瞋的時候，如來藏仍然不起貪瞋，仍然不墮貪或瞋的一邊，仍然不墮貪或離的一邊，仍然住在不落兩邊的境界中。

所以，證悟這個第八識以後，無妨你的覺知心中照樣有貪瞋的餘習，而第八識的祂依舊不起絲毫的貪瞋。當你不起貪瞋的時候，祂也還是不起貪瞋，祂還是本著**原來**就不起貪瞋的清淨自性而住。你成佛的時候，前七識心都不起貪瞋了，祂還是不起貪瞋；當你在凡夫位中，還在貪瞋的時候，祂照樣不起貪瞋。

這就是說：**即「貪瞋」之中而有「無貪瞋」**，覺知心的你在貪瞋的當下，卻可以反觀自己另有一個眞心第八識祂不貪不瞋。如是不墮於有貪瞋、無貪瞋的兩邊，不即貪瞋而亦不離貪瞋，這就是中道性。如果你能如此現前觀察到你的第八識眞心確實如是不墮於有無貪瞋的兩邊，那麼你就可以說：「我已經證得中道的觀行了，我已經證得中觀的境界了。」如果還沒有這樣親證的話，而說你已經證得中道觀了，那就成爲大妄語了。因爲那只是你想像中的中觀而已，不是親證中道觀的人。

如果能夠像我所說的這樣觀行的話，就會眞正的懂得中觀了。爲什麼說這樣叫做中觀呢？當你證得這個第八識心的時候，現前觀察到見聞覺知的我，以及處處作主的我，都是從這個第八識自心如來所出生的。既然見聞覺知和作主的我，是從第八識所出生的，這個覺知的我、作主的我當然是第八識的一部分嘛！可是當我正在貪瞋的時候，第八識的祂卻又不起貪瞋。這樣探究下來，到底我們八識心王整體是有貪瞋？還是無貪瞋？結果是：非無貪瞋、非有貪瞋！是即貪瞋之中而有離貪瞋者。因爲見聞覺知的我在起貪瞋，所以非無貪瞋；可是卻又非有貪瞋，因爲第八識祂從來都不起貪瞋啊！所以，**非有貪瞋亦非無貪瞋，即貪瞋而離貪瞋**，如果這不是中道，又是什麼？中道觀行的眞實義，正是這個道理！

一切有情衆生，不管他有沒有悟，從他的八識心王總體來看，統統是中道性，沒有一個人不是中道性；只是還沒有開悟的人，不能如此現前觀察，所以不能生起中道觀的智慧而已。所以，中道的境界，其實是本來就存在著的，只是你要有智慧去證實它。但是現在的這些大師們，個個都是想要將不在中道中的覺知心，去修成住在中道境界中的心。像他們這樣修行，所修來的中道觀，都是**始起**之法，不是**本有**的中道境界；這樣子修來的中道境界，乃是**有生**的法，將來難免要**滅**，所以不是眞正的中道境界，所以這樣的觀行就不是眞正中道的觀行，當然不是中觀了。

譬如凡夫或畜生道中的衆生，他們的覺知心中生起種種無明的時候，他的第八識自體還是不起無明心行的；當他的覺知心生起種種的瞋厭時，他的第八識心還是不起瞋厭的心行。所以這些凡夫與畜生都是住在「非有無明亦非無無明」的境界中，所以是「非有貪厭亦非無貪厭」，這個就是中道的正理；這種中道的正理，是一個本來就存在的事實，是法界中本來就存在的現象，而不是經由修行去獲得的，只是經由修學禪法而證實祂的本來如是，不是修行後才有中道的境界出現。有智慧的人，只是去加以觀察而證知已經存在法界中的這種事實，所以中道觀，絕不是那些大師們所說的：用意識心修行而住於離兩邊的境界。那是修來的，不是本然如是的中道，是本無今有的「中道」，將來必定壞滅：當他們忽然遇到順違境界時，覺知心便會離開他們所預設的中道心行的境界了，中道的境界也就失去了。

如果有人能親證如來藏，他就永遠不會有這種「有時在中道境界中，有時不在中道境界中」的變易現象了，所以當他遇到順違境界而起貪瞋時，仍然可以發覺自己還是住在中道境界中，所以說菩薩在**貪瞋之中而不住貪瞋，在生死中而不住生死，不斷煩惱便證大乘菩提**，非二乘無學所能知之，永離錯悟大師所住「有變易的中道」境界；這就是證得眞正大乘中觀境界的菩薩，就是大乘的勝義僧。所以，如果有人親證如來藏，而現前如是證實的時候，這個人才是親證中道觀行的人，這個人就是已經離開凡夫數，而正式進入菩薩數的人了。

聲聞人是從斷我見的基礎上面來修中觀的，證悟的菩薩們，卻不是從斷我見上面來修中觀的；南傳佛法的聲聞人，他們的二乘菩提觀行的本質，是斷滅見的修法，因為他是現觀十八界、五陰、十二處、六入悉皆虛妄的，所以是完全無我性的；但是因為他們信受 佛語開示，相信無餘依涅槃中完全無我而有**本際**不滅，信受 佛語而知道其中有阿賴耶識不滅，所以他知道涅槃不會落於斷滅一邊，如是即為**聲聞法之中道觀行**。

斷見外道則是認為：把十八界滅盡以後，入了無餘依涅槃，全部都沒了，斷滅了，沒有未來世了，也沒有無餘涅槃的**本際**，所以是斷滅。但是，阿羅漢們知道：**入了無餘依涅槃以後不是斷滅**，因為 佛曾經開示過，說涅槃之中還有一個**本際不滅**，就是「**名色緣、名色本、名色因**」的另一個**識**常住不滅，所以二乘阿羅漢不墮於斷見，所以他們所證的涅槃也是中道。但是他們這樣修證二乘菩提的本質，仍是屬於斷見的修法，把「**我**」全部都滅除淨盡了，卻又不能證知涅槃中的**本際**何在，只是理解上的中道，所以阿含部的《鴦掘魔羅經》中說：「**二乘是非色，解脫色是佛**」，就是這個道理啊！所以在大乘經中，說不迴心大乘的聲聞阿羅漢入滅度以後，就不再來人間度化眾生了，就永遠不會再有證得解脫的色身而修學佛道、廣利眾生了，大乘經所說的阿羅漢「灰身泯智」，就是這個意思。

但是菩薩的證悟卻不一樣，菩薩證悟了以後，對全體八識心王，都可以做現前的觀察以及體驗，這樣現前觀察體驗的結果，使他產生了實相上的中道觀行的智慧，這樣才是眞正的中觀。這個中道觀行，得要你證得自己的第八識以後，才能夠出生；沒有證得第八識的時候，你無法現前觀察祂的中道性，那你的中觀就是臆想的中觀了。因爲中道的觀行，完全是依第八識自性彌陀而作觀行，現前證驗八識心王的中道性，現觀自性彌陀的中道性，能作這樣的觀行，才是眞正的中觀啊！

所以說：禪宗的破初參的證悟者，他的中道觀行，只是般若的總相智以及別相智，不涉及一切種智。禪宗的眞悟祖師所著述的言論以及種種的典籍，都只說到別相智而已，不涉及一切種智，很少有禪宗的祖師在宣說一切種智。此外，從禪宗破初參明心所得的般若智慧，以及禪宗破重關的眼見佛性所得的般若智慧，乃至從禪宗的破牢關所得涅槃智來看，都只是在般若的總相智與別相智上，都不能及於一切種智。因此我們就可以斷言：禪宗的修證確實是了義法，確實是般若正義，但不是究竟法，因爲仍然不能夠通達成佛之道，仍然不能證得一切種智，只是打開了**成佛之道**，打開了後續進修一切種智的門罷了，可以使人在將來轉入唯識一切種智的法門中，次第進修而到佛地，不是證悟的現在就能到達究竟佛地。所以它是了義法，但不是究竟法，只有悟後進修的唯識諸經的一切種智，才是增上慧學，才是了義而且是究竟的佛法。

一切種智上的無生法忍的中觀，才是究竟的中觀；因爲一切種智的中觀，是大乘佛法增上慧學的中觀，屬於地上菩薩所親證的中道現觀，函蓋八識心王的一切種子的般若慧，這個般若慧才叫做究竟的中觀。因爲祂具足了斷我執和斷法執的功德；並且我執的斷除，是究竟斷而不是像聲聞阿羅漢的方便斷—只斷現行而不斷習氣種子；只有這種中道的現觀，可以使人次第邁向究竟佛地，所以唯識方廣經典所說的中道觀，才是眞正究竟的中觀。

若是未悟的人，他們修學唯識學時，都只是在熏習而已，根本不能了知唯識學的眞正義理，也不能親自現觀八識心王的運作，所以不能說是**修學**唯識增上慧學，只能說是**熏習**唯識學的法相而已。只有證悟的人，才有資格修學唯識增上慧學；但是，卻必須是證得道種智的人，才有能力教導他。

我們在前面說過，阿羅漢所斷我執是只斷現行，不斷習氣種子的隨眠，所以經上有這麼一個眞實的故事記載：提婆達多和阿闍世王共議謀害 佛陀，把一隻大象灌醉了，故意在 佛陀入城乞食的時候，放出來在街上遊行，想要踩死 佛陀；當時跟在 佛陀身旁的那些大阿羅漢們，看見大醉象衝過來的時候，他們一個個都溜光了；只剩下阿難尊者沒有溜，這就是菩薩的種性。所以阿難尊者不會入滅的，他是菩薩，爲什麼呢？因爲他知道 佛陀功德不可思議。

今天如果我跟在 佛身邊，如果 佛被踩死，我就跟著死，就這麼簡單，沒有什麼好顧慮的。但是阿羅漢們爲什麼都跑掉了？因爲他覺得說：「我出離三界的時間還沒有到啊！既然還沒有到，那我先走再說，等時間到了我再入無餘依涅槃，再出三界。」他們爲什麼會這樣呢？是因爲我執的習氣種子還存在，他們只斷除我執的現行，而不斷除我執的習氣種子，所以還有怕死的習氣種子隨眠存在，必須是到了壽命終了的時候，他們才會入無餘涅槃；或者是極度害怕來世生死的人，才會在成爲俱解脫的時候立刻入無餘涅槃。這就是因爲他們沒有在我執的習氣種子隨眠的斷除上用心，而菩薩卻在這上面用心，到達佛地的時候，將這種習氣種子全部斷盡，那才是究竟的涅槃，所以阿羅漢的涅槃不是究竟的涅槃。

菩薩自從進了初地開始，就一直在斷除這一些我執的習氣種子，所以戒慧直往的初地滿心菩薩，雖然可以跟慧解脫阿羅漢一樣，取慧解脫的有餘依涅槃，也可以在捨報時取證無餘依涅槃；但是他卻保留最後一分思惑而不斷除它，所以在捨報的時候不斷盡最後一分思惑，不取無餘依涅槃，照樣又去受生。這就是故意保留一分我執的現行煩惱，不去斷掉，叫做留惑潤生；但是他卻在斷我執習氣的種子上面用心，這就是地上菩薩的解脫果，異於二乘無學的地方。

因此，他經由這個方式來斷除我執的習氣種子隨眠，一直到佛地時才究竟斷盡，這才是究竟的中觀，不會墮於二乘涅槃的灰身泯智境界中，繼續有解脫相應的來世色身存在，而以親證無餘涅槃的本際，不墮空有之中。

另外，地上菩薩還分斷法執，也就是斷所知障的無量上煩惱隨眠；到達佛地的時候全部斷盡，法執的隨眠也就全部斷盡了，所知障的隨眠統統不存在了，這個時候就是說：他的雙具人無我及法無我的功德，究竟圓滿了，這樣雙具人無我與法無我的中觀，才是究竟的中道觀。諸佛由於這種中觀的緣故，所以不住涅槃也不住生死，這樣的涅槃才是眞正的究竟涅槃，阿羅漢離這種境界還很遠，所以他們的涅槃仍不究竟，不能稱爲究竟涅槃。

因此說：一切種智的中觀，也就是地上菩薩所修證的唯識的中道觀行——一切種智的中道觀、無生法忍上的中道觀，才是究竟的中觀；除此以外，別無成佛之道的緣故。想要成就究竟的佛道，必須修證地上菩薩所修的唯識種智的深細的中道觀，否則就不可能成就究竟佛道。所以，阿羅漢的斷我執是方便說的斷，不是究竟說的斷，因爲他只是斷除我執的現行，不同於菩薩的同時修斷煩惱障的我執習氣種子隨眠。

但是現在有很多人，在還沒有道種智之前，就在對別人傳授唯識學，這都是臆想思惟的表相唯識學，都會只是法相上面作文章，都無法眞正的理解唯識學的內涵；所以我們有時閱讀那些唯識學大師的著作時，都會覺得很難過，因爲處處錯解了唯識種智義理的緣故，都是落在法相上面，而不知道一切法相都是唯從眞相識而起的正理，都不知道法相唯識的正理。衆生未悟之前，根本就不知道自己的第八識如來藏何在，怎麼能證解如來藏識的體性呢？所以他們所說的第八識如來藏的體性，都是臆想，以及從經中閱讀時強記來的，不是從體驗中所獲得的證量而自心流露的宣說出來的。

此外，他們也不知道自己的意根在哪裡，不能體驗祂，怎麼能眞正的理解末那識呢？又怎麼能體會末那識的體性呢？所以，他們在「虛妄唯識門」的七識心上面所說的法，就沒辦法弄清楚了，何況是「眞實唯識門」的第八識如來藏，以及祂的種種「性自性」呢？根本就入不了唯識種智的門啊！這些尚未入門的人，卻在傳授唯識學，哪裡能知曉唯識學就是地上菩薩所修的增上慧學呢？

所以，那些人雖然也在教、在學唯識學，其實只是師徒一起摸索、一起熏習虛妄唯識門所說的法相而已，他們哪裡可能懂得虛妄唯識門所說的法呢？更何況是眞實唯識門的極深妙法呢？當然是不可能懂得的。這意思就是說：一切種智的深細無比的中道觀，才是最究竟的中道觀。而這個中道的觀行，卻必須親證自心如來藏以後，才是確實的親證與觀行。所以說，所有修學大乘法門的人，都必須親證如來藏，否則將永遠在外門中修學大乘佛法的中道觀。

第五節　心經所說如來藏是外道之神我、梵我？

在第五節裡面，要來探討一個題目：「《心經》所說的如來藏就是外道的神我或梵我嗎？」今天會跟大家來探討這個問題，是因爲印順法師的許多書裡面，一直在主張說：「第三轉法輪所說的如來藏，也就是《心經》所講的心，就是外道所講的神我與梵我，那是後期佛教部派分裂弘傳而漸漸發展出來的，這是外道神我與梵我思想的復活，所以**如來藏思想富有外道神我的色彩**。」所以他的《如來藏之研究》書裡面說：「**如來藏的思想富有外道神我色彩**。」（編按：該書第一六、四一、五四、一一三……頁均見此說）然而事實上眞的是這樣子嗎？我們得要探討一下，才能讓眞相顯示出來，大家才會知道**印順老法師的佛法都是臆想中的佛法**。

印順長老認爲：阿含諸經不曾說過有第七識、第八識。但是在前面，我已經初步跟各位概略說明阿含諸經中所說過的：「名色所緣識，名色因、名色本之識」等經文之意，就已經證明四阿含諸經中，早已曾說有七識、八識了，諸位應該也已經瞭解了。其實阿含裡面還有很多經典，都有說到第七識第八識，只是它不用第七識這個名字，而用「意根、意」來說祂；只是不用第八識這個名字，而說作「本際、如、實際、眞實、識、眞如、我」，有時候說作「阿賴耶」、說「窮生死蘊」，甚至在阿含部的《鴦掘魔羅經》中，更是明說爲「無眾生我性」的「如來藏」，明說爲「無『作性』」的「如來藏」，只是祂不用七識八識這個名詞罷了，並不是像印順法師所說的「不曾講七八識心」。

就好像阿含諸經不說：眼識是第一識，耳識是第二識，不說意識是第六識。不用數字來講眼耳…等識，但這並不代表就沒有第一識到第六識啊！同樣的道理，沒有用數字來講第七與第八識，並不是就等於沒有講第七識意根，並不是就等於沒有講第八識「我」啊！尤其阿含諸經裡面常可讀到的一句話，是印順所常引用的語句：「色受想行識非我、不異我，不相在」，這就已經很清楚的說五蘊的眾生我其實是無我性的，是生滅有爲法；但是同時同處卻另外有一個眞實而不壞的「我」存在，所以說「色受想行識非我、不異我，不相在」。這不就是很清楚的把第七識與第八識說明了嗎？因爲識陰裡面的意根不就是第七識了嗎？而這個「非我、不異我」的佛語裡面，不就已經顯示另有一個眞實不壞的「我」了嗎？這個「我」，如果不說祂就是第八識，那麼印順法師究竟要說祂是第幾識呢？所以在阿含諸經裡面，其實早已處處談到第七、八識了。

所以，我們探討的結果是：「人間佛教的弘傳者所認定的阿含專家印順法師，他根本就不懂阿含，把阿含諸經給全部誤會了，就誣賴說『佛在阿含經裡面沒有講過七八二識，七八二識是後來梵我思想開始流行以後，佛教爲了迎合這個潮流，所以創造七識、八識。』」但是，原始佛教的阿含諸經，早就說過七識八識了，我們也已經先作簡略的舉證了；但是印順法師自己不懂，卻這樣子亂說一氣，這樣子亂講阿含諸經的所謂**原始佛法**。我們三四年後會開始出版《阿含正義》，這本書的子題叫做《唯識學探源》，我們會證明給他看：阿含裡面是怎麼說有七八識的？是怎麼說唯識正理的？會證明給他看：阿含裡面是怎麼開示七八識的。

我們會提出證據來，證明阿含諸經裡面早已講過七八識心，也早已簡略的埋下唯識增上慧學的**伏筆**，以便後來在第三法輪的唯識諸經中來詳細的宣說一切種智。他們不瞭解，所以就誣賴第三轉法輪諸唯識系的如來藏經典，不承認第三轉法輪諸唯識如來藏系的方廣經典是 佛親口所說，說第三轉法輪諸經是佛滅後的弟子們長期創造結集的，說七識八識是後來佛弟子們創造經典時寫出來的，說 佛在原始佛教的四阿含諸經中沒有講過七識八識。現在我們的證明是：「**有！**」我們出了好幾本書，簡略而零散的證明：**佛在阿含期中確實有講過這兩個識**。所以，現在他們不敢講話了，因爲 佛在阿含期隱說七八識的證據，已經擺出一部分了，他們是無法推翻掉的。將來出版《阿含正義》時，會將大部分的證據列舉出來，到時候大家再來共襄盛舉吧！

接下來我們得要探討一下：「爲什麼他們要否定七八識？」這是因爲他們想要顧及自己的立場的緣故。譬如說，如果你出來弘法，你當了大師啦！有一天人家來問你：「師父！我想要尋求開悟，我想要明心，我想要找到第八識如來藏！我想要親證無餘涅槃的本際，師父您有沒有開悟？能不能幫我證悟？」但是他自己也沒有找到第八識，根本就無法幫你找到這一個眞實心啊！這時要怎麼辦？你是不是要他承認說：「師父我還沒有悟！」如果是誠實的師父們，就會承認：「我還沒有悟！我還沒有找到第八識如來藏，沒辦法幫助你開悟。」

但是有的人卻不這樣講，特別是想當大師的人，或是已經當了大師的人，或是已經在主持弘法道場的人，他們一定會這樣想：「一天到晚都有人來問我有沒有找到第八識？乾脆把祂否定掉算了。反正這個否定如來藏的話，也不是我開頭第一個這樣講的嘛！」因爲日本歐美的研究佛教的學者們，有一部分人是以一神教爲中心思想而研究佛教的，他們是早就想要否定佛教的了，但是正面否定會招來強大的抗議聲浪，所以就用否定如來藏的方式來作，就假藉考證之名，而說原始佛法中沒有講到如來藏，誣蔑是後來的佛弟子們，在部派佛教分裂發展中所長期創造結集而後才有的。這些沒有開悟的大法師們，只要拿外國的學者否定的說法來講就可以了。這樣一來，人家來求悟時，來問自己有沒有悟的問題，也就全部解決啦。

否定以後，每當有人來求悟、來求證第八識如來藏時，就告訴他：「沒有第七識，沒有第八識，沒有眞心可證，一切法緣起性空。第八識眞心是後來的佛弟子講的，在原始佛法中 佛沒有説過七八識；那個第八識，跟外道的梵我和神我是一樣的，你們不要走錯路了。」這樣主張的時候，他自己沒有開悟的問題也就解決啦（編案：這也正是佛光山的星雲法師、慈濟的證嚴法師所走的路）！

可是，這卻是飲鴆止渴的辦法啊！一個人很口渴的時候，明知道這個是毒液，卻先把它吞下去，解決一時的口渴問題；可是幾分鐘、十幾分鐘以後會怎麼樣呢？毒發身亡！印順法師在年輕的時候，爲了應付這個問題，就把否定如來藏的毒藥喝了，藉以證成他的藏密黃教的應成派中觀的邪見；轉眼五十年過去了，如今卻有個平實居士出面，證實阿含諸經裡面確實有很多處記載著：世尊曾宣説第七八識心。如今眼看著捨報的日子越來越近了，想要承認錯誤的話，面子上很不好看，而且，隨從他的邪見而在弘法的那些法師居士們，爲了維持名聞與利養與現在弘法的事業，也不會同意他修正錯誤的見解。但是，如果不承認錯誤而改正的話，這個否定正法的大惡業，捨報時要怎麼辦呢？

他們那些人，年輕時都沒有考慮過這個問題；又因爲沒有證悟，就乾脆把祂否定掉，否定了以後就可以免除人家來譏笑他說：「師父！原來你沒有悟噢！」這就是他們否定如來藏的最重要的因素所在。但是現在有人出面揭穿他們的虛假邪說了—以前喝下肚子裡的鴆毒開始發作了，結果卻是無藥可救，因爲都被面子毒藥給障礙住了。

《心經》裡面所說的如來藏，不直接叫做如來藏，叫祂爲「空」性，《心經》裡面說之爲「空」。這個「空」，在四阿含的經典裡面，世尊有時就直接叫祂做「如來藏、我」。在雜阿含的《央掘魔羅經》裡面，就已經明講如來藏了，怎麼可以說阿含裡面沒有講如來藏呢？何必一定處處說：「如來藏就是第八識，涅槃的實際就是第八識如來藏」？有智慧的人，不須要這樣明說如來藏就是第八識，自己就可以眞實的明解佛所說的第八識的眞意了嘛！如來藏就是我們的眞實心，就是實相心、第八識、自性彌陀、自心如來、佛，以種種名來說這個實相心。在阿含諸經裡面，有時說阿賴耶，有時說名色所緣的識，或者識緣名色的識，有時說本際，說如來藏，說如，說眞如，說我，說名色之因、名色之本。阿含諸經裡面，有時候佛更明說爲「**我**」，相對於衆生「五陰我」的虛妄不實而名「無我」，所以在阿含裏面用「**我**」來講如來藏的常恆不滅，假名為「**我**」。這些道理都是事實，如今在四阿含諸經裡面，都還是可以求證得到的，並不是我們創造、編造，或斷章取義來的。

這個月底，我們會出版一本書，叫做《**我與無我**》（編按：已於 *2001* 年 *10* 月出版），很久以來，佛教界的大法師們，都是只說「無我」，沒有人敢說「我」的法，現在我們公開的說『**我與無我**』，具足說明了「我」與「無我」兩個層面的佛法，這才叫做眞正的佛法。他們那些大法師們，只能說「無我」，卻又把無我的道理給說錯了，那是無常空，是斷滅空；『**我與無我**』的法都具足了，那才是眞正的佛菩提。出版了以後，諸位再來請書，就會知道佛法的正理是什麼了！

在阿含裡面所說的「**我、實際、如**」，在般若諸經裡面則不說為「我」；般若諸經，主要為《大品摩訶般若、小品摩訶般若、金剛經、心經》，這些經文裡面，有時說為「**不念心**」，有時說是「**非心心**」，有時又說為「**菩薩心**」，有時說為「**無住心**」，有時說為「**無心相心**」。以這些名相來解說第八識心，在般若諸經裡面，都是不用如來藏這個名字的。

如果依照印順法師他們的說法，那就應該這些心是第八識心以外的心了；如果是這樣的話，那就應該不只八識心了，就應該有九、十、十一、十二識、十三識…了。然而事實上並不是這樣，其實都是同一個第八識心，只是不同的場合，爲了便於說明，所以方便說爲如來藏，方便說爲非心心、無心相心、無住心、不念心、菩薩心，在第三轉法輪諸經裡面，則又說爲異熟識、阿陀那識、庵摩那識、心、所知依……等等名詞，其實都是同一個第八識心，並不是另外有別的很多的心啊！

接下來，我們再來解釋一下，在《阿含經》裏面，佛爲什麼要說第八識是「**我**」呢？佛說五蘊無我、十八界無我。五蘊在前面已經大概的說過了——當然不能像我們禪淨修學班裡面解說得那麼詳細——我們說五陰是集合體，是衆緣所成的，所以五蘊裡面的每一種法，都沒有眞實不壞的體性；既然如此，這個**五蘊**的我當然就是緣起性空的虛妄法，終究沒有一個眞實不壞的我存在啊！那怎麼可以說它是有「**我**」呢？無常的法不可以說是有「**我**」啊，一定是常住不壞的法，才可以說是「**我**」嘛！

好！阿含諸經裡面，佛跟你說：「一切法無我。一切法緣起性空。」但是卻又說：「**識緣名色，名色緣識**。」卻又說：「名色之因、名色之本，謂此識也。」這已經擺明了有名色之**本**、之**因**了，這就已經隱說有第八識心了，因為意根是心、是第七識，含攝在識陰、含攝在六根的**名**之中了啊！所以，這名色之**本**、之**因**，不就是隱說第八識心了嗎？

在阿含的經文中，佛卻又開示說：「是什麼原因讓眾生流轉生死，不至**本際**？」這一句經文中又跟你說**本際**。是什麼原因讓衆生不斷地流轉生死，到不了不生不死的**本際**呢？**本際**究竟是什麼？**本際**就是無餘依涅槃的**實際**啊！涅槃的**實際**，不就是第八識嗎？難道印順他們要強辯說：「涅槃的實際是一個境界，而不是**心**」？如果他們這樣說的話，將會有很多的過失的。

有時候阿含裡面又跟你講「中道觀」，阿含的經文裡面有時也講中道觀啊！怎麼說呢？阿含的經文裡面也會跟你說：「過去色無量，現在亦有色，未來色無量。」懂意思嗎？每一個人的過去，都有無量的色身，那些白骨堆積起來比須彌山還要高大，如果祂不壞掉、不腐爛的話。過去有無量色身，現在也有色身，未來也將有無量色身，因爲你是修菩薩行，你是不入無餘依涅槃的，所以未來還將有無量色身嘛！這一些色身，當然還包括美的色、醜的色、好的色、壞的色、遠期的色、近期的色，這一切的色法都是「**非我，不異我，不相在**。」這句經文中的**我**，就是隱說第八識心啊！

過去的色身，未來的色身，今世的色身，跟你的眞實「**我**」，不能說是不同的──不異**我**，但是也不能說這個色身就是眞實的「**我**」啊！因爲色身會壞掉的。色身既然是會壞掉的，如果「**我**」就是「**我**的色身」，那麼色身壞掉時「**我**」也就壞掉了，那就仍然是「無我」，而不是有「**我**」了。所以說：過去、現在、未來的一切色都不是「**我**」，也不異「**我**」，這些色法都只是與眞實不壞的「**我**」在一起而已。這就是阿含所說的「**我**」。

但是也不可以說：「『**我**』在色身裡面，色身在『**我**』裡面。」如果這個「**我**」是在色身裡面，那我們將一隻動物捉來，用刀子在牠身上一點一點的割牠，應該就會看見牠的「**我**」一分一分的顯露出來，可是實際上卻看不見啊！所以不可以說「**我**」在色身裡面，所以叫做「**不相在**」，也就是與我不相在的意思，那就是有一個眞實不壞的**我**，與色身同時同處而**不相在**啊！

所以，佛所說的第八識心的「**我**」，只是跟色身同在一處而和合運作而已；如果這個眞實的「**我**」是在色身裡面和合而隱藏著，當色身壞掉的時候，你這個**我**就要跟著壞啊！就變成斷滅了啊！所以，「**我**」與色身只是同在一起，就像小朋友常常唱的一首歌：「當我們同在一起！在一起！在一起！當我們同在一起……」，這個與你同在一起的第八識「**我**」，你就稱之爲如來藏、阿賴耶識；阿含中所說的「**非我、非異我、不相在**」，就是這個意思。所以說色身與「**我**」不相在，這就是阿含的經文裡面所隱說的第八識「**我**」。

色身是如此，受想行識也是如此，所以阿含的經文接著又說：「色非我，不異我，不相在。受想行識，亦復如是。」請問：「阿含所說的『不是**我**，不異**我**，**不相在**』，是不是在講中道？」是中道啊！這就是阿含諸經中，佛跟我們說的中道啊！

阿含諸經跟你說這個「**我**」的道理，就是說：五陰是無我的，但是卻有一個「**我**」與五陰同時同處嘛！五蘊皆空就是無我，但是這個五蘊皆空，卻是跟另一個「**空性我**」連在一起而講的，這個「**空性我**」導致你的五蘊能夠現起運作，使你的十八界能夠現起運作，與五蘊的你非一亦非異，亦不相在，這就是阿含的中觀。這個能夠讓你的五蘊十八界現起運作的心，在阿含諸經中，佛就說祂是「**我**」。因爲祂從來不生不滅，是常住的法，所以才能叫做「**我**」；因爲祂能夠常住於三界六道之中，也能夠獨自常住於無餘涅槃之中，不須依倚任何一個法，所以世尊才方便說祂是「**我**」，但是祂卻沒有眾生我的「我性」。

會壞的五陰十八界法，當然不是眞實的「**我**」，所以五蘊不是「**我**」，所以說**五陰無我**。但是當 佛說五陰「**非我、不異我，不相在**」的時候，這意思就是說，另外還有一個眞實不壞的心與五陰同時存在嘛！那個「**心我**」離見聞覺知，從來不作主，所以沒有**五陰我**的我性，所以 佛方便說之爲「**我**」。這並不是眾生所知道的我，眾生所知道的我是會攀緣，會起貪瞋喜怒哀樂，有七情六慾的我，這是眾生我；可是第八識心，祂沒有這些眾生我的體性，所以阿含的《鴦掘魔羅經》中說爲「無**我性**、無**作性**的如來藏**我**」。因爲祂常住不滅，所以才叫祂做「**我**」。

既然五蘊不是眞實不壞的「**我**」，卻又另外有一個「**我**」同時同處存在，這就表示五蘊以外還有另一個「**我**」存在，當然就是第八識如來藏。五蘊雖然不是這個**我**，但又是不異這個**我**，意思是說：「**五蘊是從我而生的，所以五蘊也不能說不是我；因爲我是五蘊出生的正因、是五蘊的根本。**」可見人間眾生確實是有眞妄二心存在，確實是八識心王並行的。那就很清楚的說明了有「**我**」啊！是「**我**」與「**無常我**」的五陰同在啊！

所以眞正的佛法並不是無常無我的斷滅空啊！只不過那個「**我**」不是眾生所知道的「我」罷了。這樣子，就是四阿含中隱說而講的**如來藏**、**眞如**、**我**。因爲祂永遠是**如**，所以叫做眞正的**如**—**眞如**，這是阿含的經文中所講的。而外道所說的神我、梵我，卻是以第六識心爲體，都是在六識心中，不出六識心外，與阿含所講的這個第八識心體的「**我**、**如來藏**」，迥然不同；這個第八識心的**我**、如來藏，怎麼會同於外道的神我、梵我呢？所以印順法師眞的是亂講啊！

那麼，在般若諸經裡面又是怎麼說的呢？我們先來說說「**不念心**」。這個「**不念心**」跟我們眾生的心不一樣啊，眾生心是一天到晚念著世間事的：「**我來**

正覺同修會台南講堂聽演講，我兒子不曉得在家裡有沒有作功課？」你已經在想了，已經叨念著了；突然間又想起：「前年曾聽我師父講了什麼法，好像跟蕭老師講的不太一樣噢！」你又在念著什麼了，又想念起什麼法了嘛！對不對？這就不是般若經裡面所講的「不念心」了，這就是衆生所知道的「我」。但是般若經卻說有個「不念心」，說這個心才是萬法的實相；這是說有一個第八識，祂從來不憶念一切法，永遠都不會想念某一個法、某一件事，這個叫做「不念心」，才是眞實的「**我**」。

從來都不想念一切法的心，才可以叫做「**我**」，那你也許會說：「我還是不要這個『**我**』算了！因爲這個『**我**』豈不是跟白癡一樣了嘛？」但是你得要知道：現前這個不是白癡的覺知心的你，卻是從這個白癡的祂生出來的，沒有祂就沒有你，這個心就叫作「不念心」。但不是說：現在修行打坐而不起一念的覺知心可以叫作不念心，打坐而暫時不起一念的覺知心是有念心，所以常常會生起一念，常常會想到一些事情，所以覺知心是有念的心，不是「不念心」。

眞正的「不念心」，祂是從無始劫以來就一直都是「不念一切法」的，不是修行以後才不念一切法的；這個從來都不曾想念過一切法的心，在般若系經典中，佛就叫祂作「不念心」。這樣，不就是隱說第八識如來藏心了嘛！何必一定要加上「第八識」三個字，才能說祂是第八識？像這樣的第八識如來藏、是從來都不念一切法的，與外道意識心會念一切法的神我、梵我，是完全不同的體性，怎會是「富有外道神我梵我色彩」的心呢？印順法師眞是胡說啊！

般若系的經典裡面還有說祂是「非心心」。當人家罵你一句，你就氣死了；當別人恭維你幾句，就高興得連尾巴都翹起來了，樂不可支了，最後就是得意忘形；這就是衆生的心，衆生所了知的就是這種心。但是，不管別人怎麼罵你或稱讚你，你那個眞實的「我」都不會動心，根本就是一點點都不動心；祂既不生氣，也不高興歡喜，這個心性與衆生的心完全不同，所以佛叫祂作「非心心」，這種心性跟衆生心是完全不一樣的，是跟外道的神我、梵我完全不同的，所以叫作「非心之心」。

如果你找到了這個心，就會眞的知道般若經在講什麼了，漸漸地就可以通達唯識諸經啦，因爲般若經講的心就是這個非心心，唯識諸經中所說的眞實唯識門也是專講這個非心心。因爲這個心和衆生所知道的心迥異，完全不同，所以叫作非心之心。這是般若經所講的如來藏識，與外道的神我、梵我的意識心完全不同，可是印順法師卻說這個第八識如來藏「富有外道神我、梵我色彩」，眞不知道他是怎麼讀經的？

接下來般若經中又說是「無住心」，也就是「應無所住而生其心」。這一句經文，大多數的人都斷句錯了，應該這樣讀：「應『無所住而生其心』。」菩薩應當去找到一個「無所住而生其心」的這個心，也應當依這個無所住的心而轉依，而安住其有所住的覺知心。

有所住的心是什麼？就是見聞覺知的心。聽到聲音好聽，多聽一下；看到漂亮的花，多欣賞一下；這是有所住啊！不管你當時有沒有語言文字妄想，當你聞聲見色的時候，都是有所住的；因爲你既然能了知那是美色、醜色、樂音、噪音，那就是住了；如果眞的無住的話，就不可能了了分明了啊！可是你的眞實心第八識，祂卻是從來都無所住的，因爲祂一向都離見聞覺知嘛！一向都不住在了了分明的境界中嘛！祂不住於一切法，六塵當中所有的法，祂統統無所住，這才能叫作無住心。

可是，祂一直這樣在六塵中都無所住的時候，是完全沒有功用嗎？是沒有在運作嗎？這又不然！祂不斷的將祂自心種子以及清淨無染的體性示現流露出來，不斷的在配合著有所住的你而運作；祂也不斷的流注七識種子，使你能夠繼續運作而不中斷。如果祂不配合你而不斷的運作，你早就死掉了，哪還能讓你在那邊否定祂？然而，當印順法師正在大力否定祂的時候，印順法師的祂，卻仍然是無所住的，所以祂不會因爲印順法師否定祂自己，就生氣起瞋而讓他死亡。祂就是這樣的無所住，而又不斷生起種種的功能種子，不斷顯示祂的清淨體性，所以祂才是「無所住而不斷的生其心」的心；祂不斷的在隨緣應物而運作，只是你們日用而不知而已。

菩薩悟得這個心以後，覺知心應當怎麼住？覺知心應當如是認定：如來藏永遠無所住而不斷的生其心，而覺知心的自己是假合而有的心，所以應當轉依如是實相境界，而將覺知心的自己安住於這個現觀的智慧境界中。這才是般若經中所說的「應無所住而生其心」的眞正意思啊！這句經文所講的心，就是指這個第八識眞實心啊！

所以，這個從來都無所住的第八識心，是和有所住的第六識覺知心同在一起的，是眞心與妄心、有住心與無住心，同時並行運作的；絕不是那些不懂佛法的人所說的：「將覺知心住在一念不生中，不去分別一切六塵萬法而了了分明，就是無所住而生其心。」─這樣說的人，就是不懂佛法的人，就是認賊爲子的愚人，就是認意識心賊而每日盜取自家法財的愚人；因爲這個覺知心必定與世間六塵萬法相應，所以就不免會因爲六塵而有貪厭等分別，不免會執著自己而不願承認自己是虛妄的。

所以，如果認定了了分明的覺知心爲「應無所住而生其心」的眞心，這個人就是尚未證悟般若的凡夫，因爲覺知心就是不斷偷竊自家解脫法財的盜賊，根本不是**從來**就無所住而不斷生心運作的如來藏。這樣轉依「從來無所住而不斷生其心」的第八識如來藏，覺知心這樣現觀而確認了，才是眞正懂得如何安住其心的證悟菩薩，這個從來離見聞覺知、從來不曾分別的第八識如來藏，才是眞正的無住心。

般若經裡面又有什麼說法呢？般若經典裡又說祂叫做「無心相心」，祂沒有眾生心的心相，眾生所知的「心的法相」是怎麼樣的呢？是常常會有「喜歡、討厭、追求、丟棄」的心行的心啦！所以就會捨垢而取淨，一向都在取捨貪厭兩邊；但是第八識的祂，卻是從來不取不捨的，從來不管淨垢的。當你正在取捨貪厭的時候，那都是你的七識心的心行。然後祂就因爲你的思量作主，所以就配合你而隨緣應物、而做種種的運作；當祂跟著你去取捨的時候，祂自己卻是沒有取捨的。起心動念而去取捨的，都是眾生心，都是眾生的七識心，可是第八識的祂，卻從來都沒有這一些心相，所以才叫做「無心相心」。

如果不是祂配合著你，不斷的在運作，你根本就運作不了，就會跟植物人一樣；乃至連植物人你都當不成，你會很快的死亡了，所以我們身中的一切法，都要依靠祂的運作。但是祂不斷在運作的時候，卻完全沒有「眾生心」的那種心相，因爲祂從來都離見聞覺知，又從來都不曾思量、不曾作主。

假如有人現在被逼債逼得很緊，痛苦得要命，他很想現在自殺死掉了，好轉到未來世去；所以他就從懸崖上跳下去自殺，祂雖然知道你是想要跳下去，但祂照樣跟著你跳，祂絕不會向你抗議。又譬如說：有人覺得自己這一輩子很好過，因爲有萬貫家財，不享受的話眞的是白不享受，所以就想好好再多活幾年，如果有什麼氣功可以讓我長生久視，何妨再多練一下？多活個二十年，再多享受一下不是很好嗎！當你正在起這個長壽的貪心時，祂卻不會跟著你貪，還是依照你過去所造的業種而運作，讓你繼續衰老；當你想要繼續貪壽命，所以去練氣功⋯等等，祂卻不會隨著你貪，但是祂仍然會配合你而運作、而練氣功，祂都無所謂。

所以，要貪也好，要瞋也好，要死也好，要活也好；祂都好，都沒意見，完全隨緣。在諸事隨緣之中，祂卻任運不斷的生其心，不斷使第八識自己的心種示現運作，也不斷將七識心的心種繼續流注，而使七識心可以繼續了了分明、處處作主。這個跟眾生所知的心的法相截然不同的第八識心，沒有眾生心的法相，所以 佛在般若經中又將祂叫做「無心相心」。如果參禪而能悟得這個「無心相心」，就是悟得第八識如來藏，這就是《大品摩訶般若、小品摩訶般若》所講的實相心。

在第三轉法輪的唯識方廣諸經中，也就是在如來藏系列的經典裡面，叫祂做「阿陀那識」，爲什麼叫做阿陀那呢？是因爲祂能夠執持你所有的八識心的種子，祂也能執持你的色身；此外，你所造的一切善惡業的種子，祂也都能幫你執存起來，所以叫做阿陀那。

祂又叫做「阿摩羅」識，阿摩羅又名庵摩羅，就是異熟；又叫做清淨識，因爲分段生死斷了，那就是阿羅漢的第八識；五地滿心以上，到了六地的菩薩的第八識，分段生死已經斷了，所以叫做阿摩羅識。阿摩羅這個名稱，是說一種印度的果實，它白白的，清清淨淨的，不會沾灰塵，所以拿祂來表示阿羅漢的第八識，叫做清淨識，已經捨棄了阿賴耶的名號了，不再執藏分段生死的煩惱障種子了，所以又叫做白淨識。

但這個第八識的白淨識，還不是佛地的無垢識。這個白淨識、阿摩羅識，又叫做異熟識。因爲這個識的緣故，能使衆生有異熟生、異熟死，所以能有種種的異熟果報。如果沒有異熟生，你根本就不會出生，乃至今晨根本就醒不過來；即使你出生了，也無法生活，因爲沒有如來藏的持身而示現異熟生，你的色身馬上就會死掉了，還能生活嗎？

正因爲有異熟生，才能讓人可以生老病死，受種種往世所造的善惡業的果報，也因此才能夠修學佛法；因爲有異熟的果報，祂的異熟性使阿羅漢可以迴小向大，而轉變成菩薩種性，而可以繼續執持色身，執持種種的種子，盡未來際去自度度他，這就是異熟性。由於第八識心有這個異熟性，所以六地滿心位的菩薩們，雖然成爲俱解脫的聖者，分段生死究竟斷了，卻無妨再來三界中繼續接受分段生死，藉以自利利他，最後才能成佛，這種第八識的異熟體性就叫做異熟性。由於第八識中有這個功能性，所以叫做異熟識；這個異熟識的識名，也是函蓋到凡夫地的第八識的，因爲凡夫地的第八識也是一樣有這種異熟性的。

在阿含諸經以及唯識諸經中，有時候又講「心」。如果是講「心」的時候，常常會合在一起講「心、意、識」，「心」就是第八識，「意」就是處處作主的意根末那識；「識」就是講前六識—眼耳鼻舌身意等六識心，但是最常用的定義是指第六識—意識。

這個「心、意、識」又叫做三種能變識，爲什麼叫做三種能變？因爲第八識心，祂可以變現種種的法，也可以出生祂自己的功能差別，也可以變現衆生的五蘊、十八界，變生六塵萬法，這是第一能變識。第二能變的識，是說意根，也就是末那識，祂能變生識的種種的執著，因此而有貪瞋癡慢疑等。第三能變的識，就是意識心，祂能讓你產生六塵境界上的種種分別，這就是你的三種能變識。

第一能變識，祂能夠變生種種的法，所以叫做心；這是意和意識所沒有辦法作到的，而且意和意識都是要依附於這個「心」，才能有祂們自己的這些功能差別，所以祂們叫做意和意識。這個第一能變識的「心」，有時候在經中又叫做「空」，特別是在第三轉法輪諸經裡面，常常會說祂是「空」；但是爲了怕衆生不瞭解「空」的意涵，誤以爲是空虛的空，就說明這個「空」並不是頑空，也不是虛空。

在佛法中，有的時候又說這個**心**就是佛，禪宗裡最流行這一句話，未悟的學人常常會拿來請問諸方大師：「如何是佛？」雲門禪師聽了會跟你答：「乾屎橛。」又有人來問：「如何是佛？」他就回答：「花藥欄。」所謂的眞實佛，就是講這個第八識；示現出來能給人看見的佛，是化佛，因爲是由這個第八識所變現出來的。有時則會跟你說是「無垢識」，那就是講佛地的第八識眞如。佛地的第八識就稱之爲第十識，但其實還是第八識。

因爲所知障的隨眠究竟斷盡，煩惱障種子習氣的隨眠也是究竟斷盡，所以叫做無垢識，究竟清淨；爲了容易顯示和說明，所以別立一個名稱爲第十識，其實還是第八識，所以佛地的心還是八識心王並行，和我們一樣。但是由於佛地的第八識心中，所含藏的一切種子都不再變異了，就沒有變易生死了，所以才說這個佛地的第八識心是眞心啊！因地的第八識都是方便說爲眞心，是爲了和前七識的妄心作區分，以便說明，其實仍是非眞非妄的心。

那麼，講到這裡，我們來做一個總結：外道所說的神我、梵我，是第六識心，絕對不同於佛法中所說的如來藏，因爲外道的神我、梵我，是會起喜怒哀樂貪瞋情緒的，所以上帝會生氣而降大水、大火，來毀滅異教徒，那是第六識的覺知心。如來藏則是第八識，不可能和外道第六識的神我、梵我相同。所以，如果有人這樣說：「如來藏思想富有外道神我、梵我色彩。」那麼這個人如果不是完全不懂佛法的外道，那他就一定是居心不良的破法者，明知如來藏是指第八識，他卻將外道神我的第六識心，來和第八識如來藏等量齊觀，來和稀泥，故意將如來藏冤枉附會爲外道法。

如果否定了這個第八識，《心經》就不能稱爲《心經》啦！佛也不必再講般若系列諸經和《心經》了；佛只要講完四阿含就好了，不必再接著講《心經》了，因爲「一切法緣起性空」的道理，是解脫道的修法，這在四阿含諸經中都已經講完了，並且講得比《心經》更細膩，何必再講《心經》呢？何必再講般若諸經呢？所以，《心經》講的是眞實心，是從眞實心來說一切法空；不可以拿掉《心經》中的眞實心，來解釋作一切法空，要依這一個眞實不壞心來說一切法空，來說一切法緣起緣滅，來說**無智亦無得**，這樣的緣起法才是《心經》中的眞正的佛法。

有一些沒有證悟第八識的人，先前是以悟者的身份，出現在人間說法；現在因爲我出版了這些書，這麼說出來以後，就顯示出他們沒有證悟的本質出來，往往就因爲我說了這些正法的緣故，就對我生起瞋心了。生起瞋心倒沒事啦！

有的人卻是隨後又起了恨、怨、惱。

瞋只是生氣，恨就是牢牢地記住你對不起他了，一般人生氣時會說：「你給我記住！」這就是恨了。如果只是瞋恨，那也就算了啦！有的人卻會因此就起了怨，「怨」這個心所法，就是開始思惟設計要如何報復我，心裡頭開始思惟報復的方法和言語文字等等，這就叫做怨。瞋恨怨之後接下來就是惱：決定開始報復，所以眞的就開始執行報復的行爲了，這就叫做惱，「惱」就是將怨付諸於實行，把瞋恨怨付諸於實行。

他們怎麼惱我呢？他們就在網站上面貼文字：「蕭平實是十大外道之一，是邪魔外道。」類似這一類的無根誹謗，就開始寫上去了，根本不去比對三乘經典，看看蕭平實說的法和 佛所說的相符不相符？根本就不考慮將來捨報的時候，業果現行時要怎麼辦；先罵了再講，先出一口怨氣再講。

但是，有些比較智慧的人，他就選擇默然、不講話：你要評論，就由著你蕭平實去評論，我就是不回應。印順法師就是這種聰明人。這種聰明人，當他能辯贏的時候，就會立刻回應；知道辯不贏的時候，就默然不理。鍾慶吉居士隨便寫一篇文章登出來，將印順法師反諷了一番，他就馬上和昭慧法師各自寫了文章，很快就登出來；我寫了十幾本書說他的錯誤，他卻都不講話，默然以對。這就是他聰明的地方，因爲法如果不對的時候，你越答覆就漏洞越多，越不能自圓其說；只有對方有把柄的時候，他才能回覆；所以他們也只是抓著鍾慶吉居士的語病，專在語病上猛攻，對於鍾慶吉居士的主要質疑，仍然不能具體的答覆。鍾慶吉居士也是爲德不卒，竟然半途而廢，沒有竟其護持正法的大功業，眞是可惜，這個摧邪顯正的功德是很大的；因爲他的立論都是正確的，印順法師的法，卻是本質錯誤了。

印順法師怎麼說呢？他說：「如來藏的思想，**富有外道神我梵我的色彩**。是後期大乘佛法與外道思想合流。」我們卻說他講錯了，爲什麼錯呢？因爲外道所說的神我梵我只是意識心第六識，大乘佛法所說的如來藏卻是第八識，是阿含裡面　佛所說「名色因、名色本」的那個第八識，祂是七識心之因、七識心之本的第八識啊！這個第八識的如來藏，怎麼可以拿來跟外道梵我神我的第六識相提並論呢？

這就好像在世俗法中，你不可以拿著要買腳踏車的三千元，指著一輛機車，嘴裡跟老闆說：「我要跟你買這一輛腳踏車。」老闆一定跟你說：「你是瞎了眼嗎？機車跟腳踏車你分不清楚嗎？」但是這個人卻說：「世間哪裡有機車？你所說的機車，富有別家廠商製造的腳踏車的色彩！同樣都是有兩個輪子啊！」現在就是有人像印順法師一般的瞎了眼，機車跟腳踏車分不清楚—第八識跟第六識分不清楚，把六七八識混爲一譚。

結果，把七八識否定了以後，把第七識說爲意識心的細分，再把第八識說爲是從第七識再細分出來的；這樣子把七八識歸納在意識之內以後，沒有七八識可以體驗領受，結果是：二乘聖人所證的無餘依涅槃就變成斷滅空了，大乘般若就變成「性空唯名」的戲論了，佛法從此變成了斷滅論、無因論的戲論了。這問題非常的嚴重。所以我會對印順法師的法義，主動的加以評論，因爲他破壞佛法的嚴重程度，是任何人都比不上的，是從根本上瓦解佛教法義的。

所以我們一定要依照三乘經典去實際瞭解，不可像印順法師一樣的隨著外國的佛教研究者，隨意否定七八識心。阿含諸經並不是沒有講第八識，《心經》

所講的主題也正是第八識，第三轉法輪所講的經典的意涵，遠比阿含諸經所講的還要細膩，與阿含完全相契合，沒有違背之處；並且講到如何成佛之修行法門與次第，這是四阿含所不能及，所不曾宣說過的。如果世間只有四阿含，則佛所說的成佛之道，就不完全，因爲四阿含中並沒有說到如何證悟如來藏，也沒有說到悟得如來藏以後，要如何才能進修到佛地。

這些大乘**成佛之道**的次第與內涵，是在第三轉法輪的方廣唯識諸經中，才宣說出來的。所以，印順等人否定第三轉法輪諸經，說是後人長期創作編集才有的，眞是妄說啊！如果眞像他所說的那樣，那就顯示 世尊弘法度衆的化緣還沒有完成，那 世尊就不會取涅槃，應當在印順他們所說的五百年、一千年後大乘經出現在人間以後，佛的化緣才圓滿，才會入滅。可是當年 世尊卻說化緣已經圓滿，所以才取滅度啊！既然是化緣已經圓滿，就表示：**成佛之道**已經具足宣說了啊！但是**成佛之道**的內涵與次第，卻只在大乘第三轉法輪的方廣唯識諸經中才宣說的啊！四阿含中都只是在總相上隱覆密意而說，而且都是一兩句話點到爲止，並沒有一一細說啊！這就顯示出一個事實：**第三轉法輪諸經，真**

是佛說啊！所以印順法師隨順外國的佛教研究者的說法，來否定大乘經典，眞的是愚癡與盲從啊！修學佛法的佛教出家法師，竟然去信受外國的不信佛法的人所作的不實考證，眞是顚倒啊！

因此《心經》所說的眞**我眞心**，第三轉法輪所講的第八識、阿賴耶、異熟識、無垢識、眞如、阿陀那識，四阿含諸經中所說的「**實際、我、真如、如來藏**」，根本就不是外道的神我，絕不是外道的梵我，而且體性迥然不同，相差「不可以道里計」。這一些知見，大家都要把它分清楚，絕對不可以混爲一談。更不可以跟著他們傳播錯誤的言論，不然的話，你將會成爲一闡提人─善根永斷。

這是怎麼說的呢？在《楞伽經》中，佛有這樣的開示：**誹謗菩薩藏的人，就是一闡提人；誹謗菩薩藏的那些言語一說出口時，當下就永斷善根，就變成一闡提人了**。所以大家千萬不要跟著印順法師他們，大膽的否定如來藏第八識，否則就會跟他們一樣成爲一闡提人，捨報的時候，就會下墮無間地獄而受長劫尤重純苦。因爲破壞佛的正法的惡業，遠比世間殺人放火的惡業還要嚴重得多。

一闡提人有兩種，都是「無般涅槃種性」。「無般涅槃」的意思分爲兩種，第一種是菩薩種性，他們是為了慈憫眾生，不忍眾生輪轉於生死中，所以永遠不取涅槃，要盡未來際的利益眾生而無窮無盡，地藏王菩薩就是這樣的人；另外一種叫做斷一切善根，在《楞伽經》中 佛說：誹謗菩薩藏的言語只要一出口，當下就斷盡善根，就成為一闡提人了。這種謗法的一闡提人，將來所下的不是普通的地獄，是無間地獄。而且這個地獄到了壞劫而壞掉的時候，這種謗法人還要轉生到十方阿鼻地獄，一一親受無間斷的苦。

至於菩薩藏，是以什麼為根本？是以第八識的種種法為根本。三乘一切佛法，都是以第八識為根本，如果離開第八識心，二乘佛法就變成斷滅論了，大乘佛法就變成「性空唯名」的戲論了。可是印順法師他們，卻不瞭解這個嚴重性，只是為了未悟之身的方便弘法，就加以否定，而成為一闡提人，善根永斷，這些人絕對不是眞正有智慧的人。今天諸位聽了我這些說明以後，瞭解了，千萬不要去跟著人家散播錯誤的觀念：說如來藏是施設的法門，沒有這個東西啊！不要跟著人家去作錯誤的散播，不然你就會成就謗法的共業了。這個請大家要特別注意啊！

第四章 心經與禪宗祖師公案之關係

第一節 禪宗公案之宗旨是什麼？

禪宗公案的宗旨，就是要讓大家去證悟「每一個人本來都有的眞實心」。所以公案絕不是那一些悟錯的人所形容的「陳腔濫調、老古董」，而是古今悟者證悟的過程紀錄，是歷久彌新的。有的人公開宣稱說他開悟了，我們同修會中的同修就問他：「我問你某個公案，某一個禪師說什麼什麼，你講給我聽聽看！」他一聽就傻眼了，舌頭也打結了，他就說：「你不要拿公案來考我啦，那些老掉牙的東西早就落伍了，與現在的時空不合了啊！」

請問諸位：「禪宗公案是講什麼東西？」（大衆回答：講真心！）講的是眞心啊！眞心固然老掉牙了，因爲祂不知道已經掉過多少牙了，一個人在過去無量世以來所出生的色身，掉下來的牙如果累積起來，只怕喜瑪拉雅山都不夠瞧呢！所以是老掉牙的「東西」，可是祂卻一點兒都不陳腐，因爲祂的體性始終是恆常如新的，過去無量劫是那樣的體性，現在還是這樣，未來無量劫以後祂還是那樣的體性——純一的清淨性，絕不夾雜別的染污性。

祂既然是這樣的始終不變的體性，怎麼可以叫做陳腐？這個心從古以來是那樣，現在還是這樣，一切證悟的人都可以觀察到：祂將來也仍將是這樣，絕不會改變。而祖師公案中所悟的眞心，既然是這個從來都不陳腐的心，公案所說的既然是這個絕對不會改變的眞心，那你怎麼可以說證悟祖師的開悟公案會陳腐呢？所以，悟了以後，如果不能以眞悟祖師開悟的公案來印證，那麼他那個悟就不是眞正的悟。

第二節　禪宗公案是從哪裡來的？

禪宗的公案，就是要讓人證悟眞心的最直接的法門；把祖師證悟的過程記錄下來，或是祖師幫助別人證悟的過程記錄下來，就成爲禪宗的公案。我們先來說明：禪宗的公案是從哪裡來的？首先要講娑婆世界的第一則公案：

有一天，佛上了座，剛好有梵天供養一朵青蓮花——我這裡沒有蓮花，就拿這個作爲代表吧——佛就當衆拈起花來，微微地笑著，也不講話；我如今拈起東西來，嘴裡還在嘰哩呱啦的講話，佛卻不講話，就這樣子拈花微笑；結果金色頭陀迦葉尊者，他忽然就看見了實相心，他就笑了；佛看見他笑了，知道他會了，就當衆宣佈說：「我有正法眼藏，涅槃的妙心，這是實相無相的微妙法門，這個法門不立文字，作爲教外別傳，付囑給迦葉。」

這就是說：我釋迦牟尼佛在教門所講的法以外，另外傳你這個法。這是傳什麼法？是青蓮花嗎？當然不是！是傳你這個實相妙心的法。這個實相心叫做涅槃妙心，把這個法付囑給大迦葉，這是娑婆世界的第一則禪宗公案。以後祖師就這樣代代相傳下來，傳到中國以後，中國的祖師們就以此法而單獨立宗，成爲禪宗；所以中國禪宗的禪，後來就以此而稱爲祖師禪，因爲是經由祖師一代一代相傳下來的。

禪宗的祖師們，也就這樣子用這些公案中的密意，去讓人家證得眞實心，所以一代一代就把它記錄下來。後來因爲有人想到，這對後代的弟子們可能有幫助，也許他們讀到哪一則公案時，就可能證悟了，那又可以多了一個同參，又可以多了一個弘揚宗門正法的善知識了，所以就有人去蒐集整理，印行出來。禪宗的公案就是這樣來的。

所以，所有的公案都是記錄祖師證悟的內容與過程，有的公案是祖師悟了以後，另行施設機鋒，用來助人證悟的公案；既然公案是記錄祖師證悟的內容與過程，那你怎麼可以說公案是陳腐的呢？因爲他所證悟的心，到今天現代社會時，仍然還是這個心；到了未來的無量世以後，還是這個眞實心，是歷久彌新的心，是永遠都不會變的心，怎麼可以說祂會陳腐呢？祂既然不會陳腐，則敘述祂的公案又怎麼會陳腐呢？

特別是：禪宗的公案所說的法又叫做無門關，因爲它無門可入。修定、修觀、學教門等，都有法門可入啊！都可以一步一步走進來，但是如果沒有證得實相心，永遠都只是在外門修習大乘佛法罷了，永遠都不可能眞實的證知三乘菩提的佛法啊！可是你若想要親證實相心，那就只有參禪的一個法門了。而禪宗的這個證悟，也就只是一念相應而已，只是忽然間找到自己的實相心而已；

這個一念相應，何嘗有門可入呢？尚未一念相應之前，根本就不知道門在哪裡。而進入這個證悟的智慧境界，則以參究禪宗的公案最爲直截了當；可是禪宗的公案參究，卻是無門可入的，主要的還是須依止善知識，除非你是再來人。

所以禪宗的公案就叫做無門關，祂沒有一個門可以入，純粹是般若智慧；你如果忽然間悟了，那一剎那間你就入了禪門了。可是，這個門在哪裡呢？你不知道！得要入了門以後，才知道原來處處都是門，卻處處無門啊！所以《楞伽經》裡面說：「佛語**心**爲宗，**無門**爲法門。」所以《楞伽經》開宗明義就這麼講：說諸 佛所說的話，都是以自心爲宗旨，所講的都是在講自己的眞實心，所以說「佛語**心**爲宗」。但是要證得這個眞實心，則是以「**無門**爲法門」，它沒有門可以入的，想要進入此門的話，完全要看你的慧力、定力、福德，所以說以「**無門**爲法門」。

後來，無門慧開禪師就寫了四十八則公案，命名爲「無門關」。無門關的公案，在我們的「公案拈提」中已經寫了幾則了。有好多人在註解「無門關」的公案，其實都是胡扯，他們把最要緊的關節丟在一邊不管、不說，卻專在禪師的放過語上，專在無關緊要的閑機境上面大作文章；中國這一兩百年來，每一個註解公案的人都是這樣。所以，無門關不容易闖得過，好多人撞破了頭，就是撞不進來，因為無門關的關門不曉得在哪裡？都是找不到那個關，找不到那個門。如果你找到了關門所在，你只要踏一步就進來了；想要故意去撞，都撞不到那個門，根本就沒有門啊！

三藏十二部教門所講的，無非就是講這個第八識眞實心，無非就是講「無門關」中所要證悟的那個心，無非就是禪宗公案所悟的那個心；所以禪宗眞悟祖師的公案、禪宗的證悟公案，都不是在籠罩人，都不是無的放矢，都是指向一個目標—指向你的自心眞如。結果印順老法師卻對中國禪宗的妙法，作這樣子的評論：「中國所傳的野狐禪。」他的那些凡夫徒弟們，也都管那些證悟祖師的公案叫做「無頭公案」。

中國禪宗的禪，眞的是野狐禪嗎？我想，他（編按：指印順法師）應該是引用「百丈野狐」那個公案，來說禪宗叫做野狐禪吧！可是「百丈野狐」講的是那隻亂說法的野狐，百丈所傳禪宗的禪，卻不是野狐禪啊！卻是可以救野狐的禪啊！他怎麼可以拿那隻野狐，來說中國禪宗的禪法叫做野狐禪呢？

如果把中國禪宗滅了，諸經中所隱說的正法也就永斷了，了義法、究竟法也就隨之永斷了。所以，禪宗絕對不許滅，但是也不可以不如實的高抬它；因爲禪宗的禪，破參時也只是大乘般若的眞見道位而已，只是剛入門，才剛剛成爲第七住的菩薩而已。你如果入不了這個門，眞正的大乘佛法根本就不用談，你最多只能修學二乘所修的解脫道，大乘的佛菩提道就不必說了，根本就沒有機會修證。

三藏的十二部經裡面，主要所說的，就是講這個眞實心，所以「佛語心爲宗」，佛所說的話都是以這個眞實心爲宗旨來講的。因此，三藏的十二部經裡面主要所說的，都離不開中國禪宗所傳的宗旨；如果你能夠從禪宗那些公案的宗旨裡面去證悟了，你就找到了你的眞實心；一旦找到的時候，般若經不必我來教你，也不必你的師父教你，你只要自己把它請出來，告訴你：你會讀到天亮都放不下手。因爲所講的都是你自己的眞心啊！

到那時，你會這樣說：「啊呀！原來 佛這麼慈悲，早就明講了，怎麼我以前都讀不懂呢！」經過禪宗的破參，等你找到那個眞實心的時候，把般若系列經典翻出來，你會一口氣把它讀完；當你把它讀完的時候，般若實相的別相智你就通了。這個就是禪宗公案的主旨所在，就是要使人證得眞心，這就是禪宗公案與大乘佛菩提的關係所在。

第三節　禪宗公案有深淺差別

那麼，禪宗的公案，它是有深淺差別不同的，我們先來講明心的公案。這件公案要講娑婆世界的第二件公案。有一天，阿難尊者問大迦葉尊者：「世尊傳了金襴袈裟給你，此外究竟又傳了什麼法給你？」因爲他看見　佛拈花微笑，大迦葉尊者悟了以後，　佛公開付法給他嘛！

我們正智出版社不是有一個標誌嗎，就是講這個，不知道的人就以爲是雲手。大迦葉尊者聽阿難尊者這樣問，他就叫喚：「阿難！」阿難尊者就答：「諾！」

就像是我們現在的人回答：「有！」阿難還是沒有警覺啊！大迦葉尊者看他沒有體會到，就對他說：「倒卻門前刹竿著！」古時的佛教寺院殿前，不是都有枝長竹竿嗎？上面掛著幡，寫著某某精舍，譬如祇園精舍、竹林精舍……等等；迦葉尊者就是吩咐他：「去把它放倒！」（此時蕭老師對大衆苦笑著繼續說：）

問題來了！這是什麼意思？阿難尊者當時眞是丈二金剛摸不著頭腦：我問你的是「佛傳了什麼法？」你卻叫喚我；我答應了一聲，你也沒什麼說明，也沒有什麼事情，卻叫我去把佛刹門前的竹竿放倒，眞是莫明其妙啊！後來，阿難悟了，才知道：「哈！早就分明說了。不但是大迦葉尊者早就分明說了，我自己也是早就說了，卻還是不知道。」如今我們佛門四衆，大家都一起把眞如給說了，自己卻都不知道。

無門慧開禪師就把它編入無門關四十八則公案裡面，並作了一首頌：「問處何如答處親？幾人於此眼生筋？兄呼弟應揚家醜，不屬陰陽別是春。」大意是說：迦葉尊者跟阿難尊者是有問有答，阿難尊者問：「世尊傳金襴袈裟外，別傳何物？」迦葉召云：「阿難！」這不就是問了？阿難應諾，無門慧開禪師因此便說：「問處何如答處親」，當你阿難尊者應答的時候，比大迦葉尊者呼喚你的時候，其實還要親切得多呢！然後說：「到底有幾個人能在這個問答當中『眼生筋』啊？」無門禪師請問說：「到底有哪些人眼尖，而在這個公案中親見本來面目了呢？」

你的眼睛如果沒有那些筋，還能夠轉來轉去看東西嗎？不行嘛！那就表示眼睛已經壞掉了嘛！能夠轉來轉去，就表示你能夠隨意看任何事物，能夠看得很清楚。「眼生筋」的意思是說眼明的意思，他的意思是問：到底有多少人眼明？能夠看清楚他們師兄弟問答之間所顯示的密意啊？然後無門禪師又說：「兄呼弟應」，因爲大迦葉是師兄，阿難是師弟嘛！師兄呼喚、師弟答應，其實都把「家醜」給外揚了，把家裡的事都顯出來了，可是這個「家醜」不屬陰陽，不在陰陽之中，也就是不在斷常，不在一異，不在俱不俱，不在垢淨之中。「別是春」：說他們兄呼弟應之間，另外是個大好的春天啊！這個是明心的公案，娑婆世界的第二件公案。

我們再來舉一則也是明心的公案，這是中土的公案。香嚴智閑禪師，他蒐集了很多祖師的開示，寫了一大堆噢！他用個匣子裝起來收藏著。可是他學來的、聽來的東西，去到潙山靈祐禪師那邊時，卻是什麼都不對，全都沒有用，因爲都是聽來的。後來他想想：我是眞的沒有辦法了，和尚也開示過了。如今我只好回來把那些以前從諸方聽來的語句記錄，都翻出來看看，有沒有一句可以拿來跟潙山和尚回答的？結果還是沒有一句能用來回答。後來想想，眞的沒辦法了，就去求潙山靈祐禪師：「求和尚跟我明說了吧！」潙山老和尚說：「我說出來的是我的，你聽了以後不會有功德受用，所以你得要自己去參。」

香嚴禪師想一想：既然沒辦法，和尚又不肯講，那怎麼辦？這些記錄來的種種禪宗語句，又沒有一句能回答和尚的問話，乾脆把它燒掉算了！不要了！於是就放火燒了那些許多年來，從諸方大師那裏辛辛苦苦記來的禪宗語句；就告辭潙山禪師，自己就去住在一座古寺的遺址裡面。可能那古寺已經破破敗敗的，他就自己種一點竹子什麼的、自己過生活，心裡想說：如果參不出來，一世就這麼過日子算了。

後來有一天，他正在鋤地鬆土，鋤到一片瓦礫，就拾起來丟了出去，那瓦礫碰到遠處的竹子，「吭」的一聲，他終於知道了，連「動容揚古路，不墮悄然機」他都知道了，這是他悟道的過程。這香嚴禪師，他也算是懂得恩德的人，趕緊回去沐浴更衣，望溈山的方向跪下來，就點起香來遙拜說：「好在當年我的依止和尚沒有跟我明講，不然我今天就沒有功德受用了。」

可是這小子後來的心腸不好，後來他開山時這麼開示，他說：「譬如有人爬上了懸崖邊上的樹，嘴巴咬著樹枝，把身體就這樣吊在樹枝上，手不攀著樹枝，腳也不踏著樹幹」，就像是這樣子（蕭老師作個手不攀捉的咬樹枝的態勢）。我看見有人畫過這個畫，可是他們不懂啦！現在我要以香嚴禪師的話來問你們：「當你上了懸崖邊的樹上以後，口銜樹枝，手不攀枝，腳不踏樹，剛好在這個時候，樹下有人來問你：『如何是祖師西來意？』他跟你請法，你得要應對，你不可以不跟他對答啊！你如果不答的話，就違背了他的所問；可是如果你開口跟他答，又要喪身失命。這個時候你要怎麼對答？」請問你們：一開口對答，你就掉下山崖死掉了；又不可以不答，那要怎麼辦？

無門慧開禪師這個時候就評論了，他說：「縱有懸河之辯，總用不著。說得一大藏教，亦用不著。若向者（這）裏對得著，活卻從前死路頭，死卻從前活路頭。其或未然，直待當來問彌勒。」意思是說：像這種公案，就算是你有懸河之辯──懸河就是河流到了斷崖仍舊一直流下來而不斷絕──也就是說口才再怎麼好，到這個地步，你都使不上力啦！不管你經教多麼通達，口才多麼好，只要問你這個公案，你就答不出來了。你要怎麼回答呢？答了，不免喪身捨命；不答的話，你當禪師卻不能不答，那要怎麼辦呢？所以說縱有懸河之辯，總用不著。能夠說得一大藏教，到這裡你也用不上了。

可是，你如果從這個公案裡頭，能夠對得著，能夠桃符相契，就把從前那個死路頭給活過來了。從前不是把妄心打死了嗎？你否定了妄心而不攀緣祂作眞心，目的就是要找那個眞心啊！以前到了這個階段時，就是個死路頭，走到死胡同裏了，仍然還是找不到眞實心，可卻又看不到出路在哪裡？眞心在哪裡呢？永遠都沒辦法找到，你要怎麼辦？但是這個時候如果你對應得著的話，死路頭就變成活路頭了。

從此以後，隨你怎麼講都通；說東西、說南北，說上下、說左右，隨你怎麼說都通。可是卻把從前的活路頭死掉了。從前的活路頭是什麼？就是認這個覺知心爲眞實心而不肯死心嘛！把這個活路頭給死掉了，我見就斷了，甚至於有些人的我執也可以斷啊！如果不是這樣子桃符相契的正確對應上了，那你只好等候將來去問 彌勒佛了。那要等多久呢？幾億年啊！

然後無門禪師就寫了一首頌作結尾：「香嚴眞杜撰，惡毒無盡限；啞卻衲僧口，通身迸鬼眼。」意思是說：這個香嚴禪師眞的是很會杜撰公案，他杜撰出這麼一個公案來，眞的惡毒無盡啊！因爲禪宗確實沒有這一個公案嘛！是他杜撰的啊！可是他杜撰出這一個公案來，眞是有夠惡毒的。這個惡毒眞是無窮無盡，因爲到現在已經千餘年了，如今那些大禪師們還是弄不通啊！有好多人讀到這個公案時，就只好把頭抱著，百思不解。香嚴禪師眞的是惡毒，到現在還在害那些大禪師等人痛苦不堪啊！

如今好多人看見這個公案時，頭都大了！很痛苦啊！如今那些所謂證悟的大法師們，你拿這個公案去問他們，他們一定統統死在句下，統統答不出來，只會說些門面話罷了！所以說香嚴禪師這個公案，眞是夠惡毒的，所以說「惡毒無盡限」。無門禪師說：他這個公案，把一些傲慢的出家人的嘴巴統統給閉住了，讓他們不敢亂講話。因爲無門禪師是個出家人，他可以那麼講；我如果也學他這麼講，似乎就有些過頭了，因爲我這一世是現在家相。可是無門禪師卻又說：「香嚴禪師上樹之後，卻還是『通身迸鬼眼』」哩！你如果問我蕭平實，老實告訴你：「我也不會講，待我上樹了以後，只會七手八腳亂把捉。」就是這個樣子。這個是中土的公案。（編案：若欲細探此一公案，請詳見《宗門正義》中之拈提。）

接下來講重關**見性**的公案。見性的公案在祖師的典籍記載當中，少之又少——非常的少。這些見性公案裡面最精彩的，只有九百多年前我師父的公案最精彩，他是克勤圜悟大師。我常常會端詳人家的臉，因爲我一直在找一個相似的臉；我們講堂有個柱子，留了一面沒有佈置，是留著要弄一個畫像掛上去，想畫我師父克勤大師的畫像，只是到現在還沒有找到一個相像的臉，所以我還在找。如果找到像的，我一定會請求他，給我一張相片，我請人照樣畫。

克勤圜悟大師，他是書香世家的子弟，有錢人的子弟，但是他道心堅固。

後來他很年青就出家了，出家以後就去找法演禪師，因爲人家介紹他：五祖法演禪師是個大德高僧，其他的都不夠瞧。所以他去依止法演禪師。可是，不管他跟法演禪師問什麼，法演禪師都說：「不對！不對！通通不對！」沒有一樣對。後來我師父他很生氣：明明公案就是這個意思，怎麼都跟我說不對？他很生氣，就告辭走了。辭別的時候，五祖禪師在他身後撂了一句話：「待你著一頓熱病打時，方思量老僧在！」也就是說：等你中暑很重了，快要死的時候，你才會想到老僧我啦！

意思就是說，你那個不是眞正的證悟，抵不了生死的啦！因爲覺知心是會斷滅的心，是易起易斷的心，怎麼抵得了生死？一旦無常到來的時候，覺知心就昏昧了、斷滅了；得要到中陰身出現的時候，才會又有覺知心出現的。中陰身投胎以後，這一世的覺知心就永遠斷滅了，永遠不會再出現了，更不能去到未來世—這個覺知心去不了未來世。覺知心如果能去到未來世，那你這一世的覺知心也應該是從過去世來的，那我請問你：你過去世是住在哪裏？姓甚？名誰？作了哪些事？你知道嗎？不知道！除非你修得了宿命通。

克勤大師當時聽了法演禪師的話，他還是不信邪，還是走了。走了以後，不久果然中暑了，熱病纏身時，心裡面想：「我所悟的那些公案，怎麼都一直用不上來？都沒有受用！眞的抵不了生死！」所有以覺知心爲悟的人們！我告訴你：「不管你的覺知心有多厲害，不管你神通有多厲害，只要麻醉針打你一針，你就完蛋了！還有什麼神通？」再大的神通，也抵不了這一針麻醉劑的，因爲神通是依附於意識而有的，意識則要依附於五勝義根才能現行。在你身上打一針麻醉針，把你的五勝義根麻醉了，意識覺知心就不能現行了，神通當然也就不可能現行了，這樣的覺知心相應的神通，有什麼用？哪裡抵得了生死？抵不了的！結果克勤圓悟大師發覺，這個心果然是抵不了生死，想想：還是得回去找五祖和尚去。

所以他就決定，這個病稍微好一點兒就回去。果然稍微好一點兒，他馬上就回去了。五祖法演禪師遠遠看見他回來了，就說：「啊！這下子沒問題啦！來來來！你來當我的侍者，作個不釐務侍者。」一般的侍者也是有固定工作的，但我師父他是沒有工作的侍者，只是跟在法演禪師身邊聞法學禪，意思就是特地要栽培他。因爲一個人離開以後，如果能夠再轉回來，這個人一定有救；而且得救了以後，永遠都不會再退轉的。離開以後，敢認錯而回來懺悔，以後永不復作錯事的人，正是可以重用的人；凡是作錯事以後，遮遮掩掩的、不承認錯誤的，都不能重用。

五祖法演禪師看見我師父克勤大師回來了，心想：這個人可以用啊！所以就任命他作不釐務侍者，也就是不必擔任日常事務工作的侍者，只是跟在他身邊就好。跟在大師身邊做什麼呢？五祖法演大師，是當代的大師，諸方善知識都要來參訪他的，我師父就跟在旁邊聽大師與諸方大師論法。

有一天，我師父剛好奉命下山去辦事，正好那一天有個當官兒的，官名叫做提刑，剛好來問法演大師：「如何是佛？」後來又問：「如何是佛性？」五祖法演跟他開示了一番，他聽不懂；因爲 佛有告誡：不可以明講。既然旁敲側擊都聽不懂，五祖法演沒辦法，就跟他說：「有一首小豔詩，不曉得你有沒有讀過？」這小豔詩，不曉得是溫飛卿還是誰寫的？我不知道。絕對不是杜甫，杜甫不會寫那種詩。

法演禪師開示說：「其中有兩句詩：『頻呼小玉原無事，只要檀郎認得聲！』」這是講富貴人家的小姐在客廳相親，兩旁有竹簾，竹簾後面是通道，那小姐不讓人家看的。這個準新郎來相親，小姐就躲在竹簾後面看，如果不中意，就跟老爹說：「我不要！」中意了就不一樣，中意了以後，想要讓那準新郎認得她，又不能讓人瞧見，那要怎麼辦呢？那小姐站在竹簾後面，看了中意了捨不得走，就在那邊叫：「小玉啊！小玉啊！妳來一下！」這個婢女小玉不就來了？問道：「小姐！請問有什麼事吩咐啊？」小姐卻答說：「沒什麼事啦！妳走吧！」婢女就走了。可是等了一會兒，那小姐又呼叫：「小玉啊！小玉啊！妳來一下！」小玉來了，結果又是沒事。

這個是敘述什麼呢？說這個小姐在那邊叫小玉，其實目的不是要小玉作什麼事，是要那個準新郎倌兒—他所看見的、中意的那個檀郎—要他認得小姐我的聲音。因爲以前相親時不可以相見，到結婚的時候，入了洞房，掀起蓋頭來，才可以讓人看見啦！他是怕到時候，人家新郎懷疑：你到底是不是那位相親時的小姐？所以先讓他認得自己的聲音，要認得聲音就很容易了，只要一開口就知道了嘛！所以「頻呼小玉原無事」，本來確實是沒事，目的只是要檀郎認得她的聲音！如果認得聲音，就可以順著聲音去確認本人了，法演禪師就交代提刑：「這兩句，你且注意下心參究著！」

那克勤大師聽了就問五祖法演說：「師父啊！提刑他會了沒有？」五祖禪師說：「他只認得聲！」說他只認得聲音，他根本沒有認得小姐本人，可是我師父（克勤大師）當時沒聽懂，就問五祖法演禪師說：「他既然認得聲，詩中又說『只要檀郎認得聲』，那為什麼又不是？」他既然認得聲，應該就是囉！這時候，五祖法演看他疑情正濃，因緣也成熟了，就大聲問說：「如何是祖師西來意？庭前柏樹子！」說完往前面一指，指著一棵柏樹仔，高聲問道：「倪？（發問之聲音）」克勤大師轉頭一看，心想：「叫我看柏樹？」這時突然聽到公雞在叫，他就跑出去；這一跑出去，公雞見了就「啪啪啪」地飛到樹上去了，又在那邊鼓翅而鳴，我師父見了就說：「這個不就是聲音嗎？我已經知道了！」這個眞是不簡單，明心、見性，兩關一次就解決了。

他就進來跟法演禪師報告：「我知道啦！」五祖法演禪師就問說：「那你說

說看！到底你悟了個什麼？」他就講了一首偈，這首偈，我這一生只讀過一遍就記住了──在第一次讀過一遍我就記住了，雖然我的記憶力實際上很差。我今生打過的唯一的一次禪七，心中就帶著這首偈，帶在腦袋裏面去打，因爲過去世常常在唸它嘛！常常拿出來跟人家開示嘛！所以根本就用不著努力去記，它就在我腦海中記住了。今天也是一樣，我不曾去記它，現在就從我心裡面直接的唸出來給大家聽。

這首偈是這麼說的：「金鴨香銷錦繡幃，笙歌叢裡醉扶歸。少年一段風流事，祇許佳人獨自知。」古時候有錢人家，小姐閨房裏面不是都要薰香嗎？薰香的器具是用什麼做的呢？他們就打造了一隻鴨子，也許用黃銅鍍金的，也許眞的是黃金做的金鴨；那麼點了香以後蓋起來，香氣就從金鴨的嘴巴跑出來；放在蚊帳中薰了，蚊子就跑掉了，這叫金鴨。

那麼新房當然也要點上一隻金鴨熏香了；可是婚事的過程須要很久才能完事，所以金鴨的香已經點了很久，裏面的香早就已經消失了，都沒有了；在這個錦繡幃（洞房新床）裏面，金鴨的香都已經過去，都已經聞不到了，這個時候，新郎倌兒才被人家從笙歌叢裏，灌醉了扶回洞房裡來。

笙，是吹奏的樂器；還有人唱歌熱鬧，因爲有笙有歌，聲音很吵雜，就叫做叢；從笙歌叢裏面把這個已經醉了的新郎倌兒扶回洞房來。這個時節，小姐想起當年相親的時候：「頻呼小玉原無事，只要檀郎認得聲！」這件事情不是個風流事嗎？古時候的風流不是現在的定義，現在是把風流定義做下流了，古時候風流是很高雅的。那一段風流的事情，這個時候新郎倌兒也醉了，新娘能夠跟誰講呢？所以說「只許佳人獨自知」啊！

當你肉眼看見佛性的時候，眞的是沒有辦法說明的；就算是詳細的跟你說明了，你也聽不懂，你也看不見，如何能向他人說明呢？等你親眼看見了，我來跟你討論，你才會聽懂我的話；沒有親眼看見的人，我再怎麼說明，你也聽不懂的。

譬如前面我向諸位舉例說明，說：「狗屎上也一樣看得見自己的佛性！」我的佛性怎麼會跑到狗屎上面去？可是你眞的可以在狗屎上，看見自己的佛性；可是我又告訴你：「狗屎上卻沒有你的佛性。」你如果沒有看見佛性，你就一定聽不懂，你眞的無法聽得懂，如果你對我的信心不夠，就會說我是胡說八道，是神經錯亂。可是當你有朝一日因緣成熟時，親眼看見了佛性，你就會相信我的話：果然是這樣。

那麼見性這一關，眞的是「只許佳人獨自知」，就像是那一段相親時的風流事，只許那個新娘她自己知道，新郎倌兒醉了，就像是世人迷惑一般，也無法跟他講。這個是見性的公案，很玄吧？確實很玄！可是，等你有一天親眼看見了，還會玄嗎？根本就不玄！眞的很親切！眞是很自然的事！那麼這是第二關—眼見佛性的公案—禪宗的公案。上面所說的，就是明心與見性兩關的公案。

接下來第三關是牢關，又叫做末後句。如果末後句能夠體驗到了，就是禪宗的「參禪事畢」的時節。禪宗所有的公案你就全部通達了，沒有什麼公案能夠難倒你的，禪宗的行門到這裏就結束了。禪宗最究竟的地步，就是讓你在牢關上面證得有餘涅槃，就是讓你有能力取證涅槃，再過去就沒有了。再過去就是要走佛菩提道的次第進修種智的路，把這個經由**佛菩提道**所證悟的禪宗的解脫道放在一邊，不去取證無餘涅槃；回過頭來，再來走佛菩提的大道—修學一切種智。

現在末法時期，有些大法師說：「禪宗哪裏有三關？騙人的啦！其實就只是一關而已，哪兒有三關？」可是，當你明心之後，又加上眼見佛性的時候，你將發現：這兩關眞的是截然不同，這兩關是很顯然的完全不同的。所須的知見不同，證悟的境界也大不相同，根本是完全不同智慧的境界，甚至於還可以說是幾乎相反的。

可是明心以後，接下來，你會想：眞心也明了、佛性也見了，可是無餘涅槃的解脫在哪裏？無餘涅槃怎麼取？過程如何？這是個切身的問題啊！你會想：「我明心見性的目的就是要了生死，現在心也明了、性也見了，可是生死要如何了呢？」所以，這眞是個大問題，所以祖師慈悲，就弄出個牢關來，幫助明心又見性的弟子們。現在有很多大法師說：「禪宗有什麼三關？明心就是見性，見性就是明心啦！什麼重關？什麼第三關？那是騙人的！」但是我告訴你：眞的有！不但我說有，而且典籍的記載中也確實有。

有僧人問：「如何是末後句？」投子山大同禪師答覆說：「最初明不得。」

如果你聽了投子禪師這句話，想要問我什麼答案、什麼意思，我不能講、不可以講，這個要明心以後、見性以後，自己去參！我若跟你講了，你就沒有功德受用了。

又有人去問巖頭全豁禪師：「什麼是末後句？」他答說：「恁麼恁麼，不恁麼不恁麼，是末後句。」換成現代話就是說：「這樣這樣，不這樣不這樣，這就是末後句。」懂了嗎？（大衆皆笑）不懂！

有一天，有個僧人來參訪，問到末後句，巖頭禪師就拿他的師弟雪峰義存禪師來作題目說：「雪峰雖與我同條生，不與我同條死。欲會末後句，只這是！」雪峰禪師是由於巖頭禪師幫助才悟的，雪峰禪師後來度了一百多個徒弟明心。巖頭禪師的意思是說：「雪峰雖然跟我是同條生，是同一個支條生的，可是死的時候不跟我同條死，這個就是末後句。」諸位聽了還是不懂啊！

有一天雪峰飯後正在曬飯巾；以前大寺院裏面不叫煮飯，叫蒸飯，叫炊飯。怎麼炊呢？有大竹籠，放上個白布巾，然後米洗好了放上去，下面大鍋是煮開水，然後上面竹籠蓋子蓋起來蒸，所以叫炊飯。米飯炊好以後，要把飯裝到飯桶裏面去；用過齋後，飯巾就要拿去洗，洗好了要晾起來曬。有一天雪峰禪師的師父，德山宣鑒禪師，因爲齋遲；不曉得什麼事故，來不及中午應齋，結果過了用齋的時間；因爲過了用齋的時間，人家齋堂已經都收拾完了；雪峰禪師是他的徒弟，那個時候他還沒有悟，他是典座，拿著那個飯巾在那邊洗好了，正要晾起來曬太陽。他的師父德山禪師卻托著缽，正要去齋堂，雪峰禪師就說：「鐘未鳴，鼓未響，這老漢，托缽向什麼處去？」意思是說：什麼時間了，你這個漢子要托著缽到哪裏去？結果德山禪師聽到這一句話，托了缽往回頭就走了，不吃飯了，就回方丈室去了！

巖頭全豁禪師聽到這件事情，他就說：「大小德山！不會末後句！」大小兩個字是有些輕視的意思，換成現代話就是：「什麼德山禪師？末後句也不懂！」巖頭禪師意思是說他的師父不懂得末後句，沒有過牢關。如果我有這麼個徒弟，我就高興死了！因爲我當年就不必那麼辛苦去參究牢關了，這個徒弟會幫助我。可是我卻得要自己辛苦去鑽，去闖破頭，才闖出來；德山他這個徒弟卻會幫他。

結果德山宣鑒聽到了，不曉得他的意思，就說：「侍者！去把巖頭叫來！」叫來就問：「汝不肯我嗎？」（你不肯定我嗎？）巖頭答說：「是啊！」德山說：「那你說個道理看看。」巖頭就說：「請把侍者支開，我們關起門來說話！」德山就把侍者支開，關起門來。巖頭禪師就跟他說明，說了一大堆。

第二天德山禪師上堂開示，果然就跟以前完全不一樣，眞的是通了末後句了。可是巖頭禪師聽到他開示完了，卻走到僧堂前，撫掌大笑說：「且喜這老漢會末後句！然雖如是，只得三年。」意思是說他師父雖然已經會得末後句了，卻只剩下三年時光可以度衆了。果然！三年後，德山禪師就入滅了。你看！要不要命？這徒弟先把他斷定了。這就是禪宗裡有名的末後句！

你看！如果沒有末後句，爲什麼第二天德山禪師上堂說法時，會跟以前完全不同？他很早就已經開悟了啊！他在龍潭崇信禪師座下因爲吹火悟的，也說法接人很多年了，是諸方聞名的證悟聖者。可是卻要到他的徒弟巖頭禪師爲他說了末後句，才能通達牢關。如果沒有第三關，爲什麼巖頭跟他說了末後句以後，第二天早晨上堂開示會完全不同？一定是有道理的嘛！怎麼可說沒有牢關？沒有末後句呢？

還有一個例子：有一天招慶大師，當代諸方聞名的眞正證悟的大禪師，來問羅山道閑禪師：「如何是末後句？」羅山禪師跟他開示說：「雙明亦雙暗。」雙明也是雙暗，諸位知道是什麼意思嗎？還是不知道啊！難哦！但是我卻不可以跟你們明說。這招慶大師聽了羅山的開示，因爲自己是諸方聞名的大禪師，既然早已開悟了，當然聽了就得回去自己參，不可以在羅山那邊死纏爛打一直追問，得要回去自己參。

結果是參了三天，根本沒辦法參出來，只好又來請問。羅山禪師跟他說：「盡情向汝道了也。」意思是說：我已經全部都跟你講了，你還要來問我做什麼？招慶大師回答說：「和尚是把火行。」說和尚您是拿著火把在明處走，我卻是還在暗地裏走，如何能夠聽了就了知密意呢？羅山聽到了他這麼講，知道他承認自己沒過牢關，倒是個老實人，有心幫助他，便跟他說：「若恁麼，據大師疑處，問將來！」意思是說：如果是這樣的話，那麼根據大師你所懷疑的地方，就向我問過來吧！

那招慶大師既然參不出來，乾脆就問三日前羅山跟他開示的話：「如何是雙明亦雙暗？」明問什麼是雙明亦雙暗？就問這個啦！羅山就跟他開示說：「同生亦同死。」這就是末後句，只要會得這一句，禪門裡面的參禪大事已畢，從此以後就是進修一切種智，禪宗的法不必再學了。招慶大師聽了開示，頂禮羅山禪師，一再道謝然後離去。這一回，回去以後，他終於弄清楚了，參出來了，過了牢關。

後來招慶大師是怎麼開示牢關的呢？有一天，他開示說：「我在天上說一句，他在人間也知道；我在東勝神州說一句，他在西瞿耶尼州也知道，要會末後句嗎？這就是末後句。」諸位請看！招慶大師是聞名諸方的開悟大師，卻仍然還要去請問沒什麼名聲的羅山禪師，方才悟了末後句，結果是有沒有末後句？當然有！那我現在更老婆，我把證悟的人參究這個末後句之前，所應該具足的部分知見，照著淺深次第，幫你排列出來，排在我的著作《禪—悟前與悟後》裏面了。

譬如第一則：如驢覷井—驢子看著井；如井覷驢—井看著驢。我一個一個按照淺深次第，都幫你排好，排在《悟前與悟後》書裏面了，你如果有本領，你就去闖；闖得過，可就眞是一把好手。這就是末後句，這是禪宗的第三關——也就是牢關。末後句通了，無門慧開禪師的《無門關》四十八則公案，你沒有不通的。末後句如果還沒有通，那麼《無門關》的公案，有許多的地方你還是不通的，這一通就全部都通了。所以禪宗確實是有第三關的公案！

所以我師父克勤圜悟大師開示說：「**會末後句，始到牢關。**」無門禪師也是這麼說的。意思是：會了末後句的人，才只是到達牢關而已；但是到了牢關以後，還有實際的體驗等著你；你得要實際體驗了牢關的境界以後，才算是過了牢關，才能在捨壽時取證無餘涅槃啊！所以，在禪宗裡面，牢關是確實有的；只是牢關的智慧極深，根本不是一般證悟的人所能參究得透的，當然更不是印順……等沒悟的人所能了知的。所以，不懂的人，最好少說禪、少教禪、少寫禪，否則，到後來，印出來的書，都變成了把柄，都是把自己的狐狸尾巴，公開而長遠的現給別人看。

過了第三關之後，有時候會有一些差別智的公案，無關解脫與否，只是更深細的了知如來藏的運作而已，只是讓你有更深細的差別智，可以和諸方公開的說門裡話而已。我們就舉出三個例子來講：

比如說天台德韶禪師，他參訪了五十來位的善知識，結果都沒有悟，後來就留在淨慧禪師的旁邊。有一天，有個僧人來問：「如何是曹源一滴水？」曹溪的源頭，就是六祖的源頭，如何是六祖源頭的一滴水？那個東西是什麼東西？就是要問那個眞心，淨慧禪師—也就是清涼文益禪師—他就答覆：「是曹源一滴水。」奇怪啦！人家問：「如何是曹源一滴水？」他答覆你說：「是曹源一滴水。」答了等於沒答嘛！可是在我看來他早就答了，不是沒有答。那個僧人不會，天台德韶禪師侍立在旁邊，他聽了師父這一答，卻當場證悟了。

又譬如，玄則禪師也來找淨慧禪師想要開悟，他問說：「丙丁童子來求火，這個公案是什麼意思？」淨慧禪師就問他，那你說來我聽聽看，玄則禪師就解釋說：「甲乙丙丁戊己庚辛壬癸，分爲金木水火土五行，丙丁屬於火，所以丙丁童子本身就是火；現在丙丁童子這個火卻來求火，就是自己求自己。這就是說：自己本來具足了，那還要向別人求什麼？」淨慧禪師聽了就說：「你錯會了。」

然後，玄則禪師弄不清楚，便又重問一遍：「那麼到底是什麼意思？」淨慧禪師就說：「那你就問我啊！」玄則就問：「如何是『丙丁童子來求火』？」淨慧禪師就答他說：「丙丁童子來求火。」玄則禪師這一次只聽這麼一句就悟了！很玄吧？等你悟了以後，你就會覺得一點兒都不玄，這是很親切的東西。

再譬如說，過去有位紹修禪師（紹修山主），他和清涼文益禪師是師兄弟，他跟清涼禪師出外行腳，遇到羅漢桂琛禪師時，清涼文益禪師聽了開示以後就悟了；那紹修禪師也以爲自己悟了。後來兩人同時告辭羅漢禪師，繼續在外行腳的時候，在路上，清涼禪師問他：「古人道：『毫釐有差，天地懸隔。』（也就是說：禪宗的證悟真假，只要差了一點點，就會好像天地相差那麼遠一樣）古人這句話是什麼意思，你講給我聽聽看！」紹修山主就答覆說：「就是『毫釐有差，天地懸隔』啊！」清涼禪師說：「那你還是不知道啊！」

紹修禪師就問：「那師兄你怎麼說？」清涼禪師說：「你問哪！」紹修山主就問：「如何是『毫釐有差，天地懸隔』？」清涼禪師就回答說：「毫釐有差，天地懸隔。」只這麼一句話，紹修禪師聽了也就開悟了。你看！他們二人之間，問處與答處一模一樣，一字不易，爲什麼他就能悟？你們聽了卻不能悟？這裡面都是有機關的，但是這些機關，我在那些公案拈提的書裏都寫了，等你悟了你就知道，原來講了那麼多都是同一個。這就是禪宗的公案！所以，禪宗的證悟公案，是有深有淺的，並不是全部都在同一個層次的。

第四節　心經與禪宗祖師公案之關係

這一些禪宗的公案，它們和《心經》有什麼樣的關係？《心經》所指示的，是告訴你：應該要證悟的那個眞心，就是「不念心」的第八識如來藏。所以《心經》的意旨，就是在指示你：那個什麼法都不相應、都不念的心才是眞實心。它在告訴你眞實心的體性——無智亦無得。這不是在說「佛法中沒有智慧可以證得，沒有智慧境界可以證得」，而是要你去找一個從來不跟智慧相應的心、從來不在世間法中有所得的心。因爲不可以跟你明講哪一個是眞心，所以它就從體性上來跟我們說明。那麼《心經》裡面是怎麼說的呢？待會兒後面再跟諸位報告。

所以，《心經》所講的，就是衆生本來就具足圓滿的第八識心——不念心；而禪宗祖師公案的記錄，就是那些禪宗祖師們，證悟《心經》所說眞實心的過程之記錄。可是，常常有一些大的小的善知識，打電話去出版社要找我——我又不住在出版社裏——他們找我的目的是什麼？就是想要像祖師的公案那樣，到來一見面，當下就可以開悟，就回家了，大事就了了。

可是他們都沒有想到這一點：禪宗祖師開悟的公案記錄，雖然可能只有一段或一頁，甚至有的祖師開悟紀錄只有一兩行；但是在這一段、一頁或一兩行之前，他已經是走了十幾年、二十幾年！有的祖師甚至是行腳走了三十幾年哩！爲什麼你卻不先看看他們悟前的那一段時光，是怎麼辛苦去求法？去行腳？去植福？爲什麼你只要看他開悟的這一段呢？沒有道理啊！

所以，我們就是要要求他們：你如果想要悟，可以！那你來我們同修會共修；你要見蕭老師，可以啊！你來共修，被錄取去禪三共修參禪，就可以見著了（編按：演講當時，蕭老師尚未開放講經，只有少數已悟之同修，在悟後起修之課程中可以見到蕭老師）。可以說，在禪三期間裡，什麼機會都有；再不然，進了小參室，要說什麼都可以。除此而外，蕭平實不見任何人，不管你是教內教外的什麼大人物，我都不想見，沒什麼好對話的。我就是這個臭脾氣，不管對方名氣多大，我都不想跟人家攀緣，我就是轉依了這個從來都不曾攀緣六塵萬法的眞心。

《心經》所講的就是這個眞實心，而禪宗的祖師公案所悟的，也就是《心經》所講的這個眞實心。所以，你如果破參了以後，第一個會想起來的就是《心經》的經句：「觀自在菩薩，行深般若波羅蜜多時，照見五蘊皆空，度一切苦厄……無智亦無得。」到了那個時節，你會說：「唉喲！好親切哦！」所以解三的時候，在誦《心經》時，大家就掉眼淚，掉個不停！爲什麼會這樣？有的人誦到後來，甚至《心經》都誦不下去了，就只會嚎啕大哭：這一輩子被瞞了幾十年，過去無量世以來一直被自己所瞞著，到現在終於弄清楚，原來生命的眞實相就是這個「**無智亦無得**」的心，原來《心經》所講的就是這個心，佛經的義理終於眞的懂了。所以，後來太激動了，誦不下去了，就嚎啕大哭！所以他們到後來不是在誦《心經》，而是在哭《心經》了，變成這樣了！

為什麼他們會這樣呢？這是因為《心經》所講的就是這個眞實心嘛！將這個眞實心，套到《心經》的經文上來讀、來講，經文中的每一句話都變成好親切哦！所以才會講「佛語心為宗」，但是大乘見道這個法，有沒有個法門給你入？沒有！所以「無門為法門」。

我們正覺同修會，現在就是想出種種辦法，施設了許多個門，讓你可以走得進來。所以我們才會在台南市，開了這個禪淨修學班，讓大家來共修，目的就在這裏。經過上面這樣的說明，《心經》和祖師公案的關係，諸位就瞭解了，就不需要再講太多了。

第五節　八九十識之差別

第八識、第九識以及第十識的差別，這個是屬於一切種智的範圍，這不是剛破參明心證悟的人所能知道的。有一些人，讀了一些教門經典，可是他們並沒有如實的了知經中的文意，他就自以爲是的說：「唉呀！你們正覺同修會很差啦，雖然是悟了哦！我們不否定你。但是，你們只是證得了第八識，可是要成就佛道的話，還有第九識，還有第十識，總共要證得十個識的，而你們只有證得第八識，所以你們還差遠了。」有一次我去素食麵攤午餐，在吃麵的時候，對方不認識我，但似乎知道我是正覺同修會的人，他就講了這些話。

我就告訴他：「第八就是第九，第九就是第十！」他不信，然後我就告訴他，爲什麼第八就是第九，爲什麼第九就是第十的道理。他沒辦法回話了，很不高興的就說：「喂！你眞的很會講，我不跟你講了！」轉頭就出門而去，臨出門之前，轉身又跟我說了幾句話：「我知道我自己確實是開悟的，你承認不承認都無所謂。我知道自己已經解脱了，我將來捨報的時候是阿羅漢。」說完，怕我說他弄錯了，就趕緊走了。

所以我不把相片印上書裡去，就是這個道理；所以我的書裡面都是沒有印相片的，今天我雖然穿得比較莊嚴一些，但是我告訴你：我平常穿著拖鞋，騎著破腳踏車到處逛，上街辦事兒，沒有人認識我，太棒了！就好像隱身了一樣。

八、九、十識的道理，在明心了以後，繼續進修佛菩提道時，祂轉變的階段是這樣的：你悟到了祂，這是第八識，這個階段叫做阿賴耶識；悟了的時候，見一處住地煩惱斷了，也就是見惑斷了；既然明心而不退失了，就是第七住位菩薩；可是在解脫道的二乘菩提上來說，你只是等於聲聞解脫道上的初果人而已，還有思惑要斷。思惑斷盡了以後，第八識的阿賴耶體性消失了，才改名叫做異熟識，這時才是叫做第九識，但仍然是第八識心體，只是內容有了一些改變——分段生死的思惑種子斷了，所以改名爲第九識，並不是增加一個識出來。

這個第八識，在阿賴耶識的層次時，祂也是可以稱爲異熟識的，是雙具阿賴耶性與異熟性的，是雙具阿賴耶識與異熟識名的；但是因爲阿賴耶性很重，所以從重立名，所以通常就叫祂做阿賴耶識。但是因爲阿賴耶識也是具足異熟識體性的，所以第八識的異熟性，函蓋異生凡夫到等覺位的聖人；所以，異熟性的存在，是從因地的凡夫位，經過證悟的三賢十地菩薩，乃至到了等覺位時，這個第八識，仍然都是有異熟性的；這個異熟性，要到進入佛地時，才能空盡，所以離開了變易生死。所以，異熟識的名稱，其實是函蓋阿賴耶識的阿賴耶性在內的；只有佛地的第八識斷盡了異熟性，才是已經沒有異熟生與異熟滅。阿賴耶的體性修斷了，就是「分段生死現行的煩惱」的執藏性斷了，斷了之後就不再有阿賴耶性了，只剩下異熟生、異熟滅的體性，就叫做異熟性，所以這時的第八識心改名叫做異熟識。就因爲祂有這個異熟性，所以使得解脫果的修證，到了阿羅漢位的菩薩們，都可以發願再來受生，不會在捨報時進入無餘依涅槃，因爲他的第八識仍有異熟性存在的緣故。到了這個階段，第八識就改名叫做第九識，可是，其實還是原來那個第八識的體啊！並沒有多出了一個識啊！只是內容種子有所改變了，爲了方便區別祂跟阿賴耶識的階段有所不同，藉以顯示修證階段的差別，所以叫祂做第九識、異熟識，其實還是第八識體啊！只是改個名字叫做第九識罷了。

但是第九識的這種異熟性，在凡夫位中也是具足存在的，所以異熟識的名稱，是函蓋阿賴耶識的階段的，是函蓋異生性的凡夫階段的；但因阿賴耶性的煩惱特重，比起異熟識的異熟性來，嚴重太多了，所以導致眾生的生死輪轉不息，因此就把凡夫位的第八識，再別立一名，說祂爲阿賴耶識；但其實阿賴耶識也是還在異熟識體性所函蓋的範圍之內的。所以，阿賴耶識也是異熟識；但是分段生死現行的煩惱（思惑）斷盡了的時候，就改名為異熟識，已經不再有阿賴耶性了，所以當我們說異熟識的時候，那是代表這個人的第八識心已經沒有阿賴耶性了，代表這個人已經是阿羅漢位的聲聞人或菩薩。

因此當我們說「阿賴耶識」的時候，意思是：這個階段的第八識是具足阿賴耶性與異熟性的。如果是說「異熟識」的時候，意思是這個階段的第八識已經去掉阿賴耶性了，是說這個人的解脫道上的修證，已經到阿羅漢位了。

但是這個時候還有一念無明分段生死的習氣種子隨眠於第九識中，還得要修斷它們；這些種子隨眠，你如果還沒有斷盡，你的第八識心就不是究竟的清淨，所以不能稱為無垢識，還不是無垢識；所以就還有不淨的種子等待繼續進修而斷除，那就是說還有變易生死，還沒有完全的不生不死，所以這個第九識心（第八識）還不是真正的如，所以還不能稱為真如。

這個階段中的第九識心，也還有無始無明的上煩惱隨眠存在；這些上煩惱的隨眠還得要去斷盡，要到究竟佛地，完全清淨，第九識（第八識）裡面的無始無明隨眠全部滅盡了，所以內藏的無漏法的種子永遠都不再能增廣了，也就是永遠無法再接受新的出世間法熏習了，加上煩惱障上的習氣種子斷盡了，所以種子就不再變異了，這就叫做度過變易生死了，這個時候才可以叫做第十無垢識，才可以稱爲眞如，才是眞實的如。

可是修到佛地的第十識，其實還是原來的第八識的體啊！只是同一個識體裡面的種子有所不同，而施設八、九、十識三個名稱罷了，並不是你有第十識的時候，另外還有第八、第九等兩個識，沒有啊！也不是在第八識體上，藉由修行而另外增加兩個識體。可是那些大師們不知「道種智」的義理，所以就誤會了。但是這個部分是屬於悟後修學一切種智的範圍，那是屬於地上菩薩要修學的增上慧學——無生法忍。

一切種智的修學過程中，就會有多分與少分證得的差別；在還沒有具足圓滿之前，都叫做「道種智」，不能稱爲「一切種智」。換句話說：地上菩薩所證得的一切種智——無生法忍，都叫做道種智，不能稱爲一切種智；進修到一切種智具足圓滿了，無可再學了，才能叫做一切種智，這是佛地的境界。

但是這一切種智的深妙正義，是在進入初地心以後才開始修學的，那是在第三轉法輪的唯識系列諸經才開始宣說的妙法；因此，八、九、十識的差別，不在《心經》裡面宣說，不在第二轉法輪的般若系的經典裏面宣說，所以《心經》不講這個，只講到般若的總相智與別相智而已。所以，既然《心經》不講這個妙法，就表示它不講一切種智嘛！不講一切種智，那就是只講到總相智和別相智為止！這就是《心經》在般若智慧層次上的定位。

第五章　心經之密意

第一節　觀自在菩薩之密意

接下來講《心經》的密意。聽到我要講《心經》的密意，大家耳朵就尖了（大衆會意的笑了起來）。今天我會把《心經》的密意講出來，但是你如果還沒有破參的話，照樣是聽不懂的；實際上，我從昨天開始，早就已經告訴你了。佛菩提道的深妙，就妙在這個地方，決定性的聲聞無學聖人也是聽不懂的。大乘別教中的七住菩薩，雖然還未進入初地，但是當他宣講佛菩提的時候，當他宣講般若的正理時，二乘菩提的證果者：阿羅漢、辟支佛都聽不懂，這就是佛菩提的深妙處。

因爲它和**解脫道**的修證不同，它是**佛菩提道**，卻又函蓋了解脫道。七住菩薩遲早會知道阿羅漢所證得的有餘依涅槃、無餘依涅槃裡面的境界，即使悟後沒有人指導他。但是阿羅漢卻始終不知道七住菩薩到底悟個什麼？般若究竟是什麼？他們永遠都是不知道的！除非迴心大乘參禪而證悟。

二乘菩提只修證解脫道，極果就是阿羅漢、辟支佛果，果報就是出離三界的分段生死。他們雖然已經可以出離分段生死，卻無法斷盡變易生死，所以不能成佛。現在有很多人學著印順法師那幫人，以解脫道的理論，來宣說佛菩提；他們認爲只要證得解脫道的第四果，就是跟佛一樣了，除此以外，並沒有什麼佛菩提可說；所以他們認爲解脫道的修證就是成佛之道，所以主張：現觀一切法緣起性空，就是修證成佛之道。所以就用解脫道的緣起性空法，來解說佛菩提道，來解說成佛之道。如果成佛之道，眞的是像他們所說的只須修證解脫道，如果成佛之道眞的是只須修證解脫道，那麼，應當 如來在世的時候，就是有多佛住世了，也應該大迦葉……等尊者們，都可以稱之爲佛！

但是 如來終究不曾授記那些大阿羅漢們是佛，但是 如來所說的成佛法道卻不是像他們那樣說的。如果證得解脫道時，就是成佛，那麼阿羅漢們也應當就是佛；但是 佛世尊入滅後，爲什麼沒有一位阿羅漢敢以佛位名義而出來領導全部的僧團？爲什麼如來不說他們證得解脫果時也是成佛了？

假使般若就是印順他們所說的一切法緣起性空，那麼般若的法義就和二乘菩提所修證的解脫道完全一樣了，那麼大乘菩提與二乘菩提之間，就應該只有一個差別了：捨壽時如果必入無餘涅槃的話，那就成爲聲聞阿羅漢；捨壽時如果不入無餘涅槃，而發願再來人間受生、以利眾生者，就成爲菩薩；那就不必修學般若與種智了。應該如是。但是四阿含諸經中，如來終究不曾這樣宣說，只說：斷盡我見與我執時，就可以成爲阿羅漢，斷分段生死，可以不再來三界中受生死，終究不說這樣就是成佛了。

所以，成佛與否，不在解脫道的修證上來說，而在是否增修般若，而在是否親證般若的總相智、別相智、一切種智；不在是否證得解脫道的果證上說。所以，絕不可以只將解脫道的修證，來作爲**成佛之道**的修證法義，而是必須函蓋**解脫道**與**佛菩提道**的。

而**佛菩提道**本來就已函蓋二乘菩提所修證的解脫道，只是佛菩提難修難證，因爲很深細的緣故，所以修證的時劫特別長久，因此 如來怕大家畏難而退心，所以將佛菩提道中的解脫分段生死的法道析出，先行爲有緣衆生宣說，使他們先證得解脫果，自知自證已出三界生死了，生起信心了，才爲大家宣說佛菩提道的內容。所以，佛菩提道函蓋了解脫道的法義，所以阿羅漢、辟支佛所修證的解脫道，只是佛菩提道裡面的一小部分而已。

所以，在四阿含諸經裡面，如來不說佛菩提道，只是偏說二乘菩提所修證的解脫道；而將佛菩提道留在大乘的般若系列諸經中才開始宣說，並且不是具足的宣說，而是留在第三轉法輪的唯識如來藏系列的方廣諸經中，方才具足宣說。如是事實，可以在三乘諸經中獲得證實，如今阿含、般若、唯識如來藏系等三乘諸經都還存在，都還可以檢校，不是我個人可以妄說的，不是我個人可以隻手遮天的。

但是，這個正理，已被印順法師他們曲解到極爲嚴重的地步了，所以現在有一些人，依據印順法師的錯誤見解，並且自認爲已經證得初果乃至四果的學佛人，一直以解脫道的二乘菩提來解說**成佛之道**；這些人，可以說根本就不懂佛法的三乘菩提正義，這哪裡是大乘中眞正開悟的聖者？卻敢說他們已知已證禪宗的明心見性功德，卻敢說他們能使人親證初果乃至四果等等，其實根本連**我見**都還沒有斷，都想要以清淨無染的覺知心去進入無餘涅槃境界中，都是凡夫異生的妄想罷了，連自己所標榜的解脫道的正理，都還沒有弄通呢！

因爲這個緣故，所以我們會裡的老師很慈悲的要求我宣講《心經》與解脫道的關係，要我宣講《心經》與佛菩提道、與禪宗祖師公案的關係，來釐清這裡面的內容差別，來利益今時學人，利益後世學人。那麼，接下來，我們就開始一句一句、一段一段的來講《心經》：

「**觀自在菩薩**」的密意，就是在講：眞心與妄心和合並行，也就是宣示：欲界的衆生是八識心王和合在一起來運作的，能夠如此現觀的人，就叫做「觀自在菩薩」。請問你們：「觀自在」這三個字所講的境界，有沒有能觀？有沒有所觀？（大衆答有）是有嘛！如果沒有能觀的心，怎麼叫做「觀自在」？但是，能觀的心卻不是自在的，而是以我們這個能觀的心，去觀照到另有一個本來就自在的心；找到了本來就自在的心，而能夠這樣現前觀行的菩薩，就叫做「觀自在菩薩」。

當你找到第八識之後，你可以隨時隨地現前觀察：我有一個自在的心，這個自在的心呢，當我怕死怕得要命的時候，祂都不怕；當我興高彩烈、高興得要死，譬如忽然中了十幾億樂透第一大獎，你高興死了，可是祂仍然不會有一絲一毫的高興；祂既沒有生氣，也不會歡喜，祂始終是無動於衷的，始終是自在的。如果是會高興、會討厭、會思量的覺知心、作主心，一定是不自在的心；爲什麼呢？因爲只要別人稱讚你一句，你就高興了，你隨著人家的語脈轉去了嘛！如果是會高興的覺知心，那人家罵你一句時，你也一定會生氣的，還是又隨著人家的語脈轉去了嘛！像這樣子，怎麼叫做自在心呢？

如果是絕對不會高興，也絕對不會生氣的心，從來都不動的心，那才算是眞的自在心；這個心啊！不管你怎麼樣，祂始終就是如如不動，始終都是無所住的；在如如不動當中，祂卻又不斷的在運作——無所住而生其心——這才叫做自在的心！那麼「觀自在菩薩」的意思，就是告訴你：菩薩現前觀察到有一個本來就自在的這個心，這個本來自在的心，和覺知心的我，和思量心的我，和能觀察的我同時存在。能夠這樣現前觀察的人，就是「觀自在菩薩」。

為什麼玄奘大師不把它翻譯做「觀世音菩薩行深般若波羅蜜多」？為什麼不這樣翻譯呢？因為《心經》所說的這種菩薩境界，並不是用在觀察別人身上嘛！「觀世音」是要觀察世間衆生心聲的，但是「觀自在」卻是要觀照自己的自在心欸！可以現前觀察自己的眞心本來就自在，這才是「觀自在」的眞正意旨啊！

可是，當年我過了牢關的時候，我卻作了一個對子：「眞心清淨，不觀自在。倒駕慈航，常觀世音。」因為張老師送我一幅大陸的不知名人士畫的白衣觀音圖，我把祂裱起來，心想左右應該有個對聯，所以就擬了上下聯，請張老師幫我寫好，我就把它跟觀音聖像一起懸在我家佛堂壁上，上聯就是「眞心清淨，不觀自在」。大家都說「觀自在」，我卻說：「你就是不去觀祂，祂也是自在的啊！」

我這個對子所說的自在，卻與剛才所說的自在不同意思；是說祂不必依靠任何他法，就可以自己存在，所以才能永不滅失。意根末那識，得要依靠這個第八識眞實心，才能存在及運作；意識知覺性，得要依靠意根、五色根、第八識心、法塵，才能生起現行存在，祂不能離開這些法而自己存在，所以都不是自己本來就在的心。

但是這個第八識如來藏心，祂才不理會你有沒有在觀看祂；不管你觀不觀祂，祂始終都是自己存在不壞的，所以說祂才是眞心。而祂本來就是清淨性的心，不管你去不去觀看祂，祂一直都是清淨自在的，所以說「眞心清淨，不觀自在」。這個心的自在的意思，是說祂都無所謂，都隨緣應物，祂很自在。而我所說的自在的另一個意思就是說：祂本來自己就在，都不必依靠別的法而存在，這就叫做自在。所以我說：「眞心清淨，不觀自在」。

第一次進到我家佛堂的人，看了這幅對聯就問說：「你怎麼這麼講？怎麼會『不觀自在』？人家都講『觀自在』，你怎麼講『不觀自在』？」我說：「就是不觀自在！」因爲你去觀祂、祂也是自己本來就在，你不去觀、祂也還是自己本來就在。

然後下聯是「慈航倒駕，常觀世音。」這上下聯是分從理體及事相上來說的。理體是「眞心清淨，不觀自在」，從事相上的另一面來說，則是：觀世音菩薩祂是正法明如來倒駕慈航，回來做菩薩，來擁護佛法，來利樂有情。所以，祂是倒駕慈航，常常要觀聽娑婆世間的衆生心聲；衆生是這麼痛苦，所以觀世音菩薩總是在觀察要怎麼救他們。這個就是觀自在跟觀世音的眞正意思，一個是從理體上說，一個是從事相上說。

如果再要從理上來說觀世音菩薩，而不是從觀世音菩薩在救度衆生的事相上來說的話，也可以這麼說：菩薩的理體就是自心如來藏，祂可以觀聽五陰衆生的心聲，絲毫都不會遺漏，所以稱爲觀世音菩薩。眞悟的人，聽了我這一句開示，都會認同的；但是悟錯了的人，大部分人會誤會我這一句話的意思。那麼！這樣一來，「觀自在菩薩」的密意，就已經告訴你了！也就是說：我們每個人，都有眞心、也有妄心，妄心是了知及思量性的七轉識啊！眞心就是第八識啊！這樣眞妄心和合運作中，本來自在的那一個心才是眞心啊！能觀的心永遠都是妄心啊！

在三乘佛法中，所有的經典都說眞心離見聞覺知，既然是離見聞覺知的心，祂當然就沒有證自證分，當然就不可能會返觀自己，所以 佛說這個眞心時，這樣開示：「如刀不自割，心不自見心。」所以自在的心是從來不了知自己的，絕不是六塵中了了分明的覺知心啊！既然從來都不返觀自己，怎麼能觀祂自己是自在？或者不自在？祂怎麼能觀這個見聞覺知的心自在不自在？所以祂是被觀的心，不是能觀的心；能觀察的心是知覺性的妄心，用我們能觀察的知覺心，來觀察到這個離見聞覺知的永遠自在的心，這樣你才能夠眞正的「行深般若波羅蜜多」了！

第二節　行深般若波羅蜜多時之密意

「**行深般若波羅蜜多時**」，這是什麼意思呢？當你作觀行，觀察很深妙的般若，也就是法界實相的智慧；「波羅蜜多」是到達解脫的彼岸，這個時候究竟是講什麼？觀行很深妙的般若波羅蜜多，智慧到彼岸的密意，就是講「照見五蘊皆空」。因爲從這個眞實心的證得，而能現觀自在心的時候，你以這個眞實的自在心，來比對觀照你的五蘊，來比對觀照你的十八界，用眞實心的立場（你假設你自己是眞實心，當然你永遠不可能變成你的眞心，但假設你自己是站在你的真心的立場），來看五蘊，來看十八界的自己，統統是無常，是虛幻變異，是假合而有，這時候你就看見五蘊全部都是無常空，五蘊的自己當然是沒有自體性嘛！五蘊的你，完全是依靠自在的第八識心，然後藉著因緣輾轉假合才能有啊！既然是這樣，你就已經是現觀五蘊皆空了。

《心經》的這個五蘊皆空，以及般若的中道觀行，都是要依這個眞實心來說，如果離開了眞實心，就沒有五蘊的「皆空」或「部分空」可以講，一絲一毫都沒有！諸位學佛這麼久了，有沒有想到這一點？離開了眞實心、自在心，有五蘊空可以講嗎？沒有！爲什麼沒有？因爲如果沒有這個眞實心、自在心，根本就不可能有五蘊嘛！從這一點來觀察，如果沒有五蘊的話，怎麼可能會有五蘊的無常變異和緣起性空呢？但是五蘊的緣起性空卻是依你的眞實心如來藏才有的啊！那麼五蘊皆空、緣起性空當然是從第八識自在心才有的啊！

那麼，當你證得第八識眞實心的時候，你用這個眞心自在心，來觀察五蘊皆空的時候，你就知道一切法果然都是緣起性空，就知道一切法都是從眞心直接或間接出生的；所以，一切法緣起性空的當下呢，還是依於這個第八識自在心，來說一切法緣起性空，不能外於第八識自在心來講一切法空。由這個現觀的證量，你就能了知那些大法師們的落處，當他們外於如來藏而向信衆開示一切法空的時候，他所說的一切法空就變成了無常空、斷滅空、無因空，就跟無因論的外道見一樣囉！

可是五蘊既然是從第八識出生而來的，五蘊既然是依第八識藉緣輾轉而生，十八界全部在五蘊裡面，都是名與色所函蓋，那麼這一些法都空了以後，豈非成爲斷滅？如今你開悟了，又能夠從自己親見的實相自在心來觀察，知道一切法都是從眞實自在的心所出生的，出生以後當然就離不開緣起性空的法則限制。那麼！很顯然的，一切法空、緣起性空，都得依第八識自在心，才會有一切法空、才能說一切法緣起性空；所以一定要依第八識眞心來說五蘊空，所以離開了第八識自在心，就沒有緣起性空可說。

因爲緣起性空是在講五蘊十八界都是緣起法，都是有生的法，將來一定有滅，所以都是無常空；而五蘊十八界都是依自在心而有，離開了自在的眞心，就沒有五蘊十八界可以出生，又如何能夠外於第八識自在心，而有「緣起性空」

可說呢？所以，眞正的佛法不能離開眞心來講一切法空，不能離開眞心來講緣起性空，這個就是「行深般若波羅蜜多時」的密意啊！《心經》就是在告訴你：「從觀見自己的自在心為基礎，而照見五蘊皆空」，能夠這樣確實觀行的人，就是「行深般若波羅蜜多」的人；所以五蘊的緣起性空，是依於第八識自在心來講的。

那麼《心經》講中道，中道是怎麼說的呢？譬如中道講「不垢不淨」，請問：「有哪一個法是不垢不淨的？」只有你的第八識啊！眞心如果到達佛地時，祂是究竟清淨的，祂可以說是不淨的嗎？不可以說！那如果在成佛之前祂是染污的，你可以說祂是不垢嗎？也不可以說！

但是在還沒有成佛以前，包括等覺菩薩在內，一切有情衆生的第八識都可以說祂是「不垢不淨」的。爲什麼呢？因爲如果說祂是污垢的，那你就錯了！因爲等你證悟的時候，你會發覺：祂的自性一向是、而且永遠是清淨的，不管你怎麼貪瞋癡，祂還是不貪、不瞋、不癡，祂的自性是清淨性的，所以不能說祂是污垢的，只能說祂是「不垢亦不淨」。

但是這樣說的話，是不是意味著祂就是眞的清淨了嗎？也不然！祂自己的體性雖是清淨的，但祂所出生的前七識的你卻是染污的，還沒有解脫染垢，還沒有到達究竟佛地啊！既然祂含藏了染污的你，含藏了染污的七識心的煩惱污垢種子，祂當然就不是絕對清淨的，所以又叫做「不淨」，所以說是「不垢亦不淨」，祂既不落兩邊，所以祂是中道心。

當你現前觀察到這種不垢亦不淨的實相境界的時候，你的這種觀行，就是中道的觀行，簡稱爲中觀。這樣子一來，相對於凡夫及外道而言，你就是親證中觀的聖者了；在大乘別教中，還只是賢位中的第七住位菩薩而已，但是你的中觀智慧，卻不是一神教的教主、基督、天主、耶和華上帝、阿拉等人所能知道的，也不是尚未證得自在心的聲聞緣覺所能知道的。

但是，《心經》所講的「不垢不淨」四字，不可以一刀把它劃成兩段哦！不垢不淨一定是合在一起說的。「非一非異」也一定是合在一起說的，不能單講不垢，也不能單講不淨；不可以單講非一，也不可以單講非異，不然的話，佛法就被你破壞了，就因爲你的錯誤說法而變成支離破碎了，衆生就無法眞的了知佛法了。

爲什麼《心經》裡說是非一非異？第八識自在心出生了我們的五蘊十八界在人間，請問：你這個五蘊十八界就是自在心如來藏嗎？如果是，那你這個五蘊、十八界死亡壞掉，只剩下意根的時候，你的如來藏應該只剩下意根一界，那下一輩子要怎麼辦？因爲你只剩下意根界一界了。意界可以去到未來世，但是意識界、及其他的十六界都不行，顯然，你的知覺性、了知性並不就是如來藏，所以不能說祂是一，也不能說祂是異哦！

如果說祂與十八界是一——是同一個，那換句話說：當將來你死掉了以後，你的如來藏就要死掉十八分之十七；剩下的十八分之一的意根，當你下輩子再死一次時，剩下的就會更少了。這樣子一世一世越來越少，到最後豈不是要完蛋了？所以不能講是一，所以叫做非一。

那麼「非一」是不是說十八界與如來藏一定就是異？有的人常常是聽了「非一」的開示以後，就會起顛倒想而作反面的解釋：「非一就是異嘛！那就一定是不同的。」那我倒要請問您：「您的五蘊十八界是從如來藏出生的，然後依附於如來藏而在運作的，你可以說『十八界的你』跟『你的如來藏』是異嗎？」

譬如說：「你的手是從你的身體上長出來的，然後依附於你的身體而運作，你可以說手不是你的身體嗎？」不可以這麼說啊！離開了身體，你的手還能運作嗎？不行啊！同樣的道理，五蘊十八界的你，是從你的如來藏所出生的，離開了如來藏，你十八界的任何一界也就都不能運作、不能存在了。所以也不能說十八界五蘊與如來藏是異，所以蘊處界都是如來藏的一部分，但蘊處界並不等於如來藏。

證悟的人爲了讓衆生去證得如來藏，而了知蘊處界等我的虛妄，所以要把這些虛妄的部分分清楚，說這個十八界法的一一界、五蘊的一一蘊都是虛妄的，你才會想要去證得另一個眞實不壞的心。證得眞實的如來藏心以後，你就會確認蘊處界都是虛妄的；然後再來告訴你：這個虛妄的蘊處界等法，也是眞實不壞的如來藏的一部分，讓你不會完全的厭惡蘊處界，才會發心再度受生，世世進修菩薩道，世世廣利衆生，最後才能成佛。所以 如來才要跟你說明實相中道的法，這樣一來，你就可以現觀蘊處界與如來藏非一亦非異，就可以現觀諸法空相眞實與自在心如來藏非一亦非異，就可以現觀常與無常其實也是和如來藏非一非異。這就是眞正的中道實相觀。能確實的這樣觀行——經由親證如來藏而現前如實的這樣觀行，我們就說你已經親證中觀了。

好！中道的觀行——中觀——既然是這樣來的，那就可見中道不可以離開五陰十八界及如來藏的總體而有中道法，因爲中道就是依五陰十八界…等如來藏的總體來說中道嘛！那如果你把第八識眞心砍掉了，而說中道，那就是假名中道，那個叫做戲論中道，因爲與 佛所說的中道法相異了。

所以，那些**沒悟的人**講中道時怎麼說呢？他們說：五陰是虛妄的，它會斷滅的，我們知道了這個道理以後，就不再執著五陰了；然後不要再生起五陰斷滅的見解，連這個見解也要丟掉，也沒有了；那麼這樣一來，五陰滅了，所以不是有；但是五陰滅了以後的「**滅相**」是不會滅的，所以又不是斷滅的無，這就是非有亦非無的中道。這就是印順所說的「滅相不滅」的中道觀，說這樣觀行的人就是證得中觀的人。但是，這眞的是中道嗎？我跟你說：確實是中道——是戲論的中道，但不是佛法中所說的眞正的中道。

所以，眞正的中道，不可以離開了第八識自在心而說中道，也不可以離開陰界入等法而說有中道。因此，「行深般若波羅蜜多時」，就是已經進入在中道現觀的境界裡面了；這一句經文就是在告訴你：有八識心王的眞妄心和合運作，所以這個時候的你，才能照見五蘊皆空——十八界皆空。因此，依本來就自在的眞心，而現觀五蘊的無常空、緣起性空，才是眞正的中道觀行；依自在的眞心而現觀法界的眞實相，才是眞正的般若智慧啊！如果離開了自在的眞心，而說般若、而說中觀的話，那個不是眞正的般若，也不是眞正的中觀，全部都稱爲戲論的中觀。

第三節　度一切苦厄之密意

「**度一切苦厄**」五個字裡面，究竟有什麼密意呢？「度一切苦厄」就是讓你現前照見了五蘊皆空而證得解脫果，所以就「度一切苦厄」了。因爲你照見了五蘊皆空時，我見（身見）就斷了；如果再繼續深觀而不中止的話，我執也會跟著斷除了。當你斷除了我見與我執的時候，不就是有餘依涅槃了嗎？雖然你還沒有具足四禪八定，所以不能立刻取證滅盡定，只成個慧解脫的阿羅漢，不能提前先入無餘涅槃；但是等到壽盡而捨報的時候，就算是解脫不堅固的慧解脫者，即使不能取證「現般涅槃」，至少也可以取證「中般涅槃」，這就是「度一切苦厄」啦！三界中分段生死輪迴的苦，全部都過去了嘛！

至於你後來發起悲心，要度那些隨著大師落在惡見中的衆生，那是你的慈悲，那已是另一回事了；但是你可以說已經「度一切苦厄」了，這個時候你可以對自己的徒弟說：「我如今是梵行已立，所作已辦，不受後有，解脫、解脫知見知如眞。」如果他們不信你而誹謗你，爲了救他們免入地獄，就應該像《阿含經》中的有些阿羅漢，對那些誹謗他的凡夫所講的話一樣，你可以高舉起手來，就像是這樣的舉起手來（蕭老師作舉手之勢），對大衆說：「我已經證實：佛所說的涅槃法是如實語、是不誑語！因爲我現在已經依佛所說而建立梵行，已證得解脫，我已具足解脫知見了。」你可以這樣證實，敎他們趕快當衆懺悔。這是悲心救他免墮地獄。

證知解脫，證知我見與我執斷盡，就是「度一切苦厄」的密意—讓你現前證得解脫果；也讓你現前了知阿羅漢所不知道的無餘涅槃的**本際**，這就是《心經》「度一切苦厄」五個字的密意。這就是《心經》與解脫道之關係。但是《心經》所說的「度一切苦厄」，還有更深的意涵，也就是**究竟涅槃**，這才是眞正的度一切苦厄，因爲變易生死的苦也斷盡了，才算是究竟的「度一切苦厄」。但是這個道理，這個境界，不是阿含諸經中所曾宣說的，不是那些不迴心大乘的阿羅漢所能了知的。因爲這個道理，與二乘所證的解脫境界與法道無關，所以不在這一個段落中來說它。

換句話說，「度一切苦厄」是從能觀與所觀的「觀自在菩薩」的境界而來的，由這個「能觀與所觀」的「觀自在」境界，而觀見了「離能觀所觀」的自在心。「觀自在菩薩行深般若波羅蜜多時」，已經確實的由能觀的覺知心，觀見了本來就住在涅槃境界中的所觀的如來藏；而這個被你所觀見到的如來藏，祂從來就不住在「能觀與所觀」的境界中，因爲祂從來就不曾起觀，哪裡會有祂所觀的境界呢？所以祂一向都是「離能觀與所觀」的。「觀自在菩薩」觀見了這種「離能觀與所觀」的眞實心，了知這個離能觀與所觀的眞實心所住的境界，所以轉依這種不落於「能觀與所觀」的自在心，所以他就是親證「不墮能觀所觀境界」的人，就是證悟實相般若的菩薩，就是證悟中道觀的菩薩。

「觀自在菩薩」能夠「照見五蘊皆空」，是因爲他「行深般若波羅蜜多」，所以在這個時候，現前照見五蘊皆空，所以不會認定離念的知覺性是眞心，就不落於常見一邊，不落於能觀的一邊，知覺性是能觀之心的緣故；也現前照見無餘涅槃的本際，所以不落斷滅一邊，也不落於所觀境界之中，了了分明境界是所觀之六塵法，也是一邊啊！因此菩薩證得第八識如來藏而不落在能觀與所觀境界中，而照見五蘊皆空，而成就中道的觀行。這個時候就是證得如來藏，證得法界一切萬法的實相，因此而打破無始無明，所以既是「行深般若波羅蜜多」的菩薩，也是「度一切苦厄」的菩薩。所以，「觀自在菩薩」，不是指事相上在救護衆生的觀世音菩薩，而是包括觀世音菩薩在內的一切已經證悟如來藏的菩薩們所親證的實相智慧境界。

第四節　五蘊即是空、不異空之密意

接下來說：「**色不異空，空不異色；色即是空，空即是色。受想行識，亦復如是。**」

「受想行識，亦復如是」的意思就是說：「受即是空，空即是受；受不異空，空不異受」。「想、行」也一樣，到最後一個識蘊則是：「識即是空，空即是識；識不異空，空不異識。」所以講「亦復如是」嘛！意思就是告訴你：我們的色身就是空性如來藏，因爲你的色身是從你的如來藏製造出來，而且由祂所執持的，所以你的色身就是如來藏的一部分嘛！既然你的色身是如來藏的一部分，怎麼可以說色身不是空性如來藏呢？在這一段經文裏的「空」性，就是講第八識如來藏。

那麼色法是這樣，受想行識也是一樣啊！受既然即是空性如來藏，那麼苦受也是不異空性如來藏，空性如來藏也不異苦受啊！同理：樂受不異空性，空性不異樂受；不苦不樂受不異空性，空性不異不苦不樂受；這就是《心經》的經句所說的道理。空性即是不苦不樂受，爲什麼《心經》中的密意會這樣說呢？因爲你的苦受、樂受、不苦不樂受、憂受、喜受都從這個空性如來藏所出生的，本來就是空性如來藏整體中的一部分。既然是從祂而出生、而在祂的自體表面上現行，不是離開祂而單獨現行，那你怎麼可以說祂不是空性如來藏呢？譬如明鏡上的影像，應該說也是明鏡自體的一部分，影像並沒有離開明鏡而現行啊！不應該說鏡上所現的影像不是明鏡啊！又譬如你的手臂是從你的身體長出來的，並且不能分離而運作，必須依附在你的身體上才能運作，根本就是你的身體的一部分啊！怎麼可以說手臂不是你的身體呢？

《心經》這樣子講的意思，就是讓你不會急著要去入無餘涅槃，這是要害你——害你去行菩薩道，要害你最後成佛。成了佛的時候，你會說：「唉！我還是被害得很歡喜呢！」就是要你別急著取證無餘涅槃而入滅度，要你把如來藏裡面的有漏的有爲法，繼續進修而轉變成完全無漏的有爲法；轉變成無漏的有爲法以後，就成爲解脫色，就可以不必取證無餘涅槃了，就可以利益衆生而永無窮盡了。

受陰如是，即（不異）空性如來藏，想陰也如是，行陰也如是，都是即如來藏—即空性—不異空性；因為時間不充裕，所以留給大家回家後自己去思惟整理，我們就略過不說，直接來說後四句：「識即是空，空即是識；識不異空，空不異識。」

識陰總共有七個識—眼耳鼻舌身意識，再加上恆而不斷、時時思量而處處作主的末那識，共有七識。這七識心跟空性如來藏有沒有什麼不同？《心經》中說：這七識就是空性如來藏，空性如來藏就是這七識，因為空性是與祂所出生的這七識及身根、器世間萬法相依，才能在三界中現行運作的，空性心並沒有離開這七識心啊！空性心如來藏，不能離開這七識心而在三界中獨自現行運作啊！七識妄心也不能離開空性心如來藏而獨自現行運作啊！這個就是「不一不異」的道理。所以，不可以把空性如來藏—這個實相心，與根塵識分開來說，如果你把如來藏分開，然後單獨的來說根塵識的種種不一與不異，佛法就支離破碎了，就變成文字觀念的戲論了。

那就會像印順老法師所講的那樣：把不一不異的本體如來藏，跟祂所顯示出來的不一不異的現象加以肢解，然後單說不一與不異。就會使得佛法支離破碎了。太虛大師曾經針對這個事實，指責印順法師：「你這樣講佛法，把佛法弄得支離破碎了！」但印順還是不肯承認，還在《妙雲集》裡面爲自己辯解。但他確實是像這樣的把佛法弄得支離破碎了，他就是這樣的把如來藏否定，而單講如來藏所顯現出來的不一不異的道理；他就是這樣來宣講般若諸經的意義，所以就把第二轉法輪的般若經意判斷成**性空唯名**的謬論了，這樣胡亂的去判斷三轉法輪的佛法成爲他所說的三系，這是不對的！而且是嚴重破壞正法的行爲。

第五節　是諸法空相之密意

「**是諸法『空』相**」，這五字有什麼密意？妄心的法相是無常的，終歸於空無，所以叫做「空相」。眞心的法相也是「空」，但是祂的法相雖然是空，可是祂有眞實體性，所以不叫「空相」，祂叫做「空性」，有時也簡稱爲「空」。眞心與妄心兩種心，都是「空」的法相，所以合在一起而說「是諸法『空』相」。眞心如來藏如果不能攝取四大元素，如果不能依祂的「大種性自性」而攝取四大元素，而變生出你的色身，那麼這個眞心就不算是有眞實體性了，這個道理在《楞伽經詳解》裡面，我曾依照經文的眞正意思而解釋過了。

此外，眞心如來藏又另外有許多的自體性，必須是中國禪宗證悟的人才能少分了知的；是證悟的人進修別相智與一切種智以後，才能多分了知的；這個多分的了知，就是中國法相唯識宗的玄奘師資，所共皆親證的智慧境界，也是我所依據，用來破邪顯正的智慧；是次第進修到佛地以後，佛世尊才能具足了知的；所以眞心如來藏不稱爲「空相」，而稱之爲「空性」，因爲祂有許多眞實的法性存在，而且這些法性常住於世間及出世間境界中的緣故。

可是當你們沒有證悟之前，那你在讀我的這些著作的時候，可能會變成這樣子：那一段是那一段，這個法是這個法。不能連貫起來，你得要眞的悟了以後再來讀，才能連貫起來。悟前常讀我的書，可以增益大乘及二乘法的見道功德，但是不能如實了知我的意思；得要讀了我的書，建立了正知見，將來因緣成熟時，眞的悟了以後再來讀，才能眞正了知我的意思。

那麼，眞心既沒有形、也沒有色，妄心同樣既沒有形、也沒有色，所以怪不得很多的大師們，會把妄心當作眞心。他們常常這樣子說：「我們這個見聞知覺的體性，祂是空，沒有形色，所以說是空性！」把緣起緣滅的見聞知覺性認作空性了。在還沒有證悟之前，你想了一想：「也對啊！眞的是無形無色！所以應該就是佛法所說的空性了。」那麼那位大法師跟你這麼一印證，你就會相信了；如果相信了以後，去對別人說你已經開悟了，那就變成了大妄語了。

所以說，眞心的體性能生萬有諸法，能生諸有之性（見聞知覺性是三界有之自性），但是眞心的法相也是空無形色的；而見聞知覺性等妄心，則不能出生萬法，只是緣於眞心所出生的六塵萬法而在裡面運作、在裡面執取罷了，但見聞知覺性的妄心，也是無形無色的。但是，妄心等見聞知覺性諸法，也是空性如來藏裡面的一部分，是由如來藏所出生的，都不能外於如來藏而有，所以《心經》把祂們合在一起說：「**是諸法**『空』相」。能觀的心以及被觀的自在心，在三界中示現時，都是「**空**」的法相，都無形色與顯色，所以祂們的法相都是**空**。

「諸法『空』相」是什麼密意？祂講的就是：由眞妄心的諸法空的法相，

來照見了中道的眞實道理，所以接著就告訴你：「是諸法『空』相，**不生不滅、不垢不淨、不增不減**。」眞心如來藏固然是不增不減，請問：你的妄心能不能增減？也不行！只能把你的妄心斷滅掉，不能把祂增減。在《舊約》聖經裡面的記載，上帝如果要毀壞祂的仇人，就把他打死。但是打死以後，上帝的仇人妄心斷了，他轉到未來世去，又會出生了另一個全新的妄心，上帝卻不知道這個道理。就算祂知道了，也是無可奈何啊！沒有辦法把仇人的妄心永遠斷滅掉啊！只有佛法中的二乘定性聖人，可以把自己見聞知覺性的妄心永遠的斷滅掉，進入無餘涅槃；別人是作不到的，所謂萬能的上帝，根本就沒有這個能力，也聽不懂我現在所說的法，所以其實並不是萬能的。

眞心是根本不可能斷滅的，誰都無法斷滅祂。就算是一隻小螞蟻的眞心，我們把十方世界所有諸佛的威神之力合爲一力，來要把祂打壞，也是打不壞的，祂的體性本然如是，所以才叫做「**金剛心**」；所以，能幫人悟得這個金剛心的佛法宗派，才能叫做**金剛乘**；能證悟這個金剛心的法門，才能叫做**金剛乘**的法。如今的密宗（不論東密或西密的上師）所悟的心都是妄心，都是意識心，那藏密怎麼可以自己叫做金剛乘？

那麼，由這個眞心和妄心合併來觀察，這些法全部都是「空」的法相，從這些「空」的法相之中，你照見了中道的眞實義——「不生不滅、不垢不淨、不增不減」。

妄心自己是有生滅的，但是依附於眞心的時候，祂就可以被方便的說是沒有生滅了。所以你今天晚上睡著時妄心斷了，明天早上祂又生起了；今天被人打死了，妄心不現起，但下一輩子又有一個全新的妄心自己再生起現行；瞋恚心很重的一神教的上帝，也拿你無可奈何啊！

所以，當妄心依附於眞心，而跟眞心一起來看的時候，當祂是眞心的局部體性而附屬於眞心的時候，祂就成了不生不滅的了，《楞嚴經》所講的就是這個道理，依如來藏而講妄心的知覺性是不生亦不滅的。所以《楞嚴經》裡面宣說七處徵心（其實是八處徵心，他們都算錯了），這七處徵心、八處徵心裡面說：見聞覺知的心性，不在內、不在外、不在中間、不在色法……等等。

八處徵心說完了，最後則說：這些能見之性、能聞之性、能嗅之性、能知覺性，都是「非因緣」所生，「非自然」所生，言外之意是「如來藏所生」，只是文句翻譯得太過簡略了，在宣說「非自然、非因緣所生」之後，沒有把「如來藏所生」這一句再講出來。因爲有智慧的人一讀，就知道講的是：**如來藏所生**。但是如今所有的大師們卻都說錯了。因此，必須得依附這個如來藏，才能說妄心七識心的見聞知覺性是「不生不滅、不垢不淨」的。

《心經》這麼講，《楞嚴經》也是這麼講，可是如今，大家都誤會《楞嚴經》了，都把祂錯解了，所以就強詞奪理的說：「楞嚴經裡面七處徵心時，說見聞知覺性非自然生，非因緣生，所以是眞心。所以見聞知覺性就是眞心、就是佛性。」這些人都是大大誤會了《楞嚴經》的凡夫，都是依文解義的人啊！都是把經中不斷宣說「見聞知覺性是如來藏所生」的意義完全錯解的人啊！

那麼《心經》說「不生不滅」，眞的是「不生不滅」啊！當妄心依附於眞心，把祂算作如來藏的局部功能性的時候，哪裏還有生滅可說呢？在這一輩子色身滅了，投胎以前，中陰身生起，知覺性又出現了，投胎以後就永滅了；但是到了下一輩子六、七個月的時候，下一世的另一個全新的，不同於此世的見聞知覺心又開始出現了；只要五勝義根發展到雛形具備了，妄心七識的知覺性就又開始出現了。所以嬰兒在六、七個月大時，就一定會常常胎動的。

你們這些女衆，凡是當過媽媽的人都知道：懷孕到六、七個月時一定會常常胎動，有的還更早呢！爲什麼會這樣呢？這是因爲嬰兒開始有了一個尚未受熏習、尚未受教導、尚未了知世界的簡單意識現行了嘛！雖然這個嬰兒的全新的意識，仍然什麼都不懂，子宮裡就是他所認知的全部的世界，可是他也會因爲有一些單純的六塵境界而有受想（想是指想陰，想陰就是了知性、知覺性），而常常會有四肢的動作。出生以後，知覺性又有了更爲具足的運作；年老死了以後又再度斷了，下輩子又會有另一個全新的知覺性的意識心。所以妄心如果是依附如來藏眞心來說，是永遠不會完全斷滅的，除非你入了無餘涅槃。

所以，從八識心王總體來看眞心的時候，又從妄心也是空性如來藏的局部功能性來看的時候，妄心可以算是不生不滅的。但是如果不依空性如來藏而說的話，七識妄心的知覺性是有生有滅的法，因爲不能去到未來世去，因爲夜夜都會斷滅，因爲在悶絕等五位中一定會斷滅的緣故，因爲入了無餘涅槃時的意根也是要斷滅的，也是可以滅的法。至於空性心如來藏自體呢，如果說祂的自體是有生的法，那就成了有生的法，那這個眞心未來就一定會壞；只有本來不生的法，祂才是永遠不會毀壞的法。而如來藏卻是從來都不曾出生過，所以說祂自己是「不生不滅」的。

「**不垢不淨**」：如來藏的自性本來清淨，從來都是離見聞覺知、離思量的，所以祂從來就是涅槃，本來就是涅槃；祂從來就不曾間斷過，所以本來就沒有生死，哪裏會有輪迴？沒有生死就是涅槃，生死的表象就是顯示五陰的你在生死，實相心哪裡會有生死？但是，卻因爲祂的不生不死，才會使得五陰的你有生死。另外呢，也是因爲有一個過去世的你墮於不如理作意中，執著我見而不捨，因此執著五陰的自我，造作善惡業而被業種所牽，而使得如來藏不得不去受生，所以便有這一世的生與死。

然而，過去世的你，因爲無明與造業，而使得如來藏輪迴於三界生死中的時候，祂卻沒有生死，因爲祂是從過去世來到這一世的，上一輩子投胎時，上一輩子知覺性永遠死掉了，如來藏卻沒有死，祂進入母胎，又在母胎裡面製造了你這一世的色身，再藉這一世的色身五根，而出生這一世的見聞知覺性的你，所以祂並沒有死。

我現在這樣說出來，好像有點兒在繞口令一般，但是等你明心了，你再來聽一聽我這一段話，你就會認同：「**果然如是！**」因爲你已經能夠現前觀察，而證實我所說的理是正確的。佛法就是這樣，這才是眞正的佛法。

那麼，當你悟到祂的時候，你觀察祂的自體性，當祂在配合七識心的你而運作時，你會發覺到：**祂的自體性眞的是清淨無染的**，根本就是從來都不起貪瞋等心行。可是，你可以因此就說祂是清淨心嗎？那又不行！因爲祂所含藏「七識心的你」的種子卻是染污的，所以也不能說祂是「**不垢**」，只好加上一個「**不淨**」，所以祂就成爲「不垢」與「不淨」了。

然後，你說祂有**增減**嗎？沒有！祂所含藏的無漏法種會有增減：無漏法種增，有漏法種就減，但是一出一進卻是相等的，沒有增減。我給你清潔的一塊錢時，你也給我染污的一塊錢，你有增減嗎？當我給你十塊錢的時候，你也要同時給我十塊錢，那有增減嗎？沒有啊！當你把有漏法種斷除一部分的時候，無漏法種就跟著增長了那一部分，永遠都是那樣的，種子是不增不減的。不但種子不增不減，而且本體自身也是不增不減的。

這空性如來藏的體，是不增不減的自性。可是西藏密宗的觀想法門卻告訴你：「**成佛以後，自己的本尊要和佛身合併爲一。**」請問大家：藏密所說的本尊空性心有沒有增減？（大衆答有。）有啊！西藏密宗所傳的本尊與眞如，都是要在成佛時與佛合併的，都是有增減的；那麼這樣一來，他們所證的「眞如、本尊」顯然不是佛教經典所說的眞如，所以我說他們不是佛教，說他們是外道，說他們的修行法門都是**外道妄想**。佛初降生人間的時候明明講：「**天上天下唯我獨尊！**」既然要和究竟佛合併，悉達多太子的眞如心怎麼可以宣稱是「唯我」而且是「獨尊」？

如果成佛以後，你的眞如得要和所有的究竟佛合併，那麼經典中就不應該說賢劫有千佛，星宿劫有千佛，莊嚴劫也有千佛；也不應該說十方世界有無量無數諸佛同時存在，應該是過去現在未來永遠都只有一佛啊！那爲什麼十方世界會有無數諸佛同時並存呢？那麼藏密爲什麼還要主張五方五佛呢？如果眞的是這樣的話，那麼現在存在著的唯一的究竟佛，也應當不是究竟佛，因為祂還可以增加變易祂的眞如的內涵啊！那就應該是所作未辦，那就是未成佛道，因為祂的眞如還處在有變易、有增加的階段中啊！那麼這樣一來，就永遠都不可能有人能修行成佛了，因為必須要併盡所有衆生的空性心以後，才能算是究竟成佛啊！然而衆生的心無量無數，是永遠都合併不完的啊！所以藏密的這個說法，說未來成佛時要與究竟佛合併，眞的是妄想到極點了，所以我說藏密不是眞正的佛教，是妄想的宗教。

有人也許會說：「你害怕跟佛的眞如合併，就是害怕自己消滅掉，這就是我執。」但是，這其實不是執著與不執著的問題，而是第八識金剛心的體性的問題，是法義認知的大問題。如果不弄清楚法義的正邪，而一味的信受，就去修行，就變成邪知邪修了，那不是修學般若智慧的佛教學人所應有的態度。

如果如來藏是可以跟人家的金剛心合併的，那祂就是有增減的法，有增減的法就是無常變異的法，無常變異的法一定會毀壞的，怎麼可以叫做金剛之心？怎麼叫做實相？那應該叫做虛相，虛相講的就是無常變異的法；所以實修實證的正覺同修會，都說他們藏密的中觀見是虛相派中觀，因爲他們確實是虛相法嘛！都是在五蘊十二處十八界的無常法、有爲法上面，來觀察萬法緣起性空、一切法空，沒有一法是常住不壞的金剛性的法，所以是虛相啊！

眞實相的法，祂是有一個永遠不生不滅的法，是永遠不壞的法。因爲是體恆，永遠不滅，體恆不增不減的法，才可稱爲金剛心；如果是體可增減，那麼還在等待別人成佛時與祂合併的佛，祂的眞如心當然還是可變易法，那就是還沒有斷盡變易生死，那當然不是眞正的佛，那麼現在藏密不應該宣稱他們有多少人已經成佛了啊！因爲就算是眞的成佛了，也是馬上被別人合併掉了啊！哪裡還有佛可成呢？只有釋迦世尊所說的：體恆不變、不增不減的如來藏，才可以叫做實相的法啊！以上是《心經》所講的「諸法『**空**』相」，從八識心王整體來說「諸法『空』相」。

講了這個眞心妄心和合的「諸法『**空**』相」以後，接著又從眞心的立場來說：「諸法『**空**』相」。「諸法『**空**』相」的另一個密意是講什麼？《心經》接著說：「**是故空中無色，無受想行識，無眼耳鼻舌身意，無色聲香味觸法，無眼**

界、乃至無意識界，無無明亦無無明盡，乃至無老死、亦無老死盡，無苦集滅道，無智亦無得。」

剛開始修學佛法，還不懂佛法的人，讀到這一段經文時，心裡面會想：「唷！到最後什麼都空掉了，都沒有了，變成斷滅了。嚇死人了！」那眞的是錯會了！如果是單從眞心來看，不理會其餘的七識心的時候，單看眞心的時候，別的一切法都沒有了、都是無常空啊！都是緣起性空啊！當這些法都不執著，而在捨壽時滅盡了，十八界都不生起、都不存在了，只剩下眞心如來藏這個空性心的時候，這是什麼樣的境界呢？這就是無餘涅槃啊！

在無餘涅槃之中的時候，有色法嗎？沒有色身了，沒有「色聲香味觸」了，也沒有「眼耳鼻舌身」五根了。這時候，也沒有「眼耳鼻舌身意」六識了，意根也自我消滅了，都不存在了，所以六根統統都沒有了。六根、六塵、六識都滅失了，這時候還有「眼識界」的能見功能嗎？還有「耳識界」的能聽功能嗎？乃至還有「意識界」的了知功能嗎？全部都沒有了！十八界及六識界的功能，也就是見性、聞性、嗅性、嚐性、觸覺性、了知性，當這些法性都消失了的時候，統統不存在的時候，哪裏還會有「無明」存在？所有的人類，只有在十八界法都還存在的時候，才會有「無明」啊！

所以，在無餘涅槃裡面沒有無明，無餘涅槃裏面只有那個第八識眞實心，而祂是一向都離見聞覺知的，一向都不起知覺性的，這時候怎麼還可以說有無明存在呢？所以，在無餘涅槃之中，一切的無明都不存在了。既然一切的無明都不存在了，又怎麼會有無明可盡呢？所以說「無無明盡」，只剩下一個第八識眞實心。而眞實心離見聞覺知，從來不會起思量作主的心行，祂也從來不起念，也不會憶念任何的法。

到了這個時節，你認爲還有「老死」可說嗎？當然也沒有了；因爲老死只是在十八界虛妄法上才會有啊！既然到了這個地步已經沒有老死，那還會有老死可盡嗎？所以說「亦無老死盡」。「老死盡」都沒有了，怎麼還有「苦集滅道」可說呢？怎麼還會有四聖諦的智慧、八正道的智慧、十二因緣的智慧、佛菩提的智慧可說呢？所以說：什麼智慧都不存在啦！入了無餘涅槃時，就全部都免除掉了，這個就是「是諸法『空』相」的密意所在。

諸法都是空相，所有的佛菩提，所有的解脫道，都是依如來藏爲體，而從我們的五陰、十八界的現行，來說佛菩提智，來說解脫道的知見；當你入了無餘涅槃的時候，只剩下這個第八識眞實心，什麼都不存在了，所以也就「無智亦無得」，苦集滅道也就統統不存在了，苦集滅道的智慧也全部都不存在了。所以說：「是故空中無色，無受想行識，無眼耳鼻舌身意，無色聲香味觸法，無眼界，乃至無意識界，無無明亦無無明盡，乃至無老死、亦無老死盡，無苦集滅道，無智亦無得」，上面這一段經文中，所顯示出來的眞正義理，就是「**是諸法空相**」這一句經文的密意。

第六節　菩薩心無罣礙之密意

「**以無所得故，菩提薩埵依般若波羅蜜多故，心無罣礙**」，這一句經文中所說的「菩薩心無罣礙」是什麼道理？這是因爲：菩薩經由證得這個常住不壞的眞實心，所以他能現證解脫果與佛菩提。當菩薩證得解脫果的時候，他就不怕生死輪迴了，因爲他已經知道解脫生死的道理了，而且已經親證了。當他證得佛菩提的時候，他就不害怕墮入斷見、常見，不怕墮入斷滅邊，也不怕像常見外道那樣輪迴；因爲這個緣故，他也不害怕胎昧，所以他敢在未離胎昧的階段就發願再來人間受生，再來自利利他，這就是菩薩在未離胎昧之前，便敢發願再來人間受生而住持佛法的緣故。

因爲他知道自己本來就是不生不滅的，雖然三世的十八界都是無我，但是有一個常住不壞的自心如來、自性彌陀，可以常住不滅而世世重複的生出見聞知覺性，讓他可以在出生成長以後，再繼續進修佛法，延續上一世的佛道而往上進修，絕不會墮於斷滅見之中，此世所修習的一切智慧，也都會集藏在第八識自心如來之內，來世一定會遇緣而起，不會唐捐其功，也不必畏懼隔陰之迷，所以菩薩由於這個智慧，而不畏懼生死，所以就能心無罣礙。

另外，菩薩從他所證得的般若智慧來觀察：三界中的一切法，都是七識心的所得；自己的如來藏，根本就不領受一切法，所以根本就無所得，因爲如來藏一向都離六塵中的見聞知覺性，都不領受六塵萬法的覺受。菩薩又從七識心來觀察所領受的六塵萬法，都是無常而終歸於空，所以七識心在六塵萬法之中，其實終究也是無所得；又從色身來觀察，色身其實也無所得，因爲一切法的領受，都是七識心在領受，與色身其實無關，所以並無所得。

菩薩不但從法界的實相心來觀察無所得，他又這樣從十八界等法的一一法而觀察，證實十八界我確實於一切法都無所得，都是無常故空、變易故空。既然都無所得，菩薩何必怕失去什麼呢？菩薩又何必怕死呢？菩薩對世間的法還有什麼可以執著的呢？所以菩薩爲了護持正法，當他覺得自己有能力去做的時候，他就可以自任中流砥柱，可以成爲衆矢之的，可以任由龐大的邪法勢力壓迫而與之對抗，心中無所畏懼。因爲既然已經現觀一切法都無所得，那還有什麼可失的呢？所以菩薩只求正法久住，只求衆生得救，只求衆生可以遠離邪見，其餘就都是在所不計的了。

所以《心經》就跟你說：「**以無所得故，菩提薩埵，依般若波羅蜜多故，心無罣礙；無罣礙故，無有恐怖。**」如果沒有悟得這個眞實心，落到常見的一邊，那你就是以見聞覺知心的知覺性，也就是常見外道所認定的那個知覺心，作爲眞實心、作爲佛性；這一認定了，就一定要輪迴，因爲你捨不掉祂了，所以我執、我見就斷不掉了，卻又自以爲：「覺知心不執著自己，就是斷了我見與我執」，卻不知道說：認定覺知心常住不壞的見解，就是我見；這樣認定不改的人，就是落我執之中的人。

因爲沒有現觀覺知性虛妄，就會畏懼輪迴；因爲知覺性一定會與苦受相應，一定會世世斷滅，一定會與輪迴的現象相應，所以心中就一定會畏懼輪迴；不管你心中是否自認爲不怕輪迴，其實你自己是畏懼輪迴的，其實你自己是害怕知覺性消失掉的。你如果畏懼輪迴的話，如果畏懼知覺性消失的話，那就有恐怖了，臨死之時一定會有恐怖的；因爲知覺性是與六塵法相應的，不離六塵法的所得故，臨死時就會害怕失去親屬財產，所以未死時就會怕死。這些落在常見外道見中的人，認定知覺性爲常住的如來藏本體，所以不能親證無所得的境界，想到即將命終時，想到終將失去一切，當然心中會有恐怖。

菩薩不落入常見這一邊，所以知道自己不會輪迴，菩薩如是現前觀察：當我重新接受輪迴時，那是發願要度衆生、要成佛，不是被業力所牽而去輪迴的；

所以菩薩雖然在輪迴之中，心中卻無恐怖，所以臨死的時候，死得很泰然；臨走的時候，走得很清爽，沒有罣礙。因為這一生所應作的事情都已經作了，這一世所應修的都已經修了，也可以心安無愧的面見 釋迦世尊的接引了。

那麼如果是落入斷見的話，找不到這個第八識眞實心，觀察的結果，五陰十八界全部都是虛妄的，那要怎麼辦呢？臨命終時快要死了，死了以後我就不在了，知覺性的我就消失了，那要怎麼辦？怕斷滅了！那就變成邪見了。一旦墮入這個邪見，臨命終的時候，就會心有恐怖、心有罣礙，怕自己的知覺性消失掉，害怕落入空亡。所以還沒有證悟的人，只好依靠 彌陀世尊的接引，往生極樂世界而永不再死；以這種他力的法門來安心。

衆生總是貪生怕死，世俗人常說「好死不如賴活」，是不是？再怎麼苦，活著受苦總比爽快的死要好一些；這是因為不知道有未來世，不知道確實有一個常住的清淨心從來都不墮於生死之中，不知道實相是從來都沒有生、也沒有死，所以世俗人心中就有罣礙。菩薩因爲證得「如來藏眞相識」的緣故，所以不落入斷見的邪見裏面，就不怕死；也因為證得如來藏的緣故，所以不落入常見的邪見裏面，所以不必執著知覺性是否會斷滅、消失，所以就沒有罣礙，根本就不怕生死。菩薩正因爲沒有罣礙的緣故，所以就不害怕三大無量數劫的生死，因此，上可以進修佛果，下可以廣度衆生，這就是菩薩「心無罣礙」的密意。

「**無罣礙故，無有恐怖，遠離顚倒夢想，究竟涅槃**」：菩薩之所以能夠無罣礙，無恐怖，就是因爲菩薩遠離了顚倒夢想的緣故。世間人乃至修學佛法的人之中，有許多人眞的是顚倒想的。乃至今時的顯密大法師們，也是顚倒想的，所以如今的（台灣四大山頭）大法師們，都是以一念不生的知覺性，作爲如來藏，作爲常住不壞的法性，這樣在敎授大衆們，大家都同樣落入常見外道見中，同樣去認定意識心的體性作爲佛性、作爲如來藏。但是這個意識心的知覺性，是常常會斷滅的，是要依其他的種種緣，和如來藏的因，才能生起、才能現行的。所以說（四大山頭的）大法師們，他們和印順法師一樣，都是顚倒想的人。

不管他們將來捨報時，是否強自鎭定、表現得很自在，其實心中都是很罣礙的；因爲他們都還沒有離開顚倒妄想啊！既然認定一念不生的知覺性，作爲如來藏、作爲眞如心，那就墮於六塵萬法之中了；墮於六塵之中的緣故，當然就不肯讓自己消失了，否則就不能再覺知六塵而了了分明了啊！由於這個緣故，在臨終時，必須面對知覺性必定會消失的事實時，心中便有恐怖了。縱然假裝是很自在的樣子，其實心中還是很恐怖、很罣礙的。

但是眞悟的菩薩們絕對不會恐怖，因爲不會害怕知覺性的自己消失掉啊！因爲已經現觀知覺性的自己是虛假的，是依靠衆緣而起的緣起法。菩薩又證知自己的如來藏是從來離六塵、離見聞知覺性的，所以臨命終時，便準備進入離見聞知覺性的境界，便準備進入中陰身的階段，所以心無罣礙的讓覺知心漸漸的消失掉；在中陰階段時，便準備進入下一世再來自度度他，便準備進入母胎的數月無見聞覺知的境界中，準備進入數月都無見聞知覺性的階段。

由於菩薩對於未來所將經歷的所有境界，都已經有所了知了；而且在死亡後，也將確實依照自己所證知的過程進行，確實了知到了那時絕不會有錯謬；在眞正進入這個過程時，也確實依照自己所預先證知的那樣去進行，所以說這位菩薩是確實離開了顚倒與夢想的人。由於已經遠離了顚倒夢想的緣故，所以菩薩無有罣礙，無有恐怖。實證這種無有罣礙、無有恐怖的心境的菩薩，是由於遠離顚倒夢想的緣故而證得這種境界。由於遠離顚倒夢想的緣故，所以菩薩最後可以繼續進修而實證佛地的究竟涅槃。究竟涅槃與二乘涅槃的差別，在昨天的第一章第三節中，已經爲大家概略的說過了；下一節中，將爲大家再作補充說明。

第七節　三世諸佛依般若證得無上正等正覺之密意

接下來「**三世諸佛依般若波羅蜜多故，得阿耨多羅三藐三菩提**」，這句經文裡面有什麼密意？三世諸佛當然就包括諸位在裏面了，所以這段經文不只是說別人，也是在說你們諸位，把你們也包含在裏頭了；所以這是你學佛的切身利害之所在，所以你絕不能不注意吸收這些正確的知見。

過去佛、現在佛、未來佛都一樣，都是這樣的依般若波羅蜜多而證無上正等正覺，所以這句經文才會說三世諸佛四字。這是說：般若的一切種智，是以第八識眞心作爲根本，如果離開了第八識這個眞實心，就沒有般若的一切種智可說了，就沒有般若波羅蜜多可證了。這意思就是說：你必須要具足了一切種智，才能夠算是成佛了。可是一切種智的修證，要有別相智作你進修的基礎；而般若的別相智的修證，卻要有般若總相智作基礎；般若的總相智的修證，卻必須要你從禪宗的公案中，去證悟了以後，找到了眞實心第八識時，般若智慧的總相智才會出現。

所以說，三世諸佛證得無上正等正覺，都要從證取《心經》所說的這個眞實心第八識來下手；證得之後，一直依這個第八識的體性，修證祂的一切種智功能差別，一直到最後具足圓滿而成爲究竟佛。最後成佛的過程，就是《心經》所講的「菩薩遠離顚倒夢想，究竟涅槃。」究竟涅槃就是斷盡分段生死與變易生死，證得四種涅槃，出生了無住處涅槃的不可思議境界，就是佛地的自住境界；這在昨天講過了，稍後還會再作解釋。所以，菩薩證得《心經》所說的眞實心以後，了知一切法皆空，唯有如來藏空性是眞實存在的法，所以叫做「**眞實如來藏**」；意思是說，如來藏雖然是空性心，不是物質色法，但並不是想像的虛相法，也不是只有名相，也不是印順法師所說的「不可知、不可證」的，祂是眞實存在的。由此緣故，菩薩遠離了顚倒夢想，而確認了無餘涅槃的**實際**，證知了二乘聖人所不能了知的無餘涅槃的**實際**，所以是究竟涅槃的親證者。

「**三世諸佛依般若波羅蜜多故，得無上正等正覺。**」三世諸佛當然就是從菩薩地中，照著這樣的理路，而次第進修上來的；般若到彼岸的佛道，若離開了如來藏體，就沒有般若可宣說、可修證了；因爲般若智慧的理體就是如來藏，般若諸經的所有文句，就是在宣說如來藏的體性，就是表顯法界萬法的實相，都是以如來藏爲體，都是從如來藏而出生的；所以想具足證得般若慧，當然也是要照著這樣的正理而修學上來的；離開了如來藏，就沒有般若可證、可修的了，所以說「三世諸佛依般若波羅蜜多故，得無上正等正覺。」

爲什麼菩薩親證如來藏，而修證到佛地的涅槃，才是究竟的涅槃呢？爲什麼二乘的涅槃是不究竟的呢？

第一：二乘聖人不曾證得無餘涅槃的**實際**，因爲無餘涅槃就是把十八界滅盡了，滅盡以後就只剩下第八識—**名色因**、**名色本的識**；而他們只是現觀十八界、五陰、十二處的虛妄，因此而斷我見與我執，因此不再受後世的生死，但是他們不曾證得這個第八識，所以無餘涅槃的實際，他們是不知道的。他們既然不知道無餘涅槃的實際，那麼他們所證得的涅槃，當然就不是究竟的涅槃了。

可是菩薩還沒有證入涅槃之前，他就已經證得實際了，這就是大乘別教第七住位菩薩所證得的「本來自性清淨涅槃」；所以，跟二乘菩提作個比較的話，菩薩是顛倒過來走的，在還沒有斷除我執煩惱，還沒有斷除思惑之前，就先證得無餘涅槃的實際，所以說菩薩「不斷煩惱而證菩提」，所以說菩薩不可思議；這個本來自性清淨涅槃，是決定性的二乘阿羅漢與辟支佛所不能證得的，是他們所不能想像的，所以二乘菩提的涅槃是不究竟的。

第二：二乘聖人所證得的涅槃，他們是只修斷我見我執的現行，不曾修斷我執習氣種子的隨眠。可是菩薩從初地開始，還沒有斷盡思惑時，就已經不斷的在修斷我執的習氣種子的隨眠；到六地滿心位時，已經斷得差不多了；所以到最後成佛時，究竟斷盡的時候，他才能稱之爲究竟涅槃，這就是諸佛的涅槃。

二乘聖人的第八識心中，既然還有所應修斷的無始無明的隨眠，既然還有所應修斷的煩惱障的習氣種子隨眠，當然他們所證的涅槃，就絕非究竟的涅槃。

所以只有菩薩修證到佛地時的涅槃，具足了四種涅槃時，才是究竟的涅槃。

第八節　心經之密意

「故知般若波羅蜜多，是大神咒、是大明咒、是無上咒、是無等等咒，能除一切苦，真實不虛。」

「能除一切苦」：當你轉依眞心如來藏的時候，你還有苦嗎？你無妨繼續有個「假我」的十八界五陰在受苦，但是卻有另一個不墮於眾生我的「**我**」是沒有受苦的；而正在受苦的假我，所受的苦卻又是無常的，所以根本就沒有苦，所以苦也就除掉了；並且菩薩又除掉了今世繼續造作未來世的苦因，這就是般若波羅蜜多能除一切苦的原因。所以，眞正證悟的人，依照這個證量，就會這麼說：「**所謂受苦，即非受苦，是名受苦。**」這就是般若的智慧，這樣的修證，就是眞正的中道觀行，這才是眞正的中觀。

這意思就是說：《心經》所說的大乘法，才是最究竟的法。雖然《心經》裡並沒有解說一切種智，但是已經簡略的提示到了：「法無我」的修證境界才是最究竟的佛法。

最後，《心經》整體的密意在哪裏？我剛才跟你唸過了這個《心經》所說的「般若波羅蜜多」，祂是「**大神咒、是大明咒、是無上咒、是無等等咒**」，可見《心經》的密意就在這個咒裏面對不對？可見這個咒就是般若波羅蜜多咒啊！所以《心經》接著就開始說咒啊！我現在要把這個咒的密意說給諸位聽，可是你們千萬不要用耳朵來聽，你得要用你的眼根來聽，請諸位小心聽了（接著蕭老師就開始大聲的唸咒）：「**故說咒曰：『揭諦揭諦，波羅揭諦，波羅僧揭諦，菩提薩婆訶！』**」

（方才唸完：現場隨即有人發問）：「請問老師，剛才說：『揭諦揭諦，波羅揭諦，波羅僧揭諦，菩提薩婆訶。』說咒裏面有密意，可是祂眞實的密意究竟在哪裡？」（蕭老師聽了，只是微笑不語的看著大衆，大衆亦笑。然後老師舉起手來，停在空中一會兒，忽然擊案！）「啪！」（大衆熱烈鼓掌。蕭老師接著開示說）：

待會兒現場問答及迴向完畢，大家回家的時候，有車乘車！無車步行！

附錄：群疑解析（現場問答記錄：以紙條提出問題）

問：人家過世的時候，常常有所謂的助念，大家都說有效，我希望蕭老師能夠幫我們開示、指點有關這方面的問題。

答：這是一個切身的問題。助念確實有效，但是這個助念會有效，是因爲在正死位中，它有一些階段的分別不同。人死了的時候，一般人都以爲說，呼吸斷了、心跳停了，那就完全無覺無知了，實際上並不是這樣的！有的人在世時，他是造惡業的；造惡業的人。你如果跟他助念，要在斷氣前助念；斷氣之後，只須助念一小時就好了；然後你得要再等，等到六、七個鐘頭以後，才再繼續爲他助念；在這兩段時間的中間六個小時，就把他擺著不理他，因爲你再怎麼理他，也都沒有用，他的意識在一小時內就已經斷滅了—覺知心很快就斷了。他是從頭部開始捨報的，一捨報時，意識在一小時內就不見了，所以你再幫他唸什麼都沒有用。

如果是謗佛，或是誹謗菩薩藏的如來藏法、誹謗僧寶，那你跟他助念也沒有用；因爲他那個是地獄業，他不會有中陰身的，他在這邊一分一分捨報時，地獄身就在地獄中一分一分的開始出現，直接生到那邊兒去，沒有經過中陰，地獄身直接在地獄中生起。他的如來藏在這邊捨報一分，地獄內的地獄身就生起一分，它是這樣的，不經過中陰階段的，所以你在這邊助念沒有用，得要在捨報前爲他助念才有用；息脈斷滅之後，最多助念一小時，以後再怎麼幫他唸佛，都是沒有用的。

也就是說，造惡業的人，如果是一般的惡業，不是地獄罪的大惡業，那麼這種造惡業的人斷氣以後，不超過三十分鐘，最多一個小時，他的意識就已經不存在了，那你爲他助念的話，得要在這三十分鐘、一個小時之內爲他助念；或者要在他斷氣之前，而且精神不昏迷的狀態時，爲他助念，其餘時間是沒有用的。

但是一般人是行善多、造惡少，這種人通常是腳部開始捨報，大約要等大腿完全捨報完畢了，頭部才會開始捨報，所以前面的三、四個鐘頭，他的意識覺知心都還是存在的，都還能聽到生人講話的，只是不能表示意見而已，因爲他的勝義根（頭腦）都還在繼續運作。一直到三、四個鐘頭過去之後，他的如來藏才開始進入由勝義根移轉到中陰身的過程，在如來藏還沒有開始進入由勝義根的捨報而移轉入中陰身的階段之前，以及中陰身還沒有具足之前，他的意識還是存在的，也就是說：在斷氣的三、四個鐘頭以後，他的意識覺知心才會消失掉；在意識消失時開始，未到八小時中陰身具足之前，是沒有意識存在的。嚴格說來，息脈都斷了以後，過了三、四小時以後的這段時間，你爲他助念也沒有用，他已經沒有意識了嘛！

但是在息脈斷後的整個八小時中，爲什麼仍然要幫他助念呢？因爲這個時候，當你們爲他助念的時候，你們的心會跟 阿彌陀佛感應；你們許多人都還在念佛，會跟 阿彌陀佛感應道交啊！有感應，或者感應的力量增強， 阿彌陀佛就會來接引他，所以助念還是有用的。並不是對他直接有用，而是幫他與 阿彌陀佛感應，所以有用，所以還是要爲他繼續助念。到了八個鐘頭過後，他完全處在中陰階段了，意識心已經重新再出現了，你爲他助念當然更有用，所以助念其實是應該延長到十、或者十二小時的。所以八小時的助念完畢時，家屬應該繼續爲亡者助念才是。

爲什麼中陰身未完全具足之前的助念有用呢？當他在捨離報身的最後階段，中陰身開始出現的時候，也就是斷氣後的第六個鐘頭、第七個鐘頭，意識心已經在中陰身中開始少分的出現了——漸漸出現了，這時候眞如還有少部分在色身之中。

這個現象是說：如果眞如一分在中陰身的時候，就必定有九分是在色身裏面；如果有九分在中陰身的時候，就還有一分是在色身裏面，這個現象，在經中叫做：「如秤兩頭、低昂時等」，是隨著比例增減的。也就是：這邊越高，那邊就越低；那邊越高，這邊就越低，一定這樣的。

那麼當他在中陰身上已經有九分如來藏的時候，意識就已經在中陰身那裏漸漸的出現了，這時候還有一分在身體，仍然會影響到他身體的變化；所以有些人在第六個鐘頭、第七個鐘頭時，或者第八個鐘頭以後，他的臉相開始轉變，變紅潤起來，變得有笑容了。所以助念是有用的，不是沒有用的。只有一種情況的助念是沒有用的，那就是說：如果助念者老是打妄想，根本沒有淨念相繼的功夫，再加上他們不信有極樂世界，不信有阿彌陀佛；也就是說：那些信受印順法師邪法的人（編案：譬如有一部分慈濟的會員、佛光山的信徒，他們信受印順法師的人間佛教思想，不信有極樂世界，不信有阿彌陀佛），他們來助念才是無用的。

由這個緣故，雖然是在亡者的意識斷滅消失的過程中，為他助念還是有用的，因為你確信有極樂世界　阿彌陀佛，相信亡者能獲得　佛的感應與接引，所以你的助念可以感應　阿彌陀佛啊！這就是為亡者助念的道理；會使他產生作用，不是無作用。所以不能聽那一些人，譬如印順大法師講，說那個助念沒有用，因為他連極樂世界都否定了，連　阿彌陀佛都否定了，怎麼會承認助念有用？所以你們自己要有智慧去判斷。

問：假如明心見性了以後再來為人助念，效果會不會比較好？

答：鐵定比較好！特別是我們這個法門。因為我們這個法門，要明心見性以前，先要修得「淨念相繼」的功夫，你先得要一心不亂嘛！那麼如果你們好好的修，好好的跟同修們結善緣，你的同修之中也能有人悟了，乃至見性了，將來你家老爹走了的時候，因爲你平常也跟人家結善緣，也跟人家助念，到那時候，大家也會回應平常你對別人的助念，當然都會來幫你老爹助念，那個時候功德可就大了。

你想：世間人能有什麼人可以邀請到開悟的人來爲他助念呢？所以，亡者的瑞相多少都會有的，所以這樣的助念一定有用。想想看：一般人去助念時，總是一面念著：「阿彌陀佛、阿彌陀佛……」，心裏面卻在想著：「幾點可以結束？我還有事情要趕著去忙……」，這就是一般人的助念啊！他們是一邊兒唸佛號，一邊兒打妄想的！那你們將來練成了「淨念相繼」的功夫，就不是像他們這樣，那是一心不亂的一直念佛下去，是一邊兒唸著佛號，心裡同時憶佛不斷、淨念相繼的；一直到引磬響了，才會停止佛號，心裡卻仍然在無相的念著 阿彌陀佛的啊！是這樣的啊！這樣的助念，當然很容易感應 阿彌陀佛的啊！所以，亡者一定可以獲得 佛的接引的，當然功德是不一樣的。

問：在《大乘起信論》中講「一心二門」方面，這個二門講「心眞如門」

與「心生滅門」，我覺得跟老師今天講的有很大的關係，想要請問老師：眾生的二門跟 佛的這二門之間，它的功德受用與差別在哪裏？

答：「心生滅門」與「心眞如門」，這是講眾生地，也是講菩薩地修學佛道的過程；但是在佛地時，卻只有「心眞如門」，沒有「心生滅門」，這個意思，你們先要弄清楚。這二門，一個是橫面觀—剖面觀，一個是立面觀—豎觀；一個是橫向的，一個是縱向的。

「心眞如門」講的是佛地的眞如—「常樂我淨」，這個境界才是第八識心眞如—有的祖師方便說爲第十識。未到佛地之前的第八識，都還不是眞如，都還有異熟性，還有變易生死，所以不是眞正的如。由這個心眞如門，而說「心生滅門」，也就是說：因地的第八識如何經由開悟，以及悟後起修的修淨祂所含藏的染污的七識心的習氣種子，修除無始無明的「上煩惱」隨眠，而成爲究竟佛地的第八識眞如，這就是立面的、縱向的成佛的過程，就是從「心生滅門」而到達佛地的「心眞如門」的究竟清淨境界。

所以「心眞如門」呢，講的是：這個第八識，必須經由「心生滅門」的過程，在你開悟明心、證得佛菩提之後，一直到將來成佛，它整個過程完成了，這個才能叫做「心眞如門」。這個修除因地眞如的染污種子，而成爲佛地的常樂我淨的眞如，這個過程，就稱爲眞如緣起。

那麼「心眞如門」，也有一部分是方便說因地第八識的眞如性。也就是說：因地的第八識心，雖然含藏著衆生的七轉識的染污種子而有不淨，但祂自身的體性卻是清淨的；所以祂自無始劫以來不斷的現行運作，不斷在流注自己的種子，在自己所相應的功能上不斷運作，都是屬於無漏的有爲法，與染污性完全無關。但祂卻又不斷的在配合七識心的意欲，而流注種子、而作種種的配合運作；但是不管七識心要祂配合而作的種種行爲是貪是瞋，當祂配合運作的時候，祂自己卻是不貪亦不瞋的，始終保持著祂原有的清淨性，以自己的清淨性而陪著七識心運作不斷，所以祂在三界六道中輪迴時，卻是仍然住在涅槃境界中，卻是仍然住於如的境界中，這就是因地的「心眞如門」。這種境界的證知，得要從禪宗的開悟明心以後，才能現觀，凡夫與二乘聖人都無法眞正的了知，他們再怎麼想，都想不透的。

至於「心生滅門」呢，從凡夫來講，都是具足兩門的。爲什麼具足兩門呢？因爲你這個自性清淨心的第八識如來藏，本來就是清淨性的，不必你去修祂，祂自己已經就是清淨性的，所以祂是「心眞如」；但還不是眞正的如，是方便說爲眞如，因爲祂還有生滅性。

爲什麼有生滅性呢？因爲這個因地的自心眞如，含藏了前七識心的染污法的種子，也含藏了第八識自己清淨法無漏法的種子，也就是說同時含藏了有漏法、無漏法的種子；祂既含藏了七識心的種子，當然也就含藏了煩惱的種子；這些種子，無始劫以來一直生滅流住不斷。既然生滅流住不斷，也不斷在熏習轉易種子當中，當然祂是有生滅的啊！可是內含的種子有生滅，但是第八識的心體卻無生滅；體無生滅，所以「非斷」；內含種子有生滅變異，所以「非常」。因此而成就中道義—非斷與非常，這個就是在講祂的因地的「心生滅門」。

那麼爲衆生講的「心眞如門」是說：祂本來就如，自身的清淨涅槃的體性不變；成佛以後，祂也是如，這種體性還是不變，所以叫做「心眞如門」，講的是這個意思。成佛以後，佛地的第八識心眞如，是沒有種子的變易生滅的，因爲祂的種子完完全全清淨了，無漏法也已經具足圓滿了，不須要再變異了；既然完全不變異，那祂當然沒有種子可以再轉換生滅了嘛！祂的識體不生滅，種子也不再轉易生滅；雖然種子仍然有流注，但是流注當中卻永遠不再變異種子了，因此就不再叫做流注生滅了。所以祂的種子流注的現象，不再叫做生滅，因爲沒有種子的變異了，只有流注而已，這就叫做流注滅。但是因爲仍有種子的流注，所以功能差別還是繼續出現。只因爲種子不再變異轉換了，所以叫做流注滅。這個就是講佛地的「心眞如門」。

而在「心生滅門」之中，則是告訴大家：要把因地第八識的種子生滅變異的現象消除掉，因此就得悟後起修；因爲禪宗破參開悟只是大乘的眞見道位而已，所以悟後還得要修除性障、斷除思惑，也就是要修除煩惱障的現行，成爲阿羅漢，證得解脫果，這就是六地滿心位的取證滅盡定。但是成佛並不只是這樣，還要修斷無始無明的所有隨眠，還要修除煩惱障的習氣種子；到了究竟斷盡之時，才能成爲究竟佛，這就是「心眞如門、心生滅門」合起來所講的內涵。所以《大乘起信論》的一心二門，是正確的說法，這個眞實心確實有眞如門，也有生滅門。

生滅門講的是修行成佛的過程：你應該要怎麼樣修行，把一念無明的煩惱障的習氣種子全部斷盡—現行斷盡以後還要斷盡習氣的種子，就永遠不會有「起煩惱」的現行。然後又把無始無明的隨眠全部斷盡；無始無明不是種子，它只有隨眠與現行；無始無明的隨眠全部斷盡了，就不會再有「上煩惱」的現行，這樣就是「心眞如」，就是佛地的第八識了，又方便稱爲第十識眞如、無垢識。這樣從因地開始修除第八識的阿賴耶性，而到達解脫道的極果；再修除煩惱障的習氣種子，再修除無始無明的所有隨眠，成爲究竟地的眞如心，成爲究竟佛；這個第八識轉變內涵而成爲佛地眞如的過程，就稱爲眞如緣起。

一心二門講的就是這個眞如緣起的道理。可是沒有眞正懂得種智的人，少聞而聰明伶俐的人，就會產生誤會，就會把它否定，就會亂說，誣賴這個《起信論》是外道論，會誤認爲它講的跟佛法完全不一樣。他們心裡想：「眞如是不生不滅的，怎麼可能會有生滅門呢？眞如怎麼會是緣起的？」他們不曉得非生滅、非非生滅的道理，也不懂非緣起、非非緣起的佛法道理，所以就會否定它，說它是外道假藉馬鳴菩薩的名義僞造的（編案：這是月溪法師的說法）。但是眞正通達種智的人，了知眞如的許多種雙非的意涵，所以就沒有這個問題。所以《大乘起信論》所說的法是通達的，是了義的。

問：人是否會投胎為細菌？人有如來藏，細菌是否也有如來藏？

答：細菌是有情，這個在佛經裏面很早就有講過。佛曾經講過：「一杯水裏面有八萬四千眾生。」佛有規定：所有比丘都要帶一個漉水囊，現在叫做濾水囊；比丘到了野外喝水時，水一定要先濾過。以前的人胃腸健康，有蟲無蟲都照喝，把水中的細蟲喝下去也變成營養了，現在的人喝下去就會拉肚子。以前的人，喝生水是很平常的，比丘二衆在外，喝生水也很平常，所以要帶濾水囊，用那個布囊先把水濾過才可以喝。爲什麼要過濾？因爲水裡面有小蟲嘛！你如果把小蟲吃掉，那就是殺生嘛！

可是佛又說：一杯水濾過以後，還有八萬四千衆生在。事實上，哪有八萬四千衆生而肉眼會看不見呢？可見得那些衆生就是細菌嘛！古時候的名詞稱爲細蟲。既然那些細菌是衆生，你說牠們有沒有如來藏？（發問者答有。）有嘛！所以你們每一個人，身上都有無量無數的如來藏，爲什麼呢？因爲你們每個人身中都有好多的有益細菌，也有有害的細菌，都有嘛！那些細菌，牠們的世界就是你的身體，你的身體就是牠們的世界。

細菌爲什麼是有情呢？現在醫學已經證明了；醫學家用一些藥來試驗，同一批細菌，他用一種牠沒接觸過的藥放進去，這些細菌會過來接觸，接觸後趕快游開了；第二次再把它放進去，牠們都懂得躲開了，不會再來接觸然後才離開；這表示牠也有簡單的記憶，既然有記憶，那一定是有情啊！植物不會懂得要躲開的，植物不會有討厭或喜歡的情緒，它只是隨著因緣漂流發展而已嘛！

所以，可見細菌是有情，只是牠的五根功能不像我們人類衆生一樣，跟我們這種比較高級的衆生不同，所以牠成爲低級的衆生，只能做簡單的了別，但還是有覺知、有意識心的。如果沒有意識，牠就無法去做這個分別：「這個我經驗過了，是使我難過的東西，我得趕快跑開！」牠雖然不會用語言這樣想，但是牠會遠離不喜歡的物質，牠有簡單的記憶的，醫學家已經證明這個現象了！

那麼在接觸過了以後，再換一種牠沒接觸過的藥品，再來放進去，牠又來接觸了，接觸以後牠發覺不好，又跑開了！可見牠能作簡單的分別：「這個物質和上次的東西不一樣，我要試探一下是什麼？是不是可以吃的物質？」所以牠雖然沒有語言文字，卻一樣可以分別的。既然是可以分別境界的細菌，當然就是有情嘛！所以細菌也是有情。所以你們到處跑的時候，不是只有你的如來藏，還有很多的如來藏跟著你到處跑。不過，因爲如來藏是空性，所以又說沒有來去，所以是非來亦非去。

至於投生爲細菌，當然也有可能。有的人造大惡業，譬如謗法、謗賢聖、無根誹謗凡夫僧；或者更嚴重的人，他因爲私心而暗中破壞正法的弘傳等，捨壽時下了地獄，如果在世時又沒有修集過什麼福德的話，將來輾轉生到人間時，也有可能由於福德極端欠缺的緣故，將來就輾轉投生爲細菌了。當他投生爲細菌時，仍然還是有情啊！但是仍有簡單的喜怒哀樂啊！如果是破壞正法的人，就算是生前修得般若智慧與大神通，當他生到地獄受苦多劫，然後又要很多劫輾轉受生爲低級生物的時候，由於他的意識心很低劣的緣故，所以他的智慧與大神通也都跟著消失了，所以神通並不可靠，證得般若智慧以後，如果因爲私心而破壞正法的弘傳時，你的般若智慧也救不了你的！這是說：五濁惡世的衆生，悟得般若智慧以後，如果沒有謹守戒律，也還是會失去的；縱使你已經修到十迴向位，一旦犯了破壞正法、誹謗地上勝義僧的重戒：等等，都要失去一切修證的；在《菩薩瓔珞本業經》裡面，佛曾經說過：「三（賢）位（及）十地（的修證）一切皆失。」所以要很小心，千萬記得：以戒爲師。否則，將來生到細菌中去的時候，都忘了自己是怎麼會生爲細菌的呢！

問：請問老師，爲什麼特別推崇廣欽老和尚？是不是和他有什麼特殊的因緣？

答：我這一世初學佛的時候，本來要去皈依廣欽老和尙，結果也沒有皈依成；去了兩趟的結果，都是遇上了塞車，皈依時間都過了，結果就沒有皈依在他座下。那你問說，我跟他有什麼因緣呢？沒有啊！連見過一面都沒有。所以，這一世我沒有跟他結上緣。

不過，他老人家倒是一直在跟我結緣，怎麼說呢？我在寫《宗門法眼》之前—那時還沒有出版—那是《無相念佛》出版一段時間以後的事，廣欽老和尚度了一個男衆，他以託夢的方式跟那個男衆講：「你要去學無相念佛。」結果那個人醒來以後說：「奇怪！有一個老和尚，這個老和尚我也不認識，怎麼叫我去學無相念佛？我也沒聽過這個無相念佛的名稱，也不曉得哪裏有，怎麼去學呢？」想不通，所以他就放下了。

結果，過了幾天，廣老又來跟他託夢：「你要去學無相念佛啊！」他心裡想：「奇怪！怎麼這個老和尚又來跟我講？」可是他生意很忙，也沒去注意，結果他又丟開了，沒管它。過了幾天又來跟他講，連續三次跟他說：「你要去學無相念佛啦！」他才想說：這個一定是有什麼原因，這個老和尚大概和我有什麼緣，一定是好東西才會叫我去學。然後他就到處打聽，可是卻打聽不出無相念佛是什麼？也不知道哪裡有這個東西。那時候正覺同修會沒發行什麼書，只有一本《無相念佛》，發行量也很有限，根本沒有人聽過，所以探聽不出個所以然。

可是他有一次跑到新生南路上的慕欽講堂去，他就禮佛，禮拜起來看到柱子上掛著一張相片，他就說：「啊！這個就是跟我託夢的老和尚！」他問人家：「請問這個老和尚是誰？」別人說：「廣欽老和尚啊！」然後他就講：「哦！原來是廣欽老和尚哦！」結果書架上一看，剛好有一本《無相念佛》，就帶回去讀。可是後來，他來上了兩堂課以後就沒來了，因爲事業很忙。

後來又過了半年，他又來找我—那個時候我們還在中央信託局共修—他帶著夢醒後記錄下來的紙頭，上面記著他所認識的一些人的名字，和過去世互相間的關係，又跑來找我說：「老和尚第四次又來跟我託夢啦！老和尚告訴我一些人過去和我是什麼因緣，叫我一定要來學這個法啦！可是後來他臨走的時候又說一句話：『要學不學在你（閩南語）！』然後就走了。」他問我這最後一句話什麼意思？我說：「他的意思就是說，以後不會再來跟你講了！學不學這個深妙法門，就看你啦！我也沒辦法幫上忙，你的事業那麼忙，就看你的因緣了！」結果那一堂課上完以後又沒來了，事業忙，又新養了一個兒子，兩頭忙；所以眞的沒辦法，因緣不具足。

真正的正法，是絕對不會互相排斥的，眞悟的人之間，也絕對不會互相排斥的；兩個證悟的人如果不能相容，一定是所證的內涵不同，那麼兩個人之中就一定有一個人是沒悟的。我推崇廣欽老和尚，不是因爲他度人來學法的這件事情而推崇他，因爲在這件事情發生之前，我那本《宗門法眼》已經打字打好了，已經交給印刷廠排版了，而廣老的開悟公案是排在前面八則的嘛！（編按：公案拈提第二輯——《宗門法眼》的前八則）。廣老度人來學無相念佛這件事，卻是發生在以後，所以我在書中推崇他的時候，跟他還不曾有這件事的交情。

我推崇他，完全是因爲法道相同的緣故。我跟他雖然沒有交情，但是，只要是正法，一定要互相推崇；我不會說：「**雖然相同，但是我這個法比他的好，他比我差。**」我相信他再來的時候也不會這樣想、這樣作！不管層次上有沒有差別，但同樣應該推崇，而不應該去作差別上下的評論。如果去作高低差別的評論，這是研究佛教學術的人所幹的事，那絕不是我所要作的事。

所以，我跟他沒有結過什麼因緣；過去世可能有因緣、結過緣，如果過去世沒有結過緣，廣欽老和尚他不會自己悟；過去世沒有那個因緣，我今生也不會自己悟。同是悟者，過去世一定有結過緣，這是禪宗古時證悟者的習慣，悟後大多會去行腳，結識同是證悟的人，也當面破斥邪師。但是我們今生沒有結過什麼緣，過去世和他結過什麼緣，我也沒有看見，因爲我所知道的過去世的事，是定中偶然看見的，並不是宿命通。我是有時候入等持位中觀行，看見過去世的什麼事情，但不能指定說我要看那一世，也不能指定說我要看誰。所以，我推崇他，跟交情無關，只因爲他的法是正確的，所以我們就讚歎他，不是因爲什麼交情的緣故。在這一世，我們從來沒有見過面，也沒有通過電話，也沒有書信往返過。而且，他捨報時，我似乎也還沒有破參，想去跟他套交情的話，我也不敢去作；沒破參的人，去套什麼交情？只能去歸依罷了！所以，我跟他之間，在這一世不曾有過什麼交情。

問：如來講：「一切眾生皆有如來的智慧德相，但是因爲妄想執著不能證得。」這裏所說的如來智慧德相，與《心經》中的「阿耨多羅三藐三菩提」有什麼差別？和老師所言的「常樂我淨」的本性、眞實心第八識是否等同？

答：這個智慧德相，就是以第八識來說的，因爲這個如來藏，其實祂俙俐得不得了，雖然祂離見聞覺知，但祂很伶俐，所以祂有這個智慧德相，只是祂的伶俐不是在六塵等世間法上伶俐。

你問的這些問題，這兩天來我已經詳細的講解過了，但是你仍然沒聽懂，所以才會再問這些問題，這就是妄想；妄想是指虛妄之想，而不是指心中有語言文字的妄想。而且現在時間已經晚了，沒有時間爲你再講一次。那這個智慧德相就是《心經》講的「無上正等正覺」，講的也是這個如來藏的親證境界。眞實心第八識也就是這個東西，但是這裏面「智與體、體與智」還是有差別的。這個要等你悟後再來探討，這樣比較容易；我現在說了，你還是矇矇矓矓，聽了馬上就會忘掉，一定記不住的，也聽不懂的，因爲這個不是你所證得的東西。

問：眞實心第八識，究竟從何而生？是否該有最初的出處或者起源？是一開始就有如恒河沙數那麼多的第八識，充塞於三千大千世界？亦或有一母體衍生出來？

答：如果第八識是有一個起源的話，那第八識就是有生之法，有生之法就不可能出生五陰、十八界、七轉識，因為祂也是被生的法嘛！在實相法界中，被生的法不能出生眾生的陰界入的，所以一定是從來無生、本來無生的法，才能出生一切法；能出生一切法的法，才會是永遠不滅的法，所以如來藏是無生的法，所以祂沒有一個起源。因為沒有起源，而又含藏了種種的功能差別，所以才會稱之為「無始時來界。」

如果有起源的話，那第八識以外應該還有一個實相，那麼第八識就應該也是由那個源頭而出生的，那第八識就不是實相了。因為第八識心是所有法界實相的源頭，所以祂沒有起源，祂沒有一個開始，所以叫做無始，因此不能說祂有起源。

你所說的：「一開始就有如恒河沙數那麼多的第八識，充塞於三千大千世界。」這話沒有錯，但是不要把它解釋成「充塞於虛空的每一個地方」，不是這樣的。而是十方虛空無窮無盡，所以世界國土不可限量，所以就有無量無數的眾生；有無量無數的眾生，就表示有無量無數的阿賴耶識，是這個意思，所以說祂「遍於十方世界」。

如果是由一個母體生出這些無量數的第八識的話，那被生出的第八識就都是有生有滅的，那就應該還有一個第九識來出生第八識囉！這樣的話，這個思想就跟一貫道一樣啦！他們說：「十方諸佛、一切天仙、天神，都是無極老母生出來的；現在則是要收歸原人。」這樣就變成一貫道的思想了。那也會變成跟基督教——一神教一樣，但是在事實上卻不是這樣的。

這個第八識，並不是由哪一個母體生出來的，而是每一個衆生，大家都是無始劫以來就本來獨有的，都是唯我獨尊的。你的第八識不會比螞蟻的第八識高貴，天主、上帝、阿拉、耶和華、耶穌的第八識，不會比糞坑裏面蛆的眞如高貴；一切有情的第八識體性都一樣，同樣是那麼清淨。而且你的第八識的種子沒有比他增加，他也沒有比你減少，所以都是一樣的，所以不是由同一個母體生出來的。如果由某一母體出生的話，那麼被生的第八識的種子，應該比母體少，那就不是本來具足的了，所以這種說法是大有問題的。

如果是由同一個母體生出來，那就跟月溪法師的邪見一樣啦！月溪法師講的：「好像是一個托拉斯一樣，然後下面有好多分公司，由總公司統統控制著。」

這樣就不對了，這樣就不是「唯我獨尊」了。如果是這樣的話，那你也不用修行了，爲什麼呢？因爲你努力修行的結果，你的母體所分出來其他的有情卻是都不修行的，那你就白修啦！因爲你的母體才是集藏有漏無漏法種的心啊！那你何不說：「我去享樂就好，讓那個母體分出來的其他的人去修行，我來享樂，撿現成的不就好了嘛！」那有什麼用？沒有用的！這樣一來，衆生在世間法與出世間法上的種種作爲，就會變成無因無果了，所有修行就會成爲唐捐其功了。所以第八識心不是由同一個母體分出的。

問：受染污的清淨本性，既可證得，然經證得後，如何不會再受染污？豈不會是清淨本性變成受染污，再變成證得清淨，再受染污、再證得清淨……如此循環？

答：不會！我問你：「黃金，你從金礦裏面挖出來以後，你辛辛苦苦把它提鍊清淨以後，你會不會想起一念：『我再把它加入一些沙子進去』？」不會吧？因爲你很清楚知道：我這麼辛苦的提鍊，就是要使它清淨。所以，你不可能使它清淨以後，再弄一些沙子把它加進去的。

同樣的道理，你既然把第八識、心的種子修行清淨以後，祂的種子清淨以後，你智慧就越來越高超；智慧越高的人，就越不會使它再受染污，所以一定是往清淨的方向一直前進，所以不會產生回歸染污的現象，就不會有再受業力所牽而輪迴的現象。你也不可能願意再使祂的種子染污了，那不是變成白癡了？那怎麼可能是證悟的有智慧人呢？辛辛苦苦修得成果，卻自己去毀壞它，只有神經錯亂的人會這樣作吧！修行有成就，有智慧的人，怎麼可能再去把祂的種子染污了呢？

問：蕭老師書中有提到，如果要取證如來藏的話，首先要能夠在行住坐臥中，得到未到地定的自在，這要如何做得？另外，要證得般若波羅蜜的準備工作又要如何做？

答：其實，這個般若波羅蜜，我昨天早就塞在你手裏了，只是你抓不到祂罷了！意思就是說：其實諸佛在三藏十二部經裏面，也早就明講了，但是被妄想（妄想就是虛妄之想，而不是打語言文字妄想的那種妄想）所障住，被錯誤的知見所遮障住了，所以你無法去證取那個眞實心。其實，波羅蜜果早就塞在你手裏了，我從昨天就一直在塞給你，我現在也還是繼續在塞給你，但是你體會不到。如果你破參了，你就會知道：我無時無刻不在塞給你。

那麼這個證取波羅蜜多果實的法門，我們在《禪—悟前與悟後》的書中說明了很多的條件。那些條件，你都要想辦法去取證，比如說一心不亂的功夫、福德、慧力、信力、知見等，這些都要去修。你們現在來學的話，是最好的時機。如果你們來這裏共修，是法師來帶領你們，你們可以有更大的信心嘛！在我們派遣老師前來任教之前，台灣南部還是沒有機會修學這個宗門正法呢！

至於說，那些證悟的功夫要怎麼做？三言兩語是講不清楚的，要請你報名來共修。現在我要賣我的瓜，現在要當老王；因爲無相念佛的功夫，對於外面的人來說，是很深的念佛法，你想：三言兩語就可以講得清楚嗎？不容易講得清楚的！何況是證悟明心的大事呢？所以你一定得要來共修，然後有法師來跟你指導。

漸漸的，功夫建立起來，然後，因緣到來的時候，親教師會交代你，會教你如何看話頭—轉入看話頭；轉入看話頭階段以後，你做功夫做純熟了，你才有機會看見佛性；因爲看佛性跟看話頭是一樣的行門，到時候你們看見了佛性，就會知道我說的是誠實語，就會知道爲什麼要教你們去看話頭了。看話頭的功夫很純熟時，就是已經在未到地定中自在了，而且是在動態中自在的。

這個眼見佛性的境界，是沒有辦法在文詞當中來告訴你的，不像是明心的境界，可以用語言文字而直接明講出來。所以，你必須來參加共修，然後按部就班，一步一步的來指導你。

問：眞如在輪迴的過程中，祂是如何去調適大小？比如說一頭牛與一隻螞蟻，一個是那樣大，一個是那樣小，雖然眞如無形無相，但應該總有一個調適的方法。另外，看話頭對以後看佛性很重要，那這是屬於內斂，到後來才外放，那外放的部分是不是特別重要？這是不是以後「有沒有辦法看見佛性」的關鍵所在？

答：第一個問題是，眞如持大小身的問題。眞如持大小身，和業果、和外面的環境有關係。在欲界的人間持大身，最大不過鯨魚恐龍的身量，目前是這樣。那麼在色界天，最大可以大到一萬六千由旬，因爲那個色界天的天身，它是很微細的物質，持身容易，所以能夠持廣大身。但是我剛剛也講過，眞如祂很伶俐，你不必擔心「祂能不能持大身？能不能持小身？」所以說：「收之藏於芥子，放之大逾須彌」，所以祂可以持大身。

色究竟天的一萬六千由旬那個廣大身，比起人身實在是大太多了，但是成爲細菌時，又變成那麼小，比芥子還要小。這是因爲眞如雖然不是物質的色法，可是祂有那個「大種性自性」，所以祂能夠執持色法。至於應持大身或是小身，則是由業力來決定的，不是由有情的見聞知覺性來決定的，所以有情衆生是作不了主的。只有菩薩證得道種智時，可以自己決定往生何處，而決定來世持大身或小身。

這個道理很深，所以有些人不瞭解，會產生誤會。譬如以前有位很有名的，有大神通的大善知識講：「一萬隻螞蟻的眞如合起來，就成爲一個人的眞如。而一千個人的眞如合起來，成爲一條大鯨魚的眞如！」你們大概都知道是誰講的。那這樣子，眞如就變成可以增減、可以合併了嘛！這樣就不是不增不減的法，違背了《心經》所開示的正義了。

祂不是這樣子的，祂既然是個空性，就一定可以隨應無方：你的果報業種現行時，是應該持極小身，祂就去極小身的眾生中受生而持極小身；果報業種現行時，是應該持極大身，祂就去到極大身眾生中受生而持極大身。所以，在人類中受生，小到可以持一顆很小很小，肉眼看不見的受精卵；大到可以持一個成人，乃至持老人之身；但這個體性是祂本有的，祂自己會運作得好好的，所以你不必去擔憂它！

但這是什麼道理才這樣？這就是祂的「大種性自性」，祂的種種功能差別的一部分，就在這裏，這就是祂的無量數種子中的一種，「大種性自性」的種子就是這樣的。你如果要問說爲什麼會這樣？我的答覆是：「沒有道理，法爾如是。」本來就這樣。如果這個功能性是修來的，這個功能性就會壞掉，那麼就應該有時不能持身；但是它不是修來的，所以它永遠不會壞掉，這是法爾如是的法。

第二個問題是關於看話頭的功夫。看話頭，一開始是要你們往內收攝，不可外放。會無相念佛以後，才眞的會看話頭；不會無相念佛的人，說他會看話頭，一百個人裡面有九十九個人是看話尾，不是在看話頭，但他們會跟你爭執說：「**我們也是眞的能看話頭。**」

無相念佛的功夫純熟了，剛開始從無相念佛轉入看話頭階段的時候，怕你話頭會丟了、不見了，所以叫你往內收攝，不要緣於外境。緣於外境的話，你這個話頭常常會丟掉，那這樣的話，你的功夫就不容易做起來，所以叫你往內收攝，把話頭安在覺知心裡面，不要放出去，不要去管外境。

可是你如果一直這樣內攝下去的話，將來會看不見佛性的，所以後面的階段要漸漸往外放：往外放出去，話頭放出去。當你看見什麼東西，話頭就在什麼東西身上，要這樣去看。因爲將來看佛性的時候，也是這樣去看的。將來見性時，從外面的一切事物中，都可以看見自己的佛性，這樣看佛性才會有功德受用。

當你從外面的一切事物上都可以看見自己佛性的時候，當你見性當下，世界如幻觀就成就了，不須要另外再作什麼觀行，就成就世界如幻觀了，十住位的果實就馬上放在口袋啦！熱呼呼的，不會跑掉。而且以後隨時隨地都可以看得見佛性，除非你不想看；這個功德受用很大，性障就可以漸漸除掉了，所以看話頭很重要。如果你沒有把看話頭的功夫做好，而說你看見佛性了，那是騙人的，我不可能相信你，你去跟諸 佛告我，我也是一樣不信的，諸 佛都會跟你說：「蕭平實講的沒錯，你沒有看見！」一定是這樣的。

問：很多善知識講：「不可能用肉眼看見佛性！」而老師是引用《大般涅槃經》中的「聞見」及「眼見」，來說明可以眼見佛性，但有些書的註解中有提到這個「眼見」的眼是慧眼，在《楞嚴經》中也說道：「如是見性，是心非眼。」這個眼與老師所講的「眼見」，跟涅槃經中的「眼見」，到底有何差別？

答：這個問題，其實跟你答了以後，你聽了也會等於沒答，因爲這個要等你眼見佛性後，你才會知道我所講的見性境界，也才會知道我所講的與諸經講的同或不同，也才會知道諸經所講的見性表面不同，而其實完全相同的道理。

但是我今天還是先講在這裏，將來整理成書本的時候印出來，到那個時候，再等你眼見佛性的時候，你才會說：「唉！吾師不我欺也！」

眼見佛性境界，在《大般涅槃經》卷八裏面說：「迦葉菩薩白佛言：『世尊！佛性如是微細難知，云何肉眼而能得見？』佛言：『迦葉善男子！如彼非想非非想天，亦非二乘所能得知，隨順契經，以信故知。』」我能背出這段經文，是因為以前有人對我所說的眼見佛性提出質疑過。這是說：一定要有慧力、定力、福德力，才能看得見。同樣的道理，你的慧力、福德、定力不夠的時候，只要差了一樣，你就絕對看不見佛性。

佛性確實是用肉眼看見的，如果到目前為止，只有我一個人眼見佛性，那你絕對可以做合理的懷疑：「那是你講的，我未必得要信受。」可是我們確實有很多人眼見了，我們在場護持的同修們，也有許多位是眼見的。如果我跟同修們印證為眼見佛性的時候，如果我說錯了，他們每個人一定都會來跟我抗議，怎麼可能會在眼見佛性之後繼續跟我修學種智呢？

譬如我昨天說：「從一坨狗屎上面也可以看見自己的佛性，可是狗屎上面並沒有自己的佛性，但是見性的人卻可以從狗屎上看見自己的佛性。」如果我講的是謊話，被我印證眼見佛性的人，早就來向我抗議了，早就出去外面宣傳，說我講的不正確了。但是爲什麼我這個話說出來好幾年了，重複說了幾十遍了，他們卻不來跟我抗議呢？這是因爲他們所看見的，跟我看見的是一樣的，跟我所宣示的眼見佛性的境界是一樣的啊！

但是，《大般涅槃經》中這個「眼見佛性」，跟《楞嚴經》中所講的「看見了諸法」的那個「能見之性」，這是兩回事。「能見之性」是心的體性—覺知心的體性，所以說「是心非眼」，不是眼根能見，是眼識才能見色，是意識配合眼識才能見色，所以說「如是見性，是心非眼」，講的是能見色法之見性，不是講眼見佛性的見性。

眼見佛性則是要用這個覺知心的能見的體性—見性—去看見佛性，這樣聽懂嗎？還是不懂！沒關係！這是因爲還沒有看見佛性的緣故嘛！以後看見了，你就懂了。是用你的覺知心的能見之性，包括你的肉眼、你的六根、你的眼識意識，去看見佛性，楞嚴所講的見性（能見之性），是工具，用這個見性來看見另一個所見的佛性。當你一根見性的時候，六根就都同時見性了。覺知心、能見之性，並不是眼見佛性時所要見的性。

「眼見佛性」是從總相上來講的，初地菩薩的隨順佛性，祂是從別相上來講的，是從道種智上來講的；諸佛的見性又不一樣，在眼見佛性時就會發起成所作智。未眼見佛性的人，跟眼見佛性的人又不同，眼見佛性的人是十住菩薩，那叫作「未入地菩薩眼見佛性」，但是還有「凡夫隨順佛性」，那又不同，那是將能**見**之性當作佛性，是將能**聞**能**嗅**…乃至能**知**之性當作佛性，所以叫做「凡夫隨順佛性」。

那麼，這個眼見佛性，不必去管它是心眼、是肉眼、是慧眼，在見性時，這三眼統統都看見佛性：心眼也看見，肉眼也看見，慧眼也看見，統統都看見佛性；當你見性時，見性所須的肉眼、心眼、慧眼你都有了，三眼是同時都看見了的。但是這三眼並不是分開來看的，是一起在看的，這三眼也不是分開獨立的；但是當你看見佛性時，你隨時可以看得見，如果不想看見時，也可以專看色塵相而不看見佛性，由你自己決定要不要看佛性。等你見性時就知道我這話的意思了，現在再怎麼思惟都是沒有用的。

但是我要強調的一點是：「能**見**之性」就是將來要用來看佛性的**見**，不是說「能**見**之性」就是佛性，是用「能**見**之性」來看佛性。那你問「能**見**之性」是佛性嗎？我的答覆是：不是！

你們要走這條路，有很長的時間要走，在我來講，我這一世走得很快，從破參見性一直到今天，我走的路非常快，你們很難追得上。但是你們可以努力去做，人家說「勤能補拙」，努力去做，多少還是可以辦得到。但是一定要如實去做，精進的去做，不能像我們會中以前的某些人那樣，他們就是不肯做功夫，結果看不見佛性。看不見佛性以後，卻來怪我不幫助他親眼看見，卻來怪我所說眼見佛性的話有疑問。

佛法不是讓人家研究的，佛法是讓人家來親證的，如果是用研究的，你終究會像印順法師那樣的謗佛（謗無阿彌陀佛，謗釋迦滅後成為斷滅空）、那樣的謗法（謗如來藏非有，謗阿賴耶無常、非有，謗禪宗是野狐禪），也會謗僧（謗禪宗的證悟祖師是野狐禪師）。所以一定要如實的去做，你如果如實的依照我們的教導去做的話，把眼見佛性所須要的定力、慧力、福德都修集滿足了，將來一定會看見的。

時節因緣還沒有到的話，你不要去問，到時候你也不要跟親教師去問：「師父啊！我爲什麼還看不見？」你不要管，因緣到了我們自然就會幫你看見，所以不要急著想去看見佛性，要好好的作功夫，好好去修集見性所應有福德資糧。急著想去看見，都不肯作功夫，都不肯修集應有福德資糧，反而會像俗話說的：「呷緊弄破碗（閩南語：吃太急了就會不小心弄破碗）！」在我們觀察你的見性因緣還沒有成熟以前，自己不要勉強去求，否則一定會自己吃虧的。

如果沒有這個勝妙法弘傳出來的話，你本來就是看不見佛性的；所以因緣時節還沒到的時候就不要急，順著時節因緣去修；當時節因緣到的時候，也就是定力、慧力、福德莊嚴都具足了，我們會觀察到的，我們就會幫助你。

那麼你問是心眼看見？是慧眼看見？還是肉眼看見？我告訴你：心眼也看見，慧眼也看見，肉眼也看見，全部都看見，只差沒有法眼可看見，因爲你沒有道種智嘛！你如果有道種智，用法眼也照樣看得見，那就成爲諸地菩薩的隨順佛性了；你如果有一切種智，用佛眼也照樣看得見。必須是心眼也看見、肉眼也看見，這樣才叫做眼見佛性，肉眼沒有看見的「見性」，那不是十住菩薩的眼見佛性，那個只是理解佛性、體會佛性，只是錯將能見之性誤認為禪宗的眼見佛性，那是凡夫隨順佛性，是沒有眼見的；那樣是沒有功德受用的，世界如幻觀你沒辦法成就，就不會有大功德受用。

在道種智中講：「十住菩薩證得世界如幻觀的現觀。」那這個世界如幻觀，你得要眼見佛性非常分明的時候，你才能證得。眼見分明的話，很輕鬆就證得，一剎那間就證得了，不必在悟後去作辛苦的長期的觀行。

問：何謂「話頭」？何謂「話尾」？又何謂「疑情」？

答：這個應該你來共修以後，由親教師來跟你指導；我現在先跟你說了，算是越俎代庖吧！「話頭」與「話尾」，很多善知識都弄不清楚。你去打禪七的時候，他教你數息，數到一念不生時就告訴你：「你就心裏面問自己：『我是誰？我是誰？我是誰？……』」他說這樣叫做看話頭、參話頭。不對啦！那就叫看話尾、參話尾。因為這句話已經在你心中出現了，出現後就已經過去了，過去了以後，你的心已經是住在這句話的後面了，那不叫話尾叫什麼？

「話頭」是這句話「念佛是誰」的前頭，它還沒出現，你就看住它了，讓這句話不會出現，但是你已經看住它了；你定定的看住它，它就乖乖的在那裏不會跑掉，這才叫做「看話頭」。但是這個要有功夫，講歸講，聽了還是沒有用，還是聽不懂。所以你要先學無相念佛，報名來參加，親教師會教你怎麼樣無相念佛；無相念佛會了以後，接下去時節因緣到了，他就會教你怎麼樣看話頭，一步一步的轉進。至於「疑情」，你就不必問，到你話頭功夫很好的時候，它自己就會出現，現在不用花時間來問，不用花時間來瞭解（編案：可以從《禪—悟前與悟後》書中獲得這個問題的解答）。

問：植物也有生命，好像也有意識，那請問植物是否有眞如？另外，若將一般物質詳細分析，我們可以得到較小的原子；若再細分下去，原子中還包含質子、中子、電子等微細物質，這些微細物質—像電子—它並不是固定的，它會在物質中移動，那麼這種「動」在佛法裏要如何來解釋？是不是這些微細物質也會有意識？

答：植物叫做無情生，所以植物沒有意識。那些人在實驗，對植物放音樂，它就會有較好的反應，譬如生長較好等等。我告訴你，那個是聲波反應所產生的，植物沒有意識，它沒有喜怒哀樂，它也沒有記憶。舉個例子來說：你每天去關心它，給它較好的水分養分與較正常的陽光，它就長得比較好，是不是因此就可以說植物對你有回應？就可以說植物是有情？其實只是生長的環境比較好，而產生出來的情況罷了。

植物沒有第八識，它怎麼可以叫做有情？它雖然是有生命的，但是它叫做無情生；它這個無情生，是由於共業眾生的如來藏中所含藏的業種的力量感招而共同產生的。所以，由於我們所有的有情眾生第八識裏面，都有出生植物的那個種子——也就是大種性自性，這種共業種子會使得植物在適當的時候發芽，也會長大、開花、結果，結果以後它會自動爛熟，會掉下來，又腐化掉，回歸大地。

如果植物沒有這種開花、結果、成熟、腐爛、毀壞的過程，你就沒有辦法吃東西，因爲你吃進去的食物不會熟爛，那你就沒有辦法吸取它的養分，就沒辦法生存。這個並不是說植物本身有自體性，這個體性是衆生的業力所感，而產生的一個功能性。植物既是因有情衆生的如來藏所含藏的種子業力，而使得它能生長及結果……等，當然它本身是沒有意識的。

如果有誰說植物有意識，我們可以來作實驗看看，隨便你找那一棵植物，看你是什麼樣的醫學家、植物學家都可以，看它有沒有記憶？看它有沒有情緒反應？實際上，它從來沒有意識，也從來沒有記憶；沒有記憶就表示它沒有情緒反應，就表示它沒有阿賴耶識。

你所說的它那個反應，是因爲聲音的波動，使它產生了一種良性的成長的現象，就好像你用心的澆水施肥，讓它有良好的生長運作的環境，它就會生長得很好；比沒有細心照顧、不會照顧的人所種的，要長得好；這不是因爲它有意識，聽了音樂歡喜，所以才長得好。如果它會歡喜，有意識心，那就應該可以用心電圖測得到啊！結果，有誰測到植物的心電圖呢？

第二個問題，物質的原子、電子、質子、中子等等，你就不必去管它。因爲這些東西，它們都只是一種物性；因爲四大種、四大元素，它們本身都是這樣，這都是一種物性。這個物性是由衆生的如來藏感應而有的，是共業衆生如來藏中所有種子中的一種，是「法爾如是」的，並不是獨立於衆生心之外的。

四大元素的極微分子，它是本質不滅的，只有在型態上的轉變而已，它的四大極微元素是不會毀壞的，是永遠存在的。如果會毀壞的話，無量劫以來，世界不是會越來越少？結果並沒有！它們只是因爲衆生使用它們的緣故，而轉換成另一種存在的方式而已。所以四大極微元素，包含原子、電子、質子、中子等等，通通不是有情生命，它們的動轉的現象，只是衆生的業力所感招，而產生的一個「法爾如是」的現象，這個現象沒有一個開始，無量劫來它就是這樣的，這是因爲衆生的如來藏法爾如是的緣故。

問：生病了吃藥，將病菌殺死，算不算是犯了殺戒？

答：有一個故事，有一天佛遠行弘法後，回到精舍，交代說：「阿難啊！去把我的浴缸打掃清潔。」因爲佛離開時，祂用的浴缸沒人敢用。結果阿難去看過，回來說：「世尊啊！我不敢打掃。」佛就問：「爲什麼？」阿難答說：「因爲裏面有許多衆生啊！我這一打掃，不就把牠們都殺死了嗎？這不就是殺生了嗎？」佛說：「我是叫你打掃，不是叫你殺死牠們呀！」阿難尊者說：「哦！我懂了！」之後他就將它打掃清潔，就不再掛礙著是不是殺生的問題了。

同樣的，細菌當然是有情衆生，但是：「細菌是不是道器？人是不是道器？」細菌不是道器呀！細菌不知道還要經過多少的無量數劫後，才能成爲人，才能修道，牠不是修道的器具嘛！如果牠們不是道器的話，你就要衡量：「你是要救這個孩子，讓他將來可以修道呢？還是要讓不可能修道的細菌，把這個孩子殺掉？」對不對？

這就好像經裏面說：外道破壞佛教正法時，眞正的在家持戒菩薩，是應該護持持正法的比丘，自己去跟外道作戰。經上是不是這樣講的呢？那也是殺生啊！可是那個殺生卻有大功德，一樣是殺生，不但不下地獄，反而成爲大菩薩，被他護持的菩薩往生佛國之後，只成爲第二階位的菩薩；而他護持那位持正法的比丘而戰死了以後，他往生佛國之後反而成爲修證果報更高的大菩薩，成爲排在第一位的大菩薩（編按：詳見《大般涅槃經》卷三中說）。所以應該要從大局，要從道器或非道器來著眼、來判斷，來決定我們應該怎麼做，而不要被戒律表相所拘束。

你在家庭裏面，廚房裏有蟑螂、螞蟻等小生物，那你就用東西在桌面上敲，警告牠們，聰明的就會趕快走掉了；如果敲了以後牠還不走，就用口吹；吹了以後再不走，你就抹了！不管牠了。我已經趕你走了，你偏不走，我也沒辦法了。那麼抹清潔了以後，在螞蟻再來的路線上噴些殺蟲劑，預防牠們再來。你得要作預防的措施，常常保持清潔，不要常常撒了糖，再來趕、再來吹、再把牠擦，不要這樣。預防的措施做了以後，你再這樣做，就不是犯戒，因爲你沒有殺牠的心嘛！

所以，凡事要看動機：你有沒有殺牠的心？有沒有付諸於實行？實行的結果牠有沒有死掉？三個條件有沒有具足？三個條件都具足了，才叫做殺生；這三個條件不具足的話，就不叫殺生。你餵孩子吃藥治病，你並沒有起瞋心說：「好！我要讓你們這些細菌統統死掉。」你沒有這個瞋恨心嘛！你並沒有想要那些細菌死掉的動機啊！你只是想著我要治我兒子的病，你並沒有殺生的心嘛！所以爲孩子餵藥殺菌，不算犯戒。

問：有許多人看到蕭老師的書，都在講一些破邪顯正的事情，有些人就在講：蕭老師好像專門在批評一些法師，這樣怎麼叫作摧邪顯正！所以請老師指導一下，什麼是摧邪顯正，而不是批評？

答：謝謝你給我這個機會。所謂批評，是在講人家的身口意業上的對或者不對，這叫批評。那麼法義辨正是純粹從法上來講，說你講的這個法是對還是錯；如果是對，爲什麼是對？如果是錯，爲什麼錯？要講清楚，要有證據，要有正理，而不是像有些人只說你講錯了，卻不舉證說你什麼地方錯，爲什麼錯，都不講；他只是一味的說你錯了，這樣就不是法義辨正。得要舉證人家錯誤的事實出來，再從理上來證實分辨，還得要引據經教來辨證，這樣從「理、教」二方面都來作辨證，這才是眞正的法義辨證。

但是現在常常有些人，根本就不舉證我有什麼地方說錯了，爲什麼錯了，都不講；就只是一味的說我的法錯誤，這就不是在作法義上的辨正，這只是在誹謗正法而已。

法義辨證是在救護被誤導的衆生，也是在救那些誤導衆生的大法師們。如果有人指出我的錯誤，我一定很感激他，我會馬上就去研討：究竟有沒有錯？如果眞的錯了，我就會趕快改，並且公開的改正；因爲我可以因此而改正，就免除掉了原來誤導衆生的惡業因果了嘛！

那麼有很多人，總是誤以爲說：魔化現來人間時，一定是頭上長角，手上長滿了很多的毛，面目猙獰而有獠牙。事實上絕對不是這樣的。魔化現來人間的時候，我告訴你：他一定是會示現得彬彬有禮的，非常善良的，持戒很清淨的形像；也會常常勸人：「大家都應該很圓融，都應該很和氣，都不應該評論別人說的法有沒有錯。各人傳各人的法，互相尊重。」他會示現很和善、很圓融的樣子出來，但是言外之意就是：只要有人出面作法義上的辨正時，他就是壞人，就是批評人。這樣子故意將法義辨正，說成批評是非。這也是魔的一種。

另外一種魔，也是示現得很清淨的樣子，也是示現得很慈悲的樣子；但是在說法時，講到重要的地方時，他一定要跟你講錯，一定誤導你，讓你誤以爲他所講的是正確的，讓你感覺不到他在誤導你。

那你看他持戒清淨，看他溫文儒雅，看他非常慈悲無瞋，而且又不貪你的財物，你就會相信他說的法，就跟著他走上魔所要你走的路。所以，佛世尊看見末法時會有這樣的情形，知道衆生無智辨別，一定會受到誤導，所以才會掉下清淚。佛是究竟解脫、究竟涅槃的聖者，怎麼會因爲傷心而掉淚？祂不是爲自己，而是因爲慈悲，所以爲衆生掉下無苦之淚。

也就是說，魔的手段很高超，他很清楚：衆生只會看表相。所以當他來人間受生的時候，一定表現出非常的慈悲、非常的慈祥、非常的清廉、非常的有威儀、又有長壽相；然後再加上持戒非常的清淨，你想要跟他巴結，他卻不讓你巴結，讓你覺得他很清淨、很清高的。但是在弘法上面，他卻一定要跟你講錯，讓你走錯路頭。你如果走錯了路頭，那你就永遠在欲界天魔所掌控的欲界範圍之內，這就是他的目的。

所以魔所示現出來的模樣，都是隨和的，委婉的，具有慈悲表相的；但是菩薩卻常常示現勇猛、雄猛、強勢的金剛相，來破邪顯正而救護衆生；如果不用這種勇猛的金剛相，那些大師們，憑仗著大名聲、大勢力，才不理你呢！讓你根本就不會受到廣大學佛人的注意。然而菩薩這麼作，是要冒大不韙的，要冒著千夫所指的大不韙的，但是，這才是眞正的大慈悲啊！可是有幾個佛子知曉這個道理呢？這就是末法衆生的可悲處！

所以法義辨證，純粹只是從法上來作辨證，我們不講他們個人的身口意行爲上的是非，除非他是把我們的正法抵制得太嚴重了，讓正法簡直就沒有辦法弘傳了，那我們因此就有時候不得不加以評論；因爲他們都是在狡辯，都是在混淆法義的是非。

所以，我們所作的事，明明不是人身攻擊，他們卻硬要說你的法義辨正是人身批評，誣賴爲誹謗僧寶。他們既然要這樣子誣賴，沒辦法！我們就稍微透露一點點他們私下的身口意行，意思是要警告他：你如果再亂講，有很多內幕你不怕我把它公佈嗎？他就不敢再大肆誹謗了，不敢再做那些無根的誹謗；其實，我這樣作也是在救他，讓他不要再犯下誹謗大乘勝義僧的地獄重罪。

但是我們的書，有百分之九十九都是在法上說，都是依法來作辨證，從經教上面具體的來講正法，也從理上具體來講正法，具體的舉證他們的錯誤所在，具體提出正理來辨正。而不是像他們那樣：只說我們的法錯了，卻不能舉證什麼地方錯？爲什麼錯？他們都不能這樣具體的來說明。

我們這樣具體的舉例辨證以後，讓大家瞭解正法與邪法的分際，大家就不會再跟著那些大法師們走錯路。剩下的百分之一，才是在事相上略作說明，那也是因爲他們對我們作不實的人身攻擊的批評，我們才不得不加以回應，是被動性的回應。所以，我們出版的書是作法義辨正，不是作人身批評，跟人身批評不一樣的，這個分際，請大家要瞭解。

如果有人提起這種問題的話，也希望你們跟對方說明，這樣可以讓他們不會再犯人身批評的毛病。因爲他們說我們在批評人家，實際上我們不是批評，是法義辨正；反而是他們說我們批評別人的那些話，才眞的是批評別人啊！而我們事實上並沒有批評人家，全部是法義辨正。結果他們卻因爲我們所作的法義辨正，反而來批評我，其實他們才是在批評別人的人。當他們批評我時，便是成就他的惡業了，眞是沒智慧啊！

而我們卻是作法義辨正，不批評他們的人身行爲；我作了這些法義上的辨正，在書中詳細的跟他們說明法義的對錯，也是救了他們回歸到正路上面！也是救了他們，讓他們不再誤導衆生，而免除了未來還將會重複發生的誤導衆生的因果，所以他們其實是應該感謝我才對啊！可是他們卻來誣蔑我，說我是「誹謗僧寶」，眞是顚倒哩！時間已經很晚了，今天我們就講到這裡。謝謝各位！阿彌陀佛！

維那接言：今天演講到此圓滿，請大家一起來迴向：

茲以共修正法殊勝功德，迴向一切寃親債主、累劫父母師長子女，早生善處，

歸命三寶，聞熏正法，早證菩提。

願消三障諸煩惱，願得智慧眞明了；

普願災障悉消除，世世常行菩薩道。

註：以上係依公元二〇〇一年十月二十晚上、二十一日下午，在台南共修處之演講錄音帶，整理成文。

跋

常有修學**原始佛法**者—修學解脫道而未斷我見之人—作如是不解眞實義之說：「自古以來常有大乘與小乘之爭。」又言：「大乘法是質變後的佛法，與阿含經典所說不符。」又言：「解脫果成就，證得第四果時，便是已成佛道。」

然而如是言，實有大過。所以者何？謂如是等人，不知解脫道之正義，亦不解佛菩提道，不解成佛之道，亦不肯承認自身不懂成佛之道，不肯承認自己所知之佛法屬於欠缺佛菩提道之**殘缺佛法**，由是故作誹謗大乘佛法之言，乃言：「大小乘之爭。」乃言：「大乘非是**原始佛法**，大乘是**原始佛法**質變後之佛法，非是佛口親說者。」

然而實際本質上，絕非大小乘之爭，實是小乘凡夫與大乘聖人爭執也；大乘賢聖未嘗與小乘中諸凡夫人爭也，唯是宣說**如實**之大小乘佛法爾；若所說是如實語者，則非是爭也。今觀小乘凡夫所言「大乘與小乘爭」，觀其所說成佛之法者，則皆虛妄不實；若所說虛妄不實者，則是與人爭，非是他人與之爭也。

大乘菩薩雖亦修證解脫果，然而卻以無生法忍一切種智爲依歸，以佛菩提智之一切種智爲主修。小乘人則唯從事於解脫道之修學，不修證大乘法中之般若；是故，小乘之極果爲解脫果之第四果，而大乘法之極果爲成佛，非唯親證小乘羅漢所證之解脫果而已，其解脫果之修證，更有二乘極果者所不能修證之處也，何況大乘佛菩提智之一切種智？是故，諸佛由有一切種智故，得名爲佛；小乘羅漢雖然同證解脫果，然唯有解脫果一切智之十智，不具般若智之總相智與別相智，更不具一切種智，所以完全不通般若；而其解脫果之修證上，亦未斷盡習氣種子隨眠，是故二乘聖人不得稱說爲佛。菩薩有已證聲聞果之十智者，亦有未證聲聞果之十智者，然於成佛之前，悉皆必證般若智，亦悉皆必證解脫果一切智之十智，解脫證境同於二乘決定性人。

由是緣故，佛取滅度之後，諸阿羅漢終究無人能號稱爲佛，終究無人敢自稱已成佛道，或由尚未證得般若慧故，或由尚未成就一切種智故。彼諸未解佛法之人，不知此義，便道阿羅漢所修證之四果涅槃成就時，即名為佛；便謂**成佛之道**即是修證解脫道，便向大眾倡言：解脫道成就時，即可了知實相，即可成佛。皆是未解佛法之人也。

是故，三世一切佛，皆非因神通而成佛，皆非因種種禪定上之三昧而成佛，皆非獨因解脫道之證量而成佛；三世一切佛之所以能成就究竟佛果者，皆因一切種智而成佛也。若人不解如是正理，而堅決主張修學解脫道可以成佛者，斯人名為小乘聲聞法中之凡夫也；一切阿羅漢與辟支佛等二乘聖人，皆不敢否認余所說斯言也；唯有小乘法中，未證聲聞果而自認為已證聲聞果之凡夫，方敢否認之。

亦有人隨從現代禪修學，後來離開，便編集阿含諸經中佛語，自以為能令人親證初果。然觀其所言，仍是墮於意識境界中，未斷我見，未入預流之中；是故常倡言：應離貪瞋癡而**活在當下**。正是意識心境界，以意識心為常住法，未曾斷得我見與我執也。又言親證解脫果之初果或四果者，即能親見本來面目，即能了知《心經》所說意旨。亦有法師隨於如是虛妄知見，而在電視上弘法，如是類人，皆是不解聲聞解脫道之凡夫也；於聲聞解脫道尚且不知，尚不能證解四阿含諸經眞旨，何能稍解大乘佛法般若之旨？然而衆生無智，豈能知其底蘊？乃更隨之倡言**原始佛法如何若何**，實皆不能了知**原始佛法**之眞旨也。

原始佛法四阿含諸經中，皆是偏重於聲聞之解脫道而說；於大乘法，凡有所說者，皆唯一二句語便輕輕帶過，不作解說，只是護持二乘涅槃，令不墮於斷滅見中而已；然於二乘所證之解脫道，則作極其詳盡，而且不斷重複之宣示。由是緣故，可知**原始佛法**者，乃是偏重解脫道之修證者，涉及大乘佛道之法句極爲稀少。是故，阿含諸經中固然已曾宣說大乘法義，然皆是求證解脫道而不欲墮斷滅見時所必須瞭解者，是故所說大乘法極寡。於四阿含中，亦未細說無餘涅槃之**本際**，只是一語帶過，說有本際、實際。縱使雜阿含之《鴦掘魔羅經》中曾明說如來藏義，令二乘涅槃不墮於斷滅見中，然亦只說總相，而不說別相及種智，唯於大乘方廣經中，方才細說之。由此可證：四阿含乃是專屬於二乘法義之解脫道經典。

然而欲成佛道者，必須修證**佛菩提**；佛菩提則是般若實相之中道觀行，以及超越中道之**常樂我淨**諸 佛境界；如是般若之親證與內涵，如是一切種智之親證與內涵，皆非不迴心大乘之諸大阿羅漢所能知之、所須知之；是故大阿羅漢永不能稱之爲佛，是故要待迴心大乘進修般若，要待親證如來藏而發起般若慧；要待發起般若慧之後，進修別相智與一切種智，至於究竟圓滿時，亦已斷盡一念無明之煩惱障習氣種子隨眠時，方得究竟成佛。

是故諸大阿羅漢，聞 佛宣說佛菩提之正義時，懵然無知，不知所趣；是故諸大阿羅漢，聞維摩詰居士說般若之總相與別相法時，個個噤口默然，不敢作聲，意在此也。如是，一切種智能成佛道之正理，初未曾見四阿含中具足說之，未見四阿含中說其次第與一一內涵，亦未見諸不迴心之大阿羅漢能了知如是正理，是故阿含所言唯是解脫道，不涉大乘成佛之道，故名**原始佛法**。

原始之義，謂尚在雛形，故名**原始**。今觀四阿含所說者，唯在涅槃解脫之道，唯在斷除分段生死之現行，而不斷習氣種子隨眠，亦不涉大乘佛法中之深妙般若；有時偶一言之，皆是輕描淡寫一語帶過，不作分說；是故得名**原始**二字，所說大乘法義言句，皆是唯有雛形故。其餘大乘佛法中所說之般若眞旨，要待第二轉法輪之般若系列諸經分說，是故諸大阿羅漢初聞佛說般若之時，個個聞之不解，唯有須菩提深知其妙義。一切種智之增上慧學，則要更待第三轉法輪時，於如來藏系諸唯識方廣經中方說，非是**原始佛法**之四阿含諸經所說者也，亦非是第二轉法輪之般若系列諸經所說者也。

是故三乘菩提法道有異有同，非可等視同觀也；是故四阿含名為**原始佛法**，**原始**者以**非究竟**故名，**原始**者以**非具足善妙**故名，**原始**者以尚非具足圓滿法界實相妙義故名，由是可知四阿含之名為**原始佛法**者，其來有自也；凡我佛門學人，於此**原始**二字，當知其義，而後能知三轉法輪諸經所言佛道之次第也。

由是緣故，大乘證悟之菩薩衆等，如實宣說般若正理時，諸小乘阿羅漢不敢多所言語；由是緣故，維摩詰大士以居士身示疾，彼諸大阿羅漢悉皆不敢啣命前往探視；由是緣故，諸不迴心之大阿羅漢等人，皆不能了知《心經》之密意，聞之茫然，皆因此故也。由此可知 佛在世時諸大阿羅漢，雖已具足親證解脫道之極果，然亦皆知自己尚未成就佛道也。然而時至末法，南傳北傳小乘佛法中人，已難可得見證果斷結之人，乃至初果人亦難可見；多屬凡夫知見，而自以為已經證聖斷結，便敢狂言修證解脫道即可成就佛道，便對菩薩如是所說般若與種智之正理，提出質疑，謂為大乘與小乘之爭，妄謂修證解脫道者能成佛道，眞乃井蛙之鳴也。

實際觀之，菩薩絕無所爭，所說皆是如實理故，所說乃是般若實相之正義故；唯是彼諸南傳北傳之小乘行者，尚未親證解脫果時，處在凡夫位中，而不自知尚在凡夫位中，是故不能忍於菩薩之如實說，便指責為菩薩與之爭，便指責菩薩故意貶低二乘解脫道法門，便指此為大小乘之爭。若究其實，唯是彼諸小乘凡夫之出而爭執，菩薩與其無所爭也，唯是宣示事實爾，唯是宣示佛菩提之正理爾。今時若有眞阿羅漢住世者，聞余言時，必皆不敢復作異言也；唯有小乘法中之凡夫，方敢謂余與之爭也。

何故言阿羅漢必不與平實爭？謂今時若眞有阿羅漢者，必知平實所言解脫道之義理正眞；亦知平實所言般若妙義，皆非彼等所能了知，故知自身之尚未能知《心經》所言妙義也，故知自身尚未能證佛菩提也，是故彼等阿羅漢必定不與平實爭。彼等聞平實所說已，縱因習氣未斷而有不悅，亦不敢稍置一語，唯有默然受之。然今時台灣及大陸之二乘法中凡夫行者，以凡夫身而謬稱證果，不知自身實是因中說果，不證解脫道之正義，更不能知佛菩提之三智深妙正義，仍將平實所作如是言語，指爲大小乘之爭。此乃今時與後世二乘法中之凡夫行者，永遠不能免除之過失也。

小乘聲聞阿羅漢，如果發願再來人間而度衆生，只能成爲大乘通教之四果菩薩，終究不能成爲大乘別教中之聖位菩薩，尙不能入別教第七住位故。不迴心之阿羅漢，畏懼生死苦，所以在世時雖亦努力度化衆生同證解脫果，但是捨壽時必取無餘涅槃，不再受生於三界中而利衆生，不復進求成佛之道；如是之人，永無可能成就佛道，故說斯人佛菩提種已滅，所以大乘經中說之爲焦芽敗種；此乃謂其佛菩提種，非依解脫道之種子而說，乃依佛菩提種子之毀壞而說，亦非依解脫道之眞修實證而說也。

是故，大乘佛法兼含解脫道與佛菩提道，小乘佛法則唯有解脫道，並無佛菩提之法道；蘊處界…等法緣起性空、一切法空等理，唯是解脫道，不涉佛菩提故。但能斷除我見與我執，徹底否定意識心自己，徹底否定時時思量之意根自己，即可出離三界分段生死苦，永住無餘涅槃境界中，而不知不證般若正義，永絕於佛菩提道之法，是故永遠不能成佛，是故說其佛菩提種子已經敗壞。

印順、昭慧、傳道、星雲、證嚴法師……等人，根本不知如是正理，唯以解脫道之緣起性空、一切法空等二乘理，用來解說大乘佛法，妄謂緣起性空、一切法空即是般若正理，故判般若為**性空唯名**，故謂大乘佛法唯是解脫道一法，別無如來藏可證，別無般若可證，別無佛菩提可證；便以解脫道之法理，而解說佛菩提；便以解脫道之修證法理，作為**成佛之道**所修之般若。如是印順、昭慧、傳道、星雲、證嚴……等解脫道中之凡夫，認為佛法唯有解脫道一法，認為：不須親證如來藏，不須進修一切種智，單只修學緣起性空之解脫道即可成就佛道。如斯等人，妄言成佛之道，去道遠矣！

是故，十方三世一切佛，皆因**深觀法界體性**而成佛道；法界體性者，謂衆生本有之第八識如來藏也，一切法界皆因此心而得生起、而得建立故。一切佛皆因親證此眞實心，是故發起般若慧之總相智、別相智、一切種智，因此得成佛道故；解脫道亦是此一切種智所攝故，一切種智具足世、出世間一切法故，由了知世出世間一切法而成究竟佛道故。

是故一切人皆不得唯以解脫道之修行，而言可成佛道，現觀佛敎史上一切大阿羅漢及辟支佛，證得解脫道之極果已，皆不敢自認已成佛道故；現觀一切（古今）二乘定性無學聖人，皆不能了知《心經》正義故，皆不能了知般若之總相智、別相智、一切種智故；唯除後來迴心大乘而證入佛菩提者，而亦未能具足成就一切種智故。

今以《心經密意》之即將出版故，有感而發，乃作此跋，宣說**佛菩提道**與**解脫道**之眞實義，辨正眞相，欲冀今時後世有心大乘佛道之人，能了眞正成佛之道，進求大乘深妙實相正理，此後免受彼等二乘凡夫行者之謬說所誤。因造此文，以之爲跋。

佛弟子　平實　謹誌

公元二〇〇二年十月十二日

佛菩提二主要道次第概要表——二道並修，以外無別佛法

佛菩提道——大菩提道

資糧位（外門廣修六度萬行）

十信位修集信心——一劫乃至一萬劫

初住位修集布施功德（以財施爲主）。

二住位修集持戒功德。

三住位修集忍辱功德。

四住位修集精進功德。

五住位修集禪定功德。

六住位修集般若功德（熏習般若中觀及斷我見，加行位也）。

見道位（內門廣修六度萬行）

七住位明心般若正觀現前，親證本來自性清淨涅槃。

八住位起於一切法現觀般若中道。漸除性障。

十住位眼見佛性，世界如幻觀成就。

一至十行位，於廣行六度萬行中，依般若中道慧，現觀陰處界猶如陽焰，至第十行滿心位，陽焰觀成就。

一至十迴向位熏習一切種智；修除性障，唯留最後一分思惑不斷。第十迴向滿心位成就菩薩道如夢觀。

遠波羅蜜多

初地：第十迴向位滿心時，成就道種智一分（八識心王一一親證後，領受五法、三自性、七種第一義、七種性自性、二種無我法）復由勇發十無盡願，成通達位菩薩。復又永伏性障而不具斷，能證慧解脫而不取證，由大願故留惑潤生。此地主修法施波羅蜜多及百法明門。證「猶如鏡像」現觀，故滿初地心。

二地：初地功德滿足以後，再成就道種智一分而入二地；主修戒波羅蜜多及一切種智。滿心位成就「猶如光影」現觀，戒行自然清淨。

解脫道：二乘菩提

→ 斷三縛結，成初果解脫

→ 薄貪瞋癡，成二果解脫

→ 斷五下分結，成三果解脫

入地前的四加行令煩惱障現行悉斷，成四果解脫，留惑潤生。分段生死已斷，煩惱障習氣種子開始斷除，兼斷無始無明上煩惱。

近波羅蜜多

修道位

三地：二地滿心再證道種智一分，故入三地。此地主修忍波羅蜜多及四禪八定、四無量心、五神通。能成就俱解脫果而不取證，留惑潤生。滿心位成就「猶如谷響」現觀及無漏妙定意生身。

四地：由三地再證道種智一分故入四地。主修精進波羅蜜多，於此土及他方世界廣度有緣，無有疲倦。進修一切種智，滿心位成就「如水中月」現觀。

五地：由四地再證道種智一分故入五地。主修禪定波羅蜜多及一切種智，斷除下乘涅槃貪。滿心位成就「變化所成」現觀。

六地：由五地再證道種智一分故入六地。此地主修般若波羅蜜多——依道種智現觀十二因緣一一有支及意生身化身，皆自心眞如變化所現，「非有似有」，成就細相觀，不由加行而自然證得滅盡定，成俱解脫大乘無學。

七地：由六地「非有似有」現觀，再證道種智一分故入七地。此地主修一切種智及方便波羅蜜多，由重觀十二有支一一支中之流轉門及還滅門一切細相，成就方便善巧，念念隨入滅盡定。滿心位證得「如犍闥婆城」現觀。

→ 七地滿心斷除故意保留之最後一分思惑時，煩惱障所攝色、受、想三陰有漏習氣種子全部斷盡。

大波羅蜜多

八地：由七地極細相觀成就故再證道種智一分而入八地。此地主修一切種智及願波羅蜜多。至滿心位純無相觀任運恆起，故於相土自在，滿心位復證「如實覺知諸法相意生身」故。

九地：由八地再證道種智一分故入九地。主修力波羅蜜多及一切種智，成就四無礙，滿心位證得「種類俱生無行作意生身」。

十地：由九地再證道種智一分故入此地。此地主修一切種智——智波羅蜜多。滿心位起大法智雲，及現起大法智雲所含藏種種功德，成受職菩薩。

煩惱障所攝行、識二陰無漏習氣種子任運漸斷，所知障所攝上煩惱任運漸斷。

究竟位

等覺：由十地道種智成就故入此地。此地應修一切種智，圓滿等覺地無生法忍；於百劫中修集極廣大福德，以之圓滿三十二大人相及無量隨形好。

圓滿波羅蜜多

妙覺：示現受生人間已斷盡煩惱障一切習氣種子，並斷盡所知障一切隨眠，永斷變易生死無明，成就大般涅槃，四智圓明。人間捨壽後，報身常住色究竟天利樂十方地上菩薩；以諸化身利樂有情，永無盡期，成就究竟佛道。

→ 斷盡變易生死
成就大般涅槃

圓滿成就究竟佛果

佛子蕭平實 謹製
（二〇〇九、〇二 修訂）
（二〇一二、〇二 增補）

佛教正覺同修會〈修學佛道次第表〉

第一階段
* 以憶佛及拜佛方式修習動中定力。
* 學第一義佛法及禪法知見。
* 無相拜佛功夫成就。
* 具備一念相續功夫—動靜中皆能看話頭。
* 努力培植福德資糧，勤修三福淨業。

第二階段
* 參話頭，參公案。
* 開悟明心，一片悟境。
* 鍛鍊功夫求見佛性。
* 眼見佛性〈餘五根亦如是〉親見世界如幻，成就如幻觀。
* 學習禪門差別智。
* 深入第一義經典。
* 修除性障及隨分修學禪定。
* 修證十行位陽焰觀。

第三階段
* 學一切種智真實正理—楞伽經、解深密經、成唯識論…。
* 參究末後句。
* 解悟末後句。
* 透牢關—親自體驗所悟末後句境界，親見實相，無得無失。
* 救護一切眾生迴向正道。護持了義正法，修證十迴向位如夢觀。
* 發十無盡願，修習百法明門，親證猶如鏡像現觀。
* 修除五蓋，發起禪定。持一切善法戒。親證猶如光影現觀。
* 進修四禪八定、四無量心、五神通。進修大乘種智，求證猶如谷響現觀。

佛教正覺同修會 共修現況 及 招生公告　2024/1/2

一、共修現況：（請在共修時間來電，以免無人接聽。）

台北正覺講堂 103 台北市承德路三段 277 號九樓 捷運淡水線圓山站旁 Tel..總機 02-25957295（晚上）（**分機：九樓**辦公室 10、11；知客櫃檯 12、13。 **十樓**知客櫃檯 15、16；書局櫃檯 14。 **五樓**辦公室 18；知客櫃檯 19。**二樓**辦公室 20；知客櫃檯 21。）Fax..25954493

第一講堂　台北市承德路三段 277 號九樓

禪淨班：週一晚班、週三晚班、週四晚班、週五晚班、週六下午班、週六上午班（共修期間二年半，全程免費。皆須報名建立學籍後始可參加共修，欲報名者詳見本公告末頁。）

增上班：**成唯識論釋**：單週六晚班。雙週六晚班（重播班）。17.50～20.50。平實導師講解，2022 年 2 月末開講，預定六年內講完，僅限已明心之會員參加。

禪門差別智：每月第一週日全天　平實導師主講（事冗暫停）。

菩薩瓔珞本業經　本經說明菩薩道六度、十度波羅蜜多之修行，要先修十信位，於因位中熏習百法明門，再轉入初住位起修六種瓔珞，總共四十二位，即是十住位、十行位、十迴向位、十地位、等覺位、妙覺位，方得成就六種瓔珞成爲一生補處，然後成就佛道，名爲習種性、性種性、道種性、聖種性、等覺性、妙覺性；連同習種性前的十信位，共爲五十二階位實修完畢，方得成佛。於本經中亦說明大乘初見道的證眞如、發起般若現觀時，若有佛菩薩護持故，即得進第七住位常住不退，然後向上進發，速修佛菩提道。如是實修佛菩提道方是義學，而非學術界所說的相似佛法等玄學，皆是可修可證之法，全都屬於現法樂證樂住並且是現觀的佛法，顯示佛法眞是義學而非玄談或思想。本經已於 2024 年一月上旬起開講，由平實導師詳解。每逢週二晚上開講，第一至第七講堂都可同時聽聞，歡迎菩薩種性學人，攜眷共同參與此殊勝法會現場聞法，不限制聽講資格。本會學員憑上課證進入第一至第四、第七講堂聽講，會外學人請以身分證件換證進入聽講（此爲大樓管理處安全管理規定之要求，敬請諒解）；第五及第六講堂（B1、B2）對外開放，不需出示任何證件，請由大樓側門直接進入。

第二講堂　台北市承德路三段 267 號十樓。

禪淨班：週一晚班。

進階班：週三晚班、週四晚班、週五晚班、週六早班、週六下午班。禪淨班結業後轉入共修。

增上班：**成唯識論釋**：單週六晚班，影音同步傳播。雙週六晚班（重播班）

菩薩瓔珞本業經：平實導師講解。每週二 18.50~20.50 影像音聲即時傳輸。

第三講堂　台北市承德路三段 277 號五樓。

增上班：成唯識論釋：單週六晚班，影音同步傳播。雙週六晚班（重播班）

進階班：週一晚班、週三晚班、週四晚班、週五晚班、週六下午班。

菩薩瓔珞本業經：平實導師講解。每週二 18.50~20.50 影像音聲即時傳輸。

第四講堂　台北市承德路三段 267 號二樓。

進階班：週一晚班、週三晚班、週四晚班（禪淨班結業後轉入共修）。

菩薩瓔珞本業經：平實導師講解。每週二 18.50~20.50 影像音聲即時傳輸。

第五、第六講堂

念佛班　每週日晚上，第六講堂共修（B2），一切求生極樂世界的三寶弟子皆可參加，不限制共修資格。

進階班：週一晚班、週三晚班、週四晚班。

菩薩瓔珞本業經：平實導師講解。每週二 18.50~20.50 影像音聲即時傳輸。第五、第六講堂爲**開放式講堂**，不需以身分證件換證即可進入聽講，台北市承德路三段 267 號地下一樓、地下二樓。每逢週二晚上講經時段開放給會外人士自由聽經，請由大樓側面梯階逕行進入聽講。**聽講者請尊重講者的著作權及肖像權，請勿錄音錄影，以免違法；若有錄音錄影被查獲者，將依法處理。**

第七講堂　台北市承德路三段 267 號六樓。

菩薩瓔珞本業經：平實導師講解。每週二 18.50~20.50 影像音聲即時傳輸。

正覺祖師堂　大溪區美華里信義路 650 巷坑底 5 之 6 號（台 3 號省道 34 公里處 妙法寺對面斜坡道進入）電話 03-3886110　傳眞 03-3881692 本堂供奉 克勤圓悟大師，專供會員每年四月、十月各三次精進禪三共修，兼作本會出家菩薩掛單常住之用。開放參訪日期請參見本會公告。教內共修團體或道場，得另申請其餘時間作團體參訪，務請事先與常住確定日期，以便安排常住菩薩接引導覽，亦免妨礙常住菩薩之日常作息及修行。

桃園正覺講堂（第一、第二講堂）：桃園市介壽路 286、288 號 10 樓（陽明運動公園對面）電話：03-3749363（請於共修時聯繫，或與台北聯繫）

禪淨班：週一晚班（1）、週一晚班（2）、週三晚班、週四晚班、週五晚班。

進階班：週三晚班、週四晚班、週五晚班、週六上午班。

增上班：成唯識論釋。雙週六晚班（增上重播班）。

菩薩瓔珞本業經：平實導師講解。每週二晚上，以台北正覺講堂所錄 DVD 放映；歡迎會外學人共同聽講，不需出示身分證件。

新竹正覺講堂　新竹市東光路 55 號二樓之一　電話 03-5724297（晚上）

第一講堂：

禪淨班：週五晚班。

進階班：週三晚班、週四晚班、週六上午班。由禪淨班結業後轉入共修

增上班：成唯識論釋。單週六晚班。雙週六晚班（重播班）。

菩薩瓔珞本業經：平實導師講解。每週二晚上，以台北正覺講堂所錄 DVD 放映。歡迎會外學人共同聽講，不需出示身分證件。

第二講堂：

禪淨班：週一晚班、週三晚班、週四晚班、週六上午班。

菩薩瓔珞本業經：每週二晚上與第一講堂同步播放講經 DVD。

第三、第四講堂：裝修完畢，已經啓用。

台中正覺講堂　04-23816090（晚上）

第一講堂　台中市南屯區五權西路二段 666 號 13 樓之四（國泰世華銀行樓上。鄰近縣市經第一高速公路前來者，由五權西路交流道可以快速到達，大樓旁有停車場，對面有素食館）。

禪淨班：週四晚班、週五晚班。

進階班：週一晚班、週三晚班、週六上午班（由禪淨班結業後轉入共修）。

增上班：**成唯識論釋**。單週六晚班。雙週六晚班（重播班）。

菩薩瓔珞本業經：平實導師講解。每週二晚上，以台北正覺講堂所錄 DVD 放映。歡迎會外學人共同聽講，不需出示身分證件。

第二講堂　台中市南屯區五權西路二段 666 號 4 樓

禪淨班：週一晚班、週三晚班。

第三講堂台中市南屯區五權西路二段 666 號 4 樓

禪淨班：週一晚班。

第四講堂台中市南屯區五權西路二段 666 號 4 樓。

進階班：週三晚班、週四晚班、週五晚班、週六上午班，由禪淨班結業後轉入共修

菩薩瓔珞本業經：每週二晚上與第一講堂同步播放講經 DVD。

嘉義正覺講堂　嘉義市友愛路 288 號八樓之一　電話：05-2318228

第一講堂：

禪淨班：週四晚班、週五晚班、週六上午班。

進階班：週一晚班、週三晚班（由禪淨班結業後轉入共修）。

增上班：**成唯識論釋**。單週六晚班。雙週六晚班（重播班）。

菩薩瓔珞本業經：平實導師講解。每週二晚上，以台北正覺講堂所錄 DVD 放映。歡迎會外學人共同聽講，不需出示身分證件。

第二講堂　嘉義市友愛路 288 號八樓之二。

第三講堂　嘉義市友愛路 288 號四樓之七。

禪淨班：週一晚班、週三晚班。

台南正覺講堂

第一講堂　台南市西門路四段 15 號 4 樓。06-2820541（晚上）

禪淨班：週一晚班、週四晚班、週五晚班、週六下午班。

增上班：**成唯識論釋**。單週六晚班。雙週六晚班（重播班）。

菩薩瓔珞本業經：平實導師講解。每週二晚上，以台北正覺講堂所錄DVD 放映。歡迎會外學人共同聽講，不需出示身分證件。

第二講堂　台南市西門路四段 15 號 3 樓。

菩薩瓔珞本業經：每週二晚上與第一講堂同步播放講經 DVD。

第三講堂　台南市西門路四段 15 號 3 樓。

進階班：週一晚班、週三晚班、週四晚班、週五晚班（由禪淨班結業後轉入共修）。

菩薩瓔珞本業經：每週二晚上與第一講堂同步播放講經 DVD。

高雄正覺講堂　高雄市新興區中正三路 45 號五樓 07-2234248（晚上）

第一講堂（五樓）：

禪淨班：週一晚班、週三晚班、週四晚班、週五晚班、週六上午班。

進階班：週六下午班（由禪淨班結業後轉入共修）。

增上班：**成唯識論釋**。單週六晚班。雙週六晚班（重播班）。

菩薩瓔珞本業經：平實導師講解。每週二晚上，以台北正覺講堂所錄DVD 放映。歡迎會外學人共同聽講，不需出示身分證件。

第二講堂（四樓）：

進階班：週三晚班、週四晚班（由禪淨班結業後轉入共修）。

菩薩瓔珞本業經：每週二晚上與第一講堂同步播放講經 DVD。

第三講堂（三樓）：

進階班：週四晚班（由禪淨班結業後轉入共修）。

香港正覺講堂

香港新界葵涌打磚坪街 93 號維京科技商業中心A 座 18 樓。

電話：(852) 23262231

英文地址：18/F, Tower A, Viking Technology & Business Centre, 93 Ta Chuen Ping Street, Kwai Chung, N.T., Hong Kong.

禪淨班：單週六下午班、雙週六下午班、單週日上午班、單週日下午班、雙週日上午班

進階班：雙週六班（由禪淨班結業後轉入共修）。

增上班：每月第一雙週日下午及晚上班，以台北增上班課程錄成 DVD 放映之。

增上重播班：每月第二雙週日下午及晚上班，以台北增上班課程錄成DVD 放映之。

不退轉法輪經詳解：平實導師講解。每週六、日 19:00～21:00，以台北正覺講堂所錄 DVD 放映；歡迎會外學人共同聽講，不需出示身分證件。

二、招生公告 本會台北講堂及全省各講堂、香港講堂，每逢四月、十月下旬開新班，每週共修一次（每次二小時。開課日起三個月內仍可插班）；各班共修期間皆為二年半，全程免費，欲參加者請向本會函索報名表（各共修處皆於共修時間方有人執事，非共修時間請勿電詢或前來洽詢、請書），或直接從本會官方網站(http://www.enlighten.org.tw/newsflash/class)或成佛之道網站下載報名表。共修期滿時，若經報名禪三審核通過者，可參加四天三夜之禪三精進共修，有機會明心、取證如來藏，發起般若實相智慧，成為實義菩薩，脫離凡夫菩薩位。

三、新春禮佛祈福 農曆年假期間停止共修：自農曆新年前七天起停止共修與弘法，正月 8 日起回復共修、弘法事務。新春期間正月初一～初七 9.00～17.00 開放台北講堂、正月初一~初三開放新竹、台中、嘉義、台南、高雄講堂，以及大溪禪三道場（正覺祖師堂），方便會員供佛、祈福及會外人士請書。

密宗四大派修雙身法，是外道性力派的邪法；又以生滅的識陰作為常住法，是常見外道，是假的藏傳佛教。

西藏覺囊巴以他空見弘揚第八識如來藏勝法，才是真藏傳佛教

佛教正覺同修會　弘法行事表

2024/1/02

1、**禪淨班**　以無相念佛及拜佛方式修習動中定力，實證一心不亂功夫。傳授解脫道正理及第一義諦佛法，以及參禪知見。共修期間：二年六個月。每逢四月、十月開新班，詳見招生公告表。

2、**進階班**　禪淨班畢業後得轉入此班，進修更深入的佛法，期能證悟明心。各地講堂各有多班，繼續深入佛法、增長定力，悟後得轉入增上班修學道種智，期能證得無生法忍。

3、**增上班 成唯識論釋**　詳解八識心王的唯識性、唯識相、唯識位，分說八識心王及其心所各別的自性、所依、所緣、相應心所、行相、功用等，並闡述緣生諸法的四緣：因緣、等無間緣、所緣緣、增上緣等四緣，並論及十因五果等。論中闡釋**佛法實證及成就的根本法即是第八識，由第八識成就三界世間及出世間的一切染淨諸法，方有成佛之道可修、可證、可成就，名爲圓成實性**。然後詳解末法時代學人極易混淆的見道位所函蓋的眞見道、相見道、通達位等內容，指正末法時代高慢心一類學人，於見道位前後不斷所墮的同一邪謬處。末後開示修道位的十地之中，各地所應斷的二愚及所應證的一智，乃至佛位的四智圓明及具足四種涅槃等一切種智之眞實正理。由平實導師講述，每逢一、三、五週之週末晚上開示，每逢二、四週之週末爲重播班，供作後悟之菩薩補聞所未聽聞之法。增上班課程僅限已明心之會員參加。未來每逢講完十分之一內容時，便予出書流通；總共十輯，敬請期待。(註：《瑜伽師地論》從 2003 年二月開講，至 2022 年 2 月 19 日已經圓滿，爲期 18 年整。)

4、**菩薩瓔珞本業經**　本經說明菩薩道六度、十度波羅蜜多之修行，要先修十信位，於因位中熏習百法明門，再轉入初住位起修六種瓔珞，總共四十二位，即是十住位、十行位、十迴向位、十地位、等覺位、妙覺位，方得成就六種瓔珞成爲一生補處，然後成就佛道，名爲習種性、性種性、道種性、聖種性、等覺性、妙覺性；連同習種性前的十信位，共爲五十二階位實修完畢，方得成佛。於本經中亦說明大乘初見道的證眞如、發起般若現觀時，若有佛菩薩護持故，即得進第七住位常住不退，然後向上進發，速修佛菩提道。如是實修佛菩提道方是義學，而非學術界所說的相似佛法等玄學，皆是可修可證之法，全都屬於現法樂證樂住並且是現觀的佛法，顯示佛法眞是義學而非玄談或思想。本經已於 2024 年一月上旬起開講，由平實導師詳解。不限制聽講資格。

5、**精進禪三**　主三和尚：平實導師。於四天三夜中，以克勤圓悟大師及大慧宗杲之禪風，施設機鋒與小參、公案密意之開示，幫助會員剋期取證，親證不生不滅之眞實心——人人本有之如來藏。每年四月、十月各舉辦三個梯次；平實導師主持。僅限本會會員參加禪淨班共修期滿，報名審核通過者，方可參加。並選擇會中定力、慧力、福德三條件皆已具足之已明心會員，給以指引，令得眼見自己無形無相之佛性遍佈山河大地，眞實而無障礙，得以肉眼現觀世界身心悉皆如幻，具足成就如幻觀，圓滿十住菩薩之證境。

6、**阿含經**詳解　選擇重要之阿含部經典，依無餘涅槃之實際而加以詳解，令大眾得以現觀諸法緣起性空，亦復不墮斷滅見中，顯示經中所隱說之涅槃實際—如來藏—確實已於四阿含中隱說；令大眾得以聞後觀行，確實斷除我見乃至我執，證得**見到**眞現觀，乃至**身證**……等眞現觀；已得大乘或二乘見道者，亦可由此聞熏及聞後之觀行，除斷我所之貪著，成就慧解脫果。由平實導師詳解。不限制聽講資格。

7、**精選如來藏系經典**詳解　精選如來藏系經典一部，詳細解說，以此完全印證會員所悟如來藏之眞實，得入不退轉住。另行擇期詳細解說之，由平實導師講解。僅限已明心之會員參加。

8、**禪門差別智**　藉禪宗公案之微細淆訛難知難解之處，加以宣說及剖析，以增進明心、見性之功德，啓發差別智，建立擇法眼。每月第一週日全天，由平實導師開示，僅限破參明心後，復又眼見佛性者參加(事冗暫停)。

9、**枯木禪**　先講智者大師的《小止觀》，後說《釋禪波羅蜜》，詳解四禪八定之修證理論與實修方法，細述一般學人修定之邪見與岔路，及對禪定證境之誤會，消除枉用功夫、浪費生命之現象。已悟般若者，可以藉此而實修初禪，進入大乘通教及聲聞教的三果心解脫境界，配合應有的大福德及後得無分別智、十無盡願，即可進入初地心中。親教師：平實導師。未來緣熟時將於正覺寺開講。不限制聽講資格。

註：本會例行年假，自 2004 年起，改爲每年農曆新年前七天開始停息弘法事務及共修課程，農曆正月 8 日回復所有共修及弘法事務。新春期間（每日 9.00~17.00）開放台北講堂，方便會員禮佛祈福及會外人士請書。大溪區的正覺祖師堂，開放參訪時間，詳見〈正覺電子報〉或成佛之道網站。本表得因時節因緣需要而隨時修改之，不另作通知。

佛教正覺同修會　贈閱書籍 目錄　　2021/8/30

1.**無相念佛**　平實導師著　回郵 36 元
2.**念佛三昧修學次第**　平實導師述著　回郵 52 元
3.**正法眼藏—護法集**　平實導師述著　回郵 76 元
4.**真假開悟簡易辨正法&佛子之省思**　平實導師著　回郵 26 元
5.**生命實相之辨正**　平實導師著　回郵 31 元
6.**如何契入念佛法門**（附：印順法師否定極樂世界）平實導師著　回郵 26 元
7.**平實書箋**—答元覽居士書　平實導師著　回郵 52 元
8.**三乘唯識**—如來藏系經律彙編　平實導師編　回郵 80 元
（精裝本　長 27 cm　寬 21 cm　高 7.5 cm　重 2.8 公斤）
9.**三時繫念全集**—修正本　回郵掛號 52 元（長 26.5 cm×寬 19 cm）
10.**明心與初地**　平實導師述　回郵 31 元
11.**邪見與佛法**　平實導師述著　回郵 36 元
12.**甘露法雨**　平實導師述　回郵 36 元
13.**我與無我**　平實導師述　回郵 36 元
14.**學佛之心態**—修正錯誤之學佛心態始能與正法相應　孫正德老師著　回郵52元
附錄：平實導師著**《略說八、九識並存…等之過失》**
15.**大乘無我觀**—《悟前與悟後》別說　平實導師述著　回郵 36 元
16.**佛教之危機**—中國台灣地區現代佛教之真相（附錄：公案拈提六則）
平實導師著　回郵 52 元
17.**燈　影**—燈下黑（覆「求教後學」來函等）　平實導師著　回郵 76 元
18.**護法與毀法**—覆上平居士與徐恒志居士網站毀法二文
張正圜老師著　回郵 76 元
19.**淨土聖道**—兼評**選擇本願念佛**　正德老師著　**由正覺同修會購贈**　回郵52 元
20.**辨唯識性相**—對「紫蓮心海《辯唯識性相》書中否定阿賴耶識」之回應
正覺同修會 台南共修處法義組 著　回郵 52 元
21.**假如來藏**—對法蓮法師《如來藏與阿賴耶識》書中否定阿賴耶識之回應
正覺同修會 台南共修處法義組 著　回郵 76 元
22.**入不二門**—公案拈提集錦 第一輯（於平實導師公案拈提諸書中選錄約二十則，
合輯爲一冊流通之）平實導師著　回郵 52 元
23.**真假邪說**—西藏密宗索達吉喇嘛《破除邪說論》真是邪說
釋正安法師著　上、下冊回郵各 52 元
24.**真假開悟**—真如、如來藏、阿賴耶識間之關係　平實導師述著　回郵 76 元
25.**真假禪和**—辨正釋傳聖之謗法謬說　孫正德老師著　回郵76 元
26.**眼見佛性**—駁慧廣法師**眼見佛性的含義**文中謬說
游正光老師著　回郵52 元

27.**普門自在**—公案拈提集錦 第二輯（於平實導師公案拈提諸書中選錄約二十則，合輯爲一冊流通之）平實導師著　回郵 52 元

28.**印順法師的悲哀**—以現代禪的質疑為線索　恒毓博士著　回郵 52 元

29.**識蘊真義**—現觀識蘊內涵、取證初果、親斷三縛結之具體行門。
—依《成唯識論》及《惟識述記》正義，略顯安慧《大乘廣五蘊論》之邪謬
平實導師著　回郵 76 元

30.**正覺電子報** 各期紙版本　免附回郵　每次最多函索三期或三本。
（已無存書之較早各期，不另增印贈閱）

31.**現代人應有的宗教觀**　蔡正禮老師 著　回郵31 元

32.**遠惑趣道**—正覺電子報般若信箱問答錄　第一輯　回郵52 元

33.**遠惑趣道**—正覺電子報般若信箱問答錄　第二輯　回郵52 元

34.**確保您的權益**—器官捐贈應注意自我保護　游正光老師 著　回郵31 元

35.**正覺教團電視弘法三乘菩提 DVD 光碟（一）**
由正覺教團多位親教師共同講述錄製 DVD 8 片，MP3 一片，共 9 片。有二大講題：一爲「三乘菩提之意涵」，二爲「學佛的正知見」。內容精闢，深入淺出，精彩絕倫，幫助大眾快速建立三乘法道的正知見，免被外道邪見所誤導。有志修學三乘佛法之學人不可不看。（製作工本費 100 元，回郵 52 元）

36.**正覺教團電視弘法 DVD 專輯（二）**
總有二大講題：一爲「三乘菩提之念佛法門」，一爲「學佛正知見（第二篇）」，由正覺教團多位親教師輪番講述，內容詳細闡述如何修學念佛法門、實證念佛三昧，以及學佛應具有的正確知見，可以幫助發願往生西方極樂淨土之學人，得以把握往生，更可令學人快速建立三乘法道的正知見，免於被外道邪見所誤導。有志修學三乘佛法之學人不可不看。（一套 17 片，工本費 160 元。回郵 76 元）

37.**喇嘛性世界**—揭開假藏傳佛教譚崔瑜伽的面紗　張善思 等人合著
由正覺同修會購贈　回郵 52 元

38.**假藏傳佛教的神話**—性、謊言、喇嘛教　張正玄教授編著
由正覺同修會購贈　回郵 52 元

39.**隨 緣**—理隨緣與事隨緣　平實導師述　回郵 52 元。

40.**學佛的覺醒**　正枝居士 著　回郵 52 元

41.**導師之真實義**　蔡正禮老師 著　回郵 31 元

42.**淺談達賴喇嘛之雙身法**—兼論解讀「密續」之達文西密碼
吳明芷居士 著　回郵 31 元

43.**魔界轉世**　張正玄居士 著　回郵 31 元

44.**一貫道與開悟**　蔡正禮老師 著　回郵 31 元

45.**博愛**—愛盡天下女人　正覺教育基金會 編印　回郵 36 元

46.**意識虛妄經教彙編**—實證解脫道的關鍵經文　正覺同修會編印　回郵36 元

47.**邪箭囈語**—破斥藏密外道多識仁波切《破魔金剛箭雨論》之邪說

陸正元老師著　上、下冊回郵各 52 元

48.**真假沙門**—依　佛聖教闡釋佛教僧寶之定義

蔡正禮老師著　俟正覺電子報連載後結集出版

49.**真假禪宗**—藉評論釋性廣《印順導師對變質禪法之批判

及對禪宗之肯定》以顯示真假禪宗

附論一：凡夫知見 無助於佛法之信解行證

附論二：世間與出世間一切法皆從如來藏實際而生而顯

余正偉老師著　俟正覺電子報連載後結集出版　回郵未定

★ 上列贈書之郵資，係台灣本島地區郵資，大陸、港、澳地區及外國地區，請另計酌增（大陸、港、澳、國外地區之郵票不許通用）。尚未出版之書，請勿先寄來郵資，以免增加作業煩擾。

★ 本目錄若有變動，唯於後印之書籍及「成佛之道」網站上修正公佈之，不另行個別通知。

函索書籍請寄：佛教正覺同修會　103 台北市承德路 3 段 277 號 9 樓

台灣地區函索書籍者請附寄郵票，無時間購買郵票者可以等值現金抵用，但不接受郵政劃撥、支票、匯票。大陸地區得以人民幣計算，國外地區請以美元計算（請勿寄來當地郵票，在台灣地區不能使用）。欲以掛號寄遞者，請另附掛號郵資。

親自索閱：正覺同修會各共修處。　★請於共修時間前往取書，餘時無人在道場，請勿前往索取；共修時間與地點，詳見書末正覺同修會共修現況表（以近期之共修現況表爲準）。

註：正智出版社發售之局版書，請向各大書局購閱。若書局之書架上已經售出而無陳列者，請向書局櫃台指定洽購；若書局不便代購者，請於正覺同修會共修時間前往各共修處請購，正智出版社已派人於共修時間送書前往各共修處流通。 郵政劃撥購書及 大陸地區 購書，請詳別頁正智出版社發售書籍目錄最後頁之說明。

成佛之道 網站：http://www.a202.idv.tw　正覺同修會已出版之結緣書籍，多已登載於 成佛之道 網站，若住外國、或住處遙遠，不便取得正覺同修會贈閱書籍者，可以從本網站閱讀及下載。

＊＊假藏傳佛教修雙身法，非佛教＊＊

正智出版社 籌募弘法基金發售書籍目錄　2023/12/4

1.**宗門正眼**—公案拈提 第一輯 重拈　平實導師著　500元
因重寫內容大幅度增加故，字體必須改小，並增爲576頁 主文546頁。比初版更精彩、更有內容。初版《禪門摩尼寶聚》之讀者，可寄回本公司免費調換新版書。免附回郵，亦無截止期限。(2007年起，每冊附贈本公司精製公案拈提〈超意境〉CD一片。市售價格280元，多購多贈。)

2.**禪淨圓融**　平實導師著　200元(第一版舊書可換新版書。)

3.**真實如來藏**　平實導師著　400元

4.**禪—悟前與悟後**　平實導師著　上、下冊，每冊250元

5.**宗門法眼**—公案拈提 第二輯　平實導師著　500元
(2007年起，每冊附贈本公司精製公案拈提〈超意境〉CD一片)

6.**楞伽經詳解**　平實導師著　全套共10輯　每輯250元

7.**宗門道眼**—公案拈提 第三輯　平實導師著　500元
(2007年起，每冊附贈本公司精製公案拈提〈超意境〉CD一片)

8.**宗門血脈**—公案拈提 第四輯　平實導師著　500元
(2007年起，每冊附贈本公司精製公案拈提〈超意境〉CD一片)

9.**宗通與說通**—成佛之道 平實導師著 主文381頁 全書400頁售價300元

10.**宗門正道**—公案拈提 第五輯　平實導師著　500元
(2007年起，每冊附贈本公司精製公案拈提〈超意境〉CD一片)

11.**狂密與真密 一～四輯**　平實導師著　西藏密宗是人間最邪淫的宗教，本質不是佛教，只是披著佛教外衣的印度教性力派流毒的喇嘛教。此書中將西藏密宗密傳之男女雙身合修樂空雙運所有祕密與修法，毫無保留完全公開，並將全部喇嘛們所不知道的部分也一併公開。內容比大辣出版社喧騰一時的《西藏慾經》更詳細。並且函蓋藏密的所有祕密及其錯誤的中觀見、如來藏見……等，藏密的所有法義都在書中詳述、分析、辨正。每輯主文三百餘頁　每輯全書約400頁　售價每輯300元

12.**宗門正義**—公案拈提 第六輯　平實導師著　500元
(2007年起，每冊附贈本公司精製公案拈提〈超意境〉CD一片)

13.**心經密意**—心經與解脫道、佛菩提道、祖師公案之關係與密意　平實導師述　300元

14.**宗門密意**—公案拈提 第七輯　平實導師著　500元
(2007年起，每冊附贈本公司精製公案拈提〈超意境〉CD一片)

15.**淨土聖道**—兼評「選擇本願念佛」　正德老師著　200元

16.**起信論講記**　平實導師述著　共六輯　每輯三百餘頁　售價各250元

17.**優婆塞戒經講記**　平實導師述著 共八輯 每輯三百餘頁 售價各250元

18.**真假活佛**—略論附佛外道盧勝彥之邪說(對前岳靈犀網站主張「盧勝彥是證悟者」之修正)　正犀居士(岳靈犀)著　流通價140元

19.**阿含正義**—唯識學探源　平實導師著　共七輯　每輯300元

20.**超意境 CD** 以平實導師公案拈提書中超越意境之頌詞，加上曲風優美

的旋律，錄成令人嚮往的超意境歌曲，其中包括正覺發願文及平實導師親自譜成的黃梅調歌曲一首。詞曲雋永，殊堪翫味，可供學禪者吟詠，有助於見道。內附設計精美的彩色小冊，解說每一首詞的背景本事。每片 280 元。【每購買公案拈提書籍一冊，即贈送一片。】

21.**菩薩底憂鬱** CD 將菩薩情懷及禪宗公案寫成新詞，並製作成超越意境的優美歌曲。1.主題曲〈菩薩底憂鬱〉，描述地後菩薩能離三界生死而迴向繼續生在人間，但因尚未斷盡習氣種子而有極深沈之憂鬱，非三賢位菩薩及二乘聖者所知，此憂鬱在七地滿心位方才斷盡；本曲之詞中所說義理極深，昔來所未曾見；此曲係以優美的情歌風格寫詞及作曲，聞者得以激發嚮往諸地菩薩境界之大心，詞、曲都非常優美，難得一見；其中勝妙義理之解說，已印在附贈之彩色小冊中。2.以各輯公案拈提中直示禪門入處之頌文，作成各種不同曲風之超意境歌曲，值得玩味、參究；聆聽公案拈提之優美歌曲時，請同時閱讀內附之印刷精美說明小冊，可以領會超越三界的證悟境界；未悟者可以因此引發求悟之意向及疑情，眞發菩提心而邁向求悟之途，乃至因此眞實悟入般若，成眞菩薩。3.正覺總持咒新曲，總持佛法大意；總持咒之義理，已加以解說並印在隨附之小冊中。本 CD 共有十首歌曲，長達 63 分鐘。每盒各附贈二張購書優惠券。每片 320 元。

22.**禪意無限** CD 平實導師以公案拈提書中偈頌寫成不同風格曲子，與他人所寫不同風格曲子共同錄製出版，幫助參禪人進入禪門超越意識之境界。盒中附贈彩色印製的精美解說小冊，以供聆聽時閱讀，令參禪人得以發起參禪之疑情，即有機會證悟本來面目而發起實相智慧，實證大乘菩提般若，能如實證知般若經中的眞實意。本 CD 共有十首歌曲，長達 69 分鐘，每盒各附贈二張購書優惠券。每片 320 元。

23.**我的菩提路**第一輯　釋悟圓、釋善藏等人合著　售價 300 元

24.**我的菩提路**第二輯　郭正益等人合著　售價 300 元

（初版首刷至第四刷，都可以寄來免費更換爲第二版，免附郵費）

25.**我的菩提路**第三輯　王美伶等人合著　售價 300 元

26.**我的菩提路**第四輯　陳晏平等人合著　售價 300 元

27.**我的菩提路**第五輯　林慈慧等人合著　售價 300 元

28.**我的菩提路**第六輯　劉惠莉等人合著　售價 300 元

29.**我的菩提路**第七輯　余正偉等人合著　售價 300 元

30.**鈍鳥與靈龜**—考證後代凡夫對大慧宗杲禪師的無根誹謗。

平實導師著　共 458 頁　售價 350 元

31.**維摩詰經講記**　平實導師述　共六輯　每輯三百餘頁　售價各 250 元

32.**真假外道**—破劉東亮、杜大威、釋證嚴常見外道見　正光老師著　200 元

33.**勝鬘經講記**—兼論印順《勝鬘經講記》對於《勝鬘經》之誤解。

平實導師述　共六輯　每輯三百餘頁　售價 250 元

34.**楞嚴經講記**—平實導師述 共 **15** 輯，每輯三百餘頁 售價 300 元
35.**明心與眼見佛性**—駁慧廣〈蕭氏「眼見佛性」與「明心」之非〉文中謬說
正光老師著 共 448 頁 售價 300 元
36.**見性與看話頭** 黃正倖老師 著，本書是禪宗參禪的方法論。
內文 375 頁，全書 416 頁，售價 300 元。
37.**達賴真面目**—玩盡天下女人 白正偉老師 等著 中英對照彩色精裝大本 800 元
38.**喇嘛性世界**—揭開假藏傳佛教譚崔瑜伽的面紗 張善思 等人著 200 元
39.**假藏傳佛教的神話**—性、謊言、喇嘛教 正玄教授編著 200 元
40.**金剛經宗通** 平實導師述 共九輯 每輯售價 250 元。
41.**末代達賴**—性交教主的悲歌 張善思、呂艾倫、辛燕編著 售價 250 元
42.**霧峰無霧**—給哥哥的信 辨正釋印順對佛法的無量誤解
游宗明 老師著 售價 250 元
43.**霧峰無霧**—第二輯—救護佛子向正道 細說釋印順對佛法的各類誤解
游宗明 老師著 售價 250 元
44.**第七意識與第八意識？**—穿越時空「超意識」
平實導師述 每冊 300 元
45.**黯淡的達賴**—失去光彩的諾貝爾和平獎
正覺教育基金會編著 每冊 250 元
46.**童女迦葉考**—論呂凱文〈佛教輪迴思想的論述分析〉之謬。
平實導師 著 定價 180 元
47.**人間佛教**—實證者必定不悖三乘菩提
平實導師 述，定價 400 元
48.**實相經宗通** 平實導師述 共八輯 每輯 250 元
49.**真心告訴您(一)**—達賴喇嘛在幹什麼？
正覺教育基金會編著 售價 250 元
50.**中觀金鑑**—詳述應成派中觀的起源與其破法本質
孫正德老師著 分為上、中、下三冊，每冊 250 元
51.**藏傳佛教要義**—《狂密與真密》之簡體字版 平實導師 著 上、下冊
僅在大陸流通 每冊 300 元
52.**法華經講義**—平實導師述 共二十五輯 每輯三百餘頁 售價 300 元
53.**西藏「活佛轉世」制度**—附佛、造神、世俗法
許正豐、張正玄老師合著 定價 150 元
54.**廣論三部曲**—郭正益老師著 定價 150 元
55.**真心告訴您(二)**—達賴喇嘛是佛教僧侶嗎？
—補祝達賴喇嘛八十大壽
正覺教育基金會編著 售價 300 元
56.**次法**—實證佛法前應有的條件
張善思居士著 分為上、下二冊，每冊 250 元
57.**涅槃**—解說四種涅槃之實證及內涵 平實導師著 上、下冊 各 350 元

58.**佛藏經講義**—平實導師述　共二十一輯 每輯三百餘頁 售價 300 元。
59.**成唯識論**—大唐 玄奘菩薩所著鉅論。重新正確斷句，並以不同字體及標點符號顯示質疑文，令得易讀。全書 288 頁，精裝大本 400 元。
60.**大法鼓經講義**—平實導師述　共六輯 每輯三百餘頁 售價 300 元
61.**成唯識論釋**—詳解大唐玄奘菩薩所著《成唯識論》，平實導師著述。共十輯，每輯內文四百餘頁，12 級字編排，於每講完一輯的分量以後即予出版，2023 年五月底出版第一輯，以後每七到十個月出版一輯，每輯 400 元。
62.**不退轉法輪經講義**—平實導師述 2024 年 1 月 30 日開始出版　共十輯 每二個月出版一輯，每輯 300 元
63.**解深密經講義**—平實導師述 輯數未定　將於《不退轉法輪經講義》出版後整理出版。
64.**菩薩瓔珞本業經講義**—平實導師述 約〇輯　將於《解深密經講義》出版後整理出版。
65.**假鋒虛焰金剛乘**—揭示顯密正理，兼破索達吉師徒《般若鋒兮金剛焰》釋正安法師著 簡體字版 即將出版 售價未定
66.**廣論之平議**—宗喀巴《菩提道次第廣論》之平議　正雄居士著　約二或三輯　俟正覺電子報連載後結集出版　書價未定
67.**八識規矩頌**詳解　〇〇居士 註解　出版日期另訂　書價未定。
68.**中觀正義**—註解平實導師《中論正義頌》。
〇〇法師（居士）著　出版日期未定　書價未定
69.**中論正義**—釋龍樹菩薩《中論》頌正理。
孫正德老師著　出版日期未定　書價未定
70.**中國佛教史**—依中國佛教正法史實而論。〇〇老師 著　書價未定。
71.**印度佛教史**—法義與考證。依法義史實評論印順《印度佛教思想史、佛教史地考論》之謬說　正偉老師著　出版日期未定　書價未定
72.**阿含經講記**—將選錄四阿含中數部重要經典全經講解之，講後整理出版。
平實導師述　約二輯　每輯 300 元　出版日期未定
73.**實積經講記** 平實導師述　每輯三百餘頁 優惠價 300 元 出版日期未定
74.**修習止觀坐禪法要講記**　平實導師述　每輯三百餘頁
將於正覺寺建成後重講、以講記逐輯出版　出版日期未定
75.**無門關**—《無門關》公案拈提　平實導師著　出版日期未定
76.**中觀再論**—兼述印順《中觀今論》謬誤之平議。正光老師著 出版日期未定
77.**輪迴與超度**—佛教超度法會之真義。
〇〇法師（居士）著　出版日期未定　書價未定
78.**《釋摩訶衍論》平議**—對偽稱龍樹所造《釋摩訶衍論》之平議
〇〇法師（居士）著　出版日期未定　書價未定
79.**正覺發願文**註解—以真實大願為因 得證菩提
正德老師著　出版日期未定　書價未定

80.**正覺總持咒**—佛法之總持　　正圜老師著　出版日期未定　書價未定
81.**三自性**—依四食、五蘊、十二因緣、十八界法，說三性三無性。
作者未定　出版日期未定
82.**道品**—從三自性說大小乘三十七道品　　作者未定　出版日期未定
83.**大乘緣起觀**—依四聖諦七真如現觀十二緣起 作者未定　出版日期未定
84.**三德**—論解脫德、法身德、般若德。　　作者未定　出版日期未定
85.**真假如來藏**—對印順《如來藏之研究》謬說之平議　作者未定 出版日期未定
86.**大乘道次第**　　作者未定　出版日期未定　書價未定
87.**四緣**—依如來藏故有四緣。　作者未定　出版日期未定
88.**空之探究**—印順《空之探究》謬誤之平議　作者未定 出版日期未定
89.**十法義**—論阿含經中十法之正義　　作者未定　出版日期未定
90.**外道見**—論述外道六十二見　　作者未定　　出版日期未定

正智出版社有限公司　書籍介紹

禪淨圓融：言淨土諸祖所未曾言，示諸宗祖師所未曾示；禪淨圓融，另闢成佛捷徑，兼顧自力他力，闡釋淨土門之速行易行道，亦同時揭櫫聖教門之速行易行道；令廣大淨土行者得免緩行難證之苦，亦令聖道門行者得以藉著淨土速行道而加快成佛之時劫。乃前無古人之超勝見地，非一般弘揚禪淨法門典籍也，先讀爲快。平實導師著　200元。

宗門正眼—公案拈提第一輯：繼承克勤圜悟大師碧巖錄宗旨之禪門鉅作。先則舉示當代大法師之邪說，消弭當代禪門大師鄉愿之心態，摧破當今禪門「世俗禪」之妄談；次則旁通教法，表顯宗門正理；繼以道之次第，消弭古今狂禪；後藉言語及文字機鋒，直示宗門入處。悲智雙運，禪味十足，數百年來難得一睹之禪門鉅著也。平實導師著　500元（原初版書《禪門摩尼寶聚》，改版後補充爲五百餘頁新書，總計多達二十四萬字，內容更精彩，並改名爲《宗門正眼》，讀者原購初版《禪門摩尼寶聚》皆可寄回本公司免費換新，免附回郵，亦無截止期限）（2007年起，凡購買公案拈提第一輯至第七輯，每購一輯皆贈送本公司精製公案拈提〈超意境〉CD一片，市售價格280元，多購多贈）。

禪—悟前與悟後：本書能建立學人悟道之信心與正確知見，圓滿具足而有次第地詳述禪悟之功夫與禪悟之內容，指陳參禪中細微淆訛之處，能使學人明自眞心、見自本性。若未能悟入，亦能以正確知見辨別古今中外一切大師究係眞悟？或屬錯悟？便有能力揀擇，捨名師而選明師，後時必有悟道之緣。一旦悟道，遲者七次人天往返，便出三界，速者一生取辦。學人欲求開悟者，不可不讀。　平實導師著。上、下冊共500元，單冊250元。

楞伽經詳解：本經是禪宗見道者印證所悟眞僞之根本經典，亦是禪宗見道者悟後起修之依據經典；故達摩祖師於印證二祖慧可大師之後，將此經典連同佛鉢祖衣一併交付二祖，令其依此經典佛示金言、進入修道位，修學一切種智。由此可知此經對於眞悟之人修學佛道，是非常重要之一部經典。此經能破外道邪說，亦破佛門中錯悟名師之謬說，亦破禪宗部分祖師之狂禪：不讀經典、一向主張「一悟即成究竟佛」之謬執。並開示愚夫所行禪、觀察義禪、攀緣如禪、如來禪等差別，令行者對於三乘禪法差異有所分辨；亦糾正禪宗祖師古來對於如來禪之誤解，嗣後可免以訛傳訛之弊。此經亦是法相唯識宗之根本經典，禪者悟後欲修一切種智而入初地者，必須詳讀。　平實導師著，全套共十輯，已全部出版完畢，每輯主文約320頁，每冊約352頁，定價250元。

宗門血脈—公案拈提第四輯：末法怪象—許多修行人自以爲悟，每將無念靈知認作眞實；崇尚二乘法諸師及其徒衆，則將外於如來藏之緣起性空—無因論之無常空、斷滅空、一切法空—錯認爲 佛所說之般若空性。這兩種現象已於當今海峽兩岸及美加地區顯密大師之中普遍存在；人人自以爲悟，心高氣壯，便敢寫書解釋祖師證悟之公案，大多出於意識思惟所得，言不及義，錯誤百出，因此誤導廣大佛子同陷大妄語之地獄業中而不能自知。彼等書中所說之悟處，其實處處違背第一義經典之聖言量。彼等諸人不論是否身披袈裟，都非佛法宗門血脈，或雖有禪宗法脈之傳承，亦只徒具形式；猶如螟蛉，非眞血脈，未悟得根本眞實故。禪子欲知佛、祖之眞血脈者，請讀此書，便知分曉。平實導師著，主文452頁，全書464頁，定價500元（2007年起，凡購買公案拈提第一輯至第七輯，每購一輯皆贈送本公司精製公案拈提〈超意境〉CD一片，市售價格280元，多購多贈）。

宗通與說通：古今中外，錯誤之人如麻似粟，每以常見外道所說之靈知心，認作眞心；或妄想虛空之勝性能量爲眞如，或錯認物質四大元素藉冥性（靈知心本體）能成就吾人色身及知覺，或認初禪至四禪中之了知心爲不生不滅之涅槃心。此等皆非通宗者之見地。復有錯悟之人一向主張「宗門與教門不相干」，此即尚未通達宗門之人也。其實宗門與教門互通不二，宗門所證者乃是眞如與佛性，教門所說者乃說宗門證悟之眞如佛性，故教門與宗門不二。本書作者以宗教二門互通之見地，細說「宗通與說通」，從初見道至悟後起修之道、細說分明；並將諸宗諸派在整體佛教中之地位與次第，加以明確之教判，學人讀之即可了知佛法之梗概也。欲擇明師學法之前，允宜先讀。平實導師著，主文共381頁，全書392頁，只售成本價300元。

宗門正道—公案拈提第五輯：修學大乘佛法有二果須證—解脫果及大菩提果。二乘人不證大菩提果，唯證解脫果；此果之智慧，名爲聲聞菩提、緣覺菩提。大乘佛子所證二果之菩提果爲佛菩提，故名大菩提果，其慧名爲一切種智—函蓋二乘解脫果。然此大乘二果修證，須經由禪宗之宗門證悟方能相應。而宗門證悟極難，自古已然；其所以難者，咎在古今佛教界普遍存在三種邪見：1.以修定認作佛法，2.以無因論之緣起性空—否定涅槃本際如來藏以後之一切法空作爲佛法。3.以常見外道邪見（離語言妄念之靈知性）作爲佛法。如是邪見，或因自身正見未立所致，或因邪師之邪教導所致，或因無始劫來虛妄熏習所致。若不破除此三種邪見，永劫不悟宗門眞義、不入大乘正道，唯能外門廣修菩薩行。平實導師於此書中，有極爲詳細之說明，有志佛子欲摧邪見、入於內門修菩薩行者，當閱此書。主文共496頁，全書512頁。售價500元（2007年起，凡購買公案拈提第一輯至第七輯，每購一輯皆贈送本公司精製公案拈提〈超意境〉CD一片，市售價格280元，多購多贈）。

狂密與眞密：密教之修學，皆由有相之觀行法門而入，其最終目標仍不離顯教經典所說第一義諦之修證；若離顯教第一義經典、或違背顯教第一義經典，即非佛教。西藏密教之觀行法，如灌頂、觀想、遷識法、寶瓶氣、大聖歡喜雙身修法、喜金剛、無上瑜伽、大樂光明、樂空雙運等，皆是印度教兩性生生不息思想之轉化，自始至終皆以如何能運用交合淫樂之法達到全身受樂爲其中心思想，純屬欲界五欲的貪愛，不能令人超出欲界輪迴，更不能令人斷除我見；何況大乘之明心與見性，更無論矣！故密宗之法絕非佛法也。而其明光大手印、大圓滿法教，又皆同以常見外道所說離語言妄念之無念靈知心錯認爲佛地之眞如，不能直指不生不滅之眞如。西藏密宗所有法王與徒衆，都尚未開頂門眼，不能辨別眞僞，以依人不依法、依密續不依經典故，不肯將其上師喇嘛所說對照第一義經典，純依密續之藏密祖師所說爲準，因此而誇大其證德與證量，動輒謂彼祖師上師爲究竟佛、爲地上菩薩；如今台海兩岸亦有自謂其師證量高於 釋迦文佛者，然觀其師所述，猶未見道，仍在觀行即佛階段，尚未到禪宗相似即佛、分證即佛階位，竟敢標榜爲究竟佛及地上法王，誑惑初機學人。凡此怪象皆是狂密，不同於眞密之修行者。近年狂密盛行，密宗行者被誤導者極衆，動輒自謂已證佛地眞如，自視爲究竟佛，陷於大妄語業中而不知自省，反謗顯宗眞修實證者之證量粗淺；或如義雲高與釋性圓…等人，於報紙上公然誹謗眞實證道者爲「騙子、無道人、人妖、癩蛤蟆…」等，造下誹謗大乘勝義僧之大惡業；或以外道法中有爲有作之甘露、魔術……等法，誑騙初機學人，狂言彼外道法爲眞佛法。如是怪象，在西藏密宗及附藏密之外道中，不一而足，舉之不盡，學人宜應愼思明辨，以免上當後又犯毀破菩薩戒之重罪。密宗學人若欲遠離邪知邪見者，請閱此書，即能了知密宗之邪謬，從此遠離邪見與邪修，轉入眞正之佛道。平實導師著 共四輯 每輯約400頁（主文約340頁）每輯售價300元。

宗門正義—公案拈提第六輯：佛教有六大危機，乃是藏密化、世俗化、膚淺化、學術化、宗門密意失傳、悟後進修諸地之次第混淆；其中尤以宗門密意之失傳，爲當代佛教最大之危機。由宗門密意失傳故，易令 世尊本懷普被錯解，易令 世尊正法被轉易爲外道法，以及加以淺化、世俗化，是故宗門密意之廣泛弘傳與具緣佛弟子，極爲重要。然而欲令宗門密意之廣泛弘傳予具緣之佛弟子者，必須同時配合錯誤知見之解析、普令佛弟子知之，然後輔以公案解析之直示入處，方能令具緣之佛弟子悟入。而此二者，皆須以公案拈提之方式爲之，方易成其功、竟其業，是故平實導師續作宗門正義一書，以利學人。 全書500餘頁，售價500元（2007年起，凡購買公案拈提第一輯至第七輯，每購一輯皆贈送本公司精製公案拈提〈超意境〉CD一片，市售價格280元，多購多贈）。

心經密意—心經與解脫道、佛菩提道、祖師公案之關係與密意。 二乘菩提所證之解脫道，實依第八識心之斷除煩惱障現行而立解脫之名；大乘菩提所證之佛菩提道，實依親證第八識如來藏之涅槃性、清淨自性、及其中道性而立般若之名；禪宗祖師公案所證之眞心，即是此第八識如來藏；是故三乘佛法所修所證之三乘菩提，皆依此如來藏心而立名也。此第八識心，即是《心經》所說之心也。證得此如來藏已，即能漸入大乘佛菩提道，亦可因證知此心而了知二乘無學所不能知之無餘涅槃本際，是故《心經》之密意，與三乘佛菩提之關係極爲密切、不可分割，三乘佛法皆依此心而立名故。今者平實導師以其所證解脫道之無生智及佛菩提之般若種智，將《心經》與解脫道、佛菩提道、祖師公案之關係與密意，以演講之方式，用淺顯之語句和盤托出，發前人所未言，呈三乘菩提之眞義，令人藉此《心經密意》一舉而窺三乘菩提之堂奧，迥異諸方言不及義之說；欲求眞實佛智者、不可不讀！主文317頁，連同跋文及序文…等共384頁，售價300元。

宗門密意—公案拈提第七輯：佛教之世俗化，將導致學人以信仰作爲學佛，則將以感應及世間法之庇祐，作爲學佛之主要目標，不能了知學佛之主要目標爲親證三乘菩提。大乘菩提則以般若實相智慧爲主要修習目標，以二乘菩提解脫道爲附帶修習之標的；是故學習大乘法者，應以禪宗之證悟爲要務，能親入大乘菩提之實相般若智慧中故，般若實相智慧非二乘聖人所能知故。此書則以台灣世俗化佛教之三大法師，說法似是而非之實例，配合眞悟祖師之公案解析，提示證悟般若之關節，令學人易得悟入。平實導師著，全書五百餘頁，售價500元（2007年起，凡購買公案拈提第一輯至第七輯，每購一輯皆贈送本公司精製公案拈提〈超意境〉CD一片，市售價格280元，多購多贈）。

淨土聖道—兼評選擇本願念佛：佛法甚深極廣，般若玄微，非諸二乘聖僧所能知之，一切凡夫更無論矣！所謂一切證量皆歸淨土是也！是故大乘法中「聖道之淨土、淨土之聖道」，其義甚深，難可了知；乃至眞悟之人，初心亦難知也。今有正德老師眞實證悟後，復能深探淨土與聖道之緊密關係，憐憫眾生之誤會淨土實義，亦欲利益廣大淨土行人同入聖道，同獲淨土中之聖道門要義，乃振奮心神、書以成文，今得刊行天下。主文279頁，連同序文等共301頁，總有十一萬六千餘字，正德老師著，成本價200元。

起信論講記：詳解大乘起信論心生滅門與心眞如門之眞實意旨，消除以往大師與學人對起信論所說心生滅門之誤解，由是而得了知眞心如來藏之非常非斷中道正理；亦因此一講解，令此論以往隱晦而被誤解之眞實義，得以如實顯示，令大乘佛菩提道之正理得以顯揚光大；初機學者亦可藉此正論所顯示之法義，對大乘法理生起正信，從此得以眞發菩提心，眞入大乘法中修學，世世常修菩薩正行。平實導師演述，共六輯，都已出版，每輯三百餘頁，售價各250元。

優婆塞戒經講記：本經詳述在家菩薩修學大乘佛法，應如何受持菩薩戒？對人間善行應如何看待？對三寶應如何護持？應如何正確地修集此世後世證法之福德？應如何修集後世「行菩薩道之資糧」？並詳述第一義諦之正義：五蘊非我非異我、自作自受、異作異受、不作不受……等深妙法義，乃是修學大乘佛法、行菩薩行之在家菩薩所應當了知者。出家菩薩今世或未來世登地已，捨報之後多數將如華嚴經中諸大菩薩，以在家菩薩身而修行菩薩行，故亦應以此經所述正理而修之，配合《楞伽經、解深密經、楞嚴經、華嚴經》等道次第正理，方得漸次成就佛道；故此經是一切大乘行者皆應證知之正法。 平實導師講述，每輯三百餘頁，售價各250元；共八輯，已全部出版。

真假活佛—略論附佛外道盧勝彥之邪說：人人身中都有眞活佛，永生不滅而有大神用，但眾生都不了知，所以常被身外的西藏密宗假活佛籠罩欺瞞。本來就眞實存在的眞活佛，才是眞正的密宗無上密！諾那活佛因此而說禪宗是大密宗，但藏密的所有活佛都不知道、也不曾實證自身中的眞活佛。本書詳實宣示眞活佛的道理，舉證盧勝彥的「佛法」不是眞佛法，也顯示盧勝彥是假活佛，直接的闡釋第一義佛法見道的眞實正理。眞佛宗的所有上師與學人們，都應該詳細閱讀，包括盧勝彥個人在內。正犀居士著，優惠價140元。

阿含正義—唯識學探源：廣說四大部《阿含經》諸經中隱說之眞正義理，一一舉示佛陀本懷，令阿含時期初轉法輪根本經典之眞義，如實顯現於佛子眼前。並提示末法大師對於阿含眞義誤解之實例，一一比對之，證實唯識增上慧學確於原始佛法之阿含諸經中已隱覆密意而略說之，證實 世尊確於原始佛法中已曾密意而說第八識如來藏之總相；亦證實 世尊在四阿含中已說此藏識是名色十八界之因、之本—證明如來藏是能生萬法之根本心。佛子可據此修正以往受諸大師（譬如西藏密宗應成派中觀師：印順、昭慧、性廣、大願、達賴、宗喀巴、寂天、月稱、……等人）誤導之邪見，建立正見，轉入正道乃至親證初果而無困難；書中並詳說三果所證的心解脫，以及四果慧解脫的親證，都是如實可行的具體知見與行門。全書共七輯，已出版完畢。平實導師著，每輯三百餘頁，售價300元。

超意境CD：以平實導師公案拈提書中超越意境之頌詞，加上曲風優美的旋律，錄成令人嚮往的超意境歌曲，其中包括正覺發願文及平實導師親自譜成的黃梅調歌曲一首。詞曲雋永，殊堪翫味，可供學禪者吟詠，有助於見道。內附設計精美的彩色小冊，解說每一首詞的背景本事。每片280元。【每購買公案拈提書籍一冊，即贈送一片。】

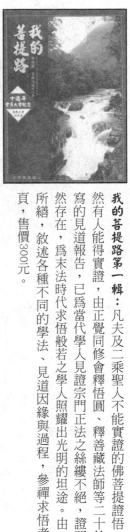

我的菩提路第一輯：凡夫及二乘聖人不能實證的佛菩提證悟，末法時代的今天仍然有人能得實證，由正覺同修會釋悟圓、釋善藏法師等二十餘位實證如來藏者所寫的見道報告，已爲當代學人見證宗門正法之絲縷不絕，證明大乘義學的法脈仍然存在，爲末法時代求悟般若之學人照耀出光明的坦途。由二十餘位大乘見道者所繕，敘述各種不同的學法、見道因緣與過程，參禪求悟者必讀。全書三百餘頁，售價300元。

我的菩提路第二輯：由郭正益老師等人合著，書中詳述彼等諸人歷經各處道場學法，一一修學而加以檢擇之不同過程以後，因閱讀正覺同修會、正智出版社書籍而發起抉擇分，轉入正覺同修會中修學；乃至學法及見道之過程，都一一詳述之。**本書已改版印製重新流通**，讀者原購的初版書，不論是第一刷或第二、三、四刷，都可以寄回換新，免附郵費。

我的菩提路第三輯：由王美伶老師等人合著。自從正覺同修會成立以來，每年夏初、冬初都舉辦精進禪三共修，藉以助益會中同修們得以證悟明心發起般若實相智慧；凡已實證而被平實導師印證者，皆書具見道報告用以證明佛法之眞實可證而非玄學，證明佛法並非純屬思想、理論而無實質，是故每年都能有人證明正覺同修會的「實證佛教」主張並非虛語。特別是眼見佛性一法，自古以來中國禪宗祖師實證者極寡，較之明心開悟的證境更難令人信受；至2017年初，正覺同修會中的證悟明心者已近五百人，然而其中眼見佛性者至今唯十餘人爾，可謂難能可貴，是故明心後欲冀眼見佛性者實屬不易。黃正倖老師是懸絕七年無人見性後的第一人，她於2009年的見性報告刊於本書的第二輯中，爲大眾證明佛性確實可以眼見；其後七年之中求見性者都屬解悟佛性而無人眼見，幸而又經七年後的2016冬初，以及2017夏初的禪三，復有三人眼見佛性，希冀鼓舞四眾佛子求見佛性之大心，今則具載一則於書末，顯示求見佛性之事實經歷，供養現代佛教界欲得見性之四眾弟子。全書四百頁，售價300元，已於2017年6月30日發行。

我的菩提路第四輯：由陳晏平等人著。中國禪宗祖師往往有所謂「見性」之言，所言多屬看見如來藏具有能令人發起成佛之自性，並非《大般涅槃經》中　如來所說之眼見佛性。眼見佛性者，於親見佛性之時，即能於山河大地眼見自己佛性，亦能於他人身上眼見自己佛性及對方之佛性，如是境界無法爲尚未實證者解釋；勉強說之，縱使眞實明心證悟之人聞之，亦只能以自身明心之境界想像之，但不論如何想像多屬非量，能有正確之比量者亦是稀有，故說眼見佛性極爲困難。眼見佛性之人若所見極分明時，在所見佛性之境界下所眼見之山河大地、自己五蘊身心皆是虛幻，自有異於明心者之解脫功德受用，此後永不思證二乘涅槃，必定邁向成佛之道而進入第十住位中，已超第一阿僧祇劫三分有一，可謂之爲超劫精進也。今又有明心之後眼見佛性之人出於人間，將其明心及後來見性之報告，連同其餘證悟明心者之精彩報告一同收錄於此書中，供養眞求佛法實證之四眾佛子。全書380頁，售價300元，已於2018年6月30日發行。

我的菩提路第五輯：林慈慧老師等人著，本輯中所舉學人從相似正法中來到正覺同修會的過程，各人都有不同，發生的因緣亦是各有差別，然而都會指向同一個目標——證實生命實相的源底，確證自己生從何來、死往何去的事實，所以最後都證明佛法眞實而可親證，絕非玄學；本書將彼等諸人的始修及末後證悟之實例，羅列出來以供學人參考。本期亦有一位會裡的老師，是從1995年即開始追隨　平實導師修學，1997年明心後持續進修不斷，直到2017年眼見佛性之實例，足可證明《大般涅槃經》中世尊開示眼見佛性之法正眞無訛，第十住位的實證在末法時代的今天仍有可能，如今一併具載於書中以供學人參考，並供養現代佛教界欲得見性之四眾弟子。全書四百頁，售價300元，已於2019年12月31日發行。

我的菩提路第六輯：劉惠莉老師等人著，本輯中舉示劉老師明心多年以後的眼見佛性實錄，供末法時代學人了知明心之異於見性本質，足可證明《大般涅槃經》中世尊開示眼見佛性之法正眞無訛。亦列舉多篇學人從各道場來到正覺學法之不同過程，以及如何發覺邪見之異於正法的所在，最後終能在正覺禪三中悟入的實況，以證明佛教正法仍在末法時代的人間繼續弘揚的事實，鼓舞一切眞實學法的菩薩大眾思之：我等諸人亦可有因緣證悟，絕非空想白思。約四百頁，售價300元，已於2020年6月30日發行。

我的菩提路第七輯：余正偉老師等人著，本輯中舉示余老師明心二十餘年以後的眼見佛性實錄，供末法時代學人了知明心異於見性之本質，並且舉示其見性後與平實導師互相討論眼見佛性之諸多疑訛處；除了證明《大般涅槃經》中世尊開示眼見佛性之法正眞無訛以外，亦得一解明心後尚未見性者之所未知處，甚爲精彩。此外亦列舉多篇學人從各不同宗教進入正覺學法之不同過程，以及發覺諸方道場邪見之內容與過程，最終得於正覺精進禪三中悟入的實況，足供末法精進學人借鑑，以彼鑑己而生信心，得以投入了義正法中修學及實證。凡此，皆足以證明不唯明心所證之第七住位般若智慧及解脫功德仍可實證，乃至第十住位的實證與當場發起如幻觀之實證，於末法時代的今天皆仍有可能。本書約四百頁，售價300元。

鈍鳥與靈龜：鈍鳥及靈龜二物，被宗門證悟者說爲二種人：前者是精修禪定而無智慧者，也是以定爲禪的愚癡禪人；後者是或有禪定、或無禪定的宗門證悟者，凡已證悟者皆是靈龜。但後者被人虛造事實，用以嘲笑大慧宗杲禪師，說他雖是靈龜，卻不免被天童禪師預記「患背」痛苦而亡：「鈍鳥離巢易，靈龜脫殼難。」藉以貶低大慧宗杲的證量。同時將天童禪師實證如來藏的證量，曲解爲意識境界的離念靈知。自從大慧禪師入滅以後，錯悟凡夫對他的不實毀謗就一直存在著，不曾止息，並且捏造的假事實也隨著年月的增加而越來越多，終至編成「鈍鳥與靈龜」的假公案、假故事。本書是考證大慧與天童之間的不朽情誼，顯現這件假公案的虛妄不實；更見大慧宗杲面對惡勢力時的正直不阿，亦顯示大慧對天童禪師的至情深義，將使後人對大慧宗杲的誣謗至此而止，不再有人誤犯毀謗賢聖的惡業。書中亦舉證宗門的所悟確以第八識如來藏爲標的，詳讀之後必可改正以前被錯悟大師誤導的參禪知見，日後必定有助於實證禪宗的開悟境界，得階大乘眞見道位中，即是實證般若之賢聖。全書459頁，售價350元。

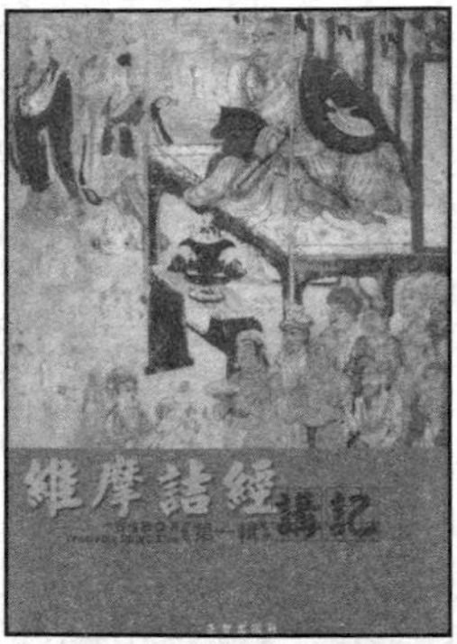

維摩詰經講記：本經係　世尊在世時，由等覺菩薩維摩詰居士藉疾病而演說之大乘菩提無上妙義，所說函蓋甚廣，然極簡略，是故今時諸方大師與學人讀之悉皆錯解，何況能知其中隱含之深妙正義，是故普遍無法爲人解說；若強爲人說，則成依文解義而有諸多過失。今由平實導師公開宣講之後，詳實解釋其中密意，令維摩詰菩薩所說大乘不可思議解脫之深妙正法得以正確宣流於人間，利益當代學人及與諸方大師。書中詳實演述大乘佛法深妙不共二乘之智慧境界，顯示諸法之中絕待之實相境界，建立大乘菩薩妙道於永遠不敗不壞之地，以此成就護法偉功，欲冀永利娑婆人天。已經宣講圓滿整理成書流通，以利諸方大師及諸學人。全書共六輯，每輯三百餘頁，售價各250元。

真假外道：本書具體舉證佛門中的常見外道知見實例，並加以教證及理證上的辨正，幫助讀者輕鬆而快速的了知常見外道的錯誤知見，進而遠離佛門內外的常見外道知見，因此即能改正修學方向而快速實證佛法。游正光老師著 。成本價200元。

勝鬘經講記：如來藏爲三乘菩提之所依，若離如來藏心體及其含藏之一切種子，即無三界有情及一切世間法，亦無二乘菩提緣起性空之出世間法；本經詳說無始無明、一念無明皆依如來藏而有之正理，藉著詳解煩惱障與所知障間之關係，令學人深入了知二乘菩提與佛菩提相異之妙理；聞後即可了知佛菩提之特勝處及三乘修道之方向與原理，邁向攝受正法而速成佛道的境界中。平實導師講述，共六輯，每輯三百餘頁，售價各250元。

楞嚴經講記：楞嚴經係大乘祕密教之重要經典，亦是佛教中普受重視之經典；經中宣說明心與見性之內涵極爲詳細，將一切法都會歸如來藏及佛性—妙眞如性；亦闡釋五陰區宇及五陰盡的境界，作諸地菩薩自我檢驗證量之依據，旁及佛菩提道修學過程中之種種魔境，以及外道誤會涅槃之狀況，亦兼述明三界世間之起源，具足宣示大乘菩提之奧祕。然因言句深澀難解，法義亦復深妙寬廣，學人讀之普難通達，是故讀者大多誤會，不能如實理解佛所說之明心與見性內涵，亦因是故多有悟錯之人引爲開悟之證言，成就大妄語罪。今由平實導師詳細講解之後，整理成文，以易讀易懂之語體文刊行天下，以利學人。全書十五輯，全部出版完畢。每輯三百餘頁，售價每輯300元。

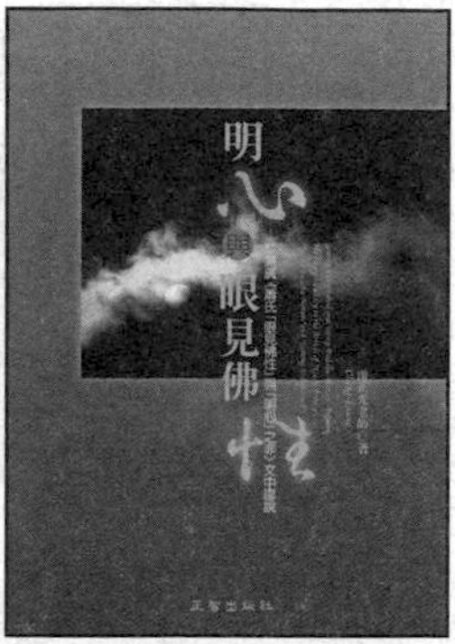

明心與眼見佛性：本書細述明心與眼見佛性之異同，同時顯示了中國禪宗破初參明心與重關眼見佛性二關之間的關聯；書中又藉法義辨正而旁述其他許多勝妙法義，讀後必能遠離佛門長久以來積非成是的錯誤知見，令讀者在佛法的實證上有極大助益。也藉慧廣法師的謬論來教導佛門學人回歸正知正見，遠離古今禪門錯悟者所墮的意識境界，非唯有助於斷我見，也對未來的開悟明心實證第八識如來藏有所助益，是故學禪者都應細讀之。游正光老師著　共448頁　售價300元。

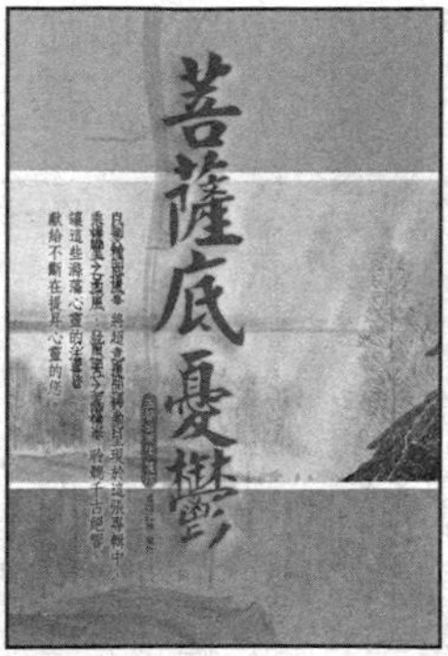

菩薩底憂鬱CD：將菩薩情懷及禪宗公案寫成新詞，並製作成超越意境的優美歌曲。1.主題曲〈菩薩底憂鬱〉，描述地後菩薩能離三界生死而迴向繼續生在人間，但因尚未斷盡習氣種子而有極深沈之憂鬱，非三賢位菩薩及二乘聖者所知，此憂鬱在七地滿心位方才斷盡；本曲之詞中所說義理極深，昔來所未曾見；此曲係以優美的情歌風格寫詞及作曲，聞者得以激發嚮往諸地菩薩境界之大心，詞、曲都非常優美，難得一見；其中勝妙義理之解說，已印在附贈之彩色小冊中。
2.以各輯公案拈提中直示禪門入處之頌文，作成各種不同曲風之超意境歌曲，值得玩味、參究；聆聽公案拈提之優美歌曲時，請同時閱讀內附之印刷精美說明小冊，可以領會超越三界的證悟境界；未悟者可以因此引發求悟之意向及疑情，眞發菩提心而邁向求悟之途，乃至因此眞實悟入般若，成眞菩薩。
3.正覺總持咒新曲，總持佛法大意；總持咒之義理，已加以解說並印在隨附之小冊中。本CD共有十首歌曲，長達63分鐘，附贈二張購書優惠券。每片320元。

霧峰無霧—給哥哥的信 本書作者藉兄弟之間信件往來論義，略述佛法大義；並以多篇短文辨義，舉出釋印順對佛法的無量誤解證據，並一一給予簡單而清晰的辨正，令人一讀即知。久讀、多讀之後即能認清楚釋印順的六識論見解，與眞實佛法之牴觸是多麼嚴重；於是在久讀、多讀之後，於不知不覺之間提升了對佛法的極深入理解，正知正見就在不知不覺間建立起來了。當三乘佛法的正知見建立起來之後，對於三乘菩提的見道條件便將隨之具足，於是聲聞解脫道的見道也就水到渠成；接著大乘見道的因緣也將次第成熟，未來自然也會有親見大乘菩提之道的因緣，悟入大乘實相般若也將自然成功，自能通達般若系列諸經而成實義菩薩。作者居住於南投縣霧峰鄉，自喻見道之後不復再見霧峰之霧，故鄉原野美景一一明見，於是立此書名爲《霧峰無霧》；讀者若欲撥霧見月，可以此書爲緣。游宗明　老師著　已於2015年出版　售價250元。

霧峰無霧—第二輯—救護佛子向正道 本書作者藉釋印順著作中之各種錯謬法義提出辨正，以詳實的文義一一提出理論上及實證上之解析，列舉釋印順對佛法的無量誤解證據，藉此教導佛門大師與學人釐清佛法義理，遠離岐途轉入正道，然後知所進修，久之便能見道明心而入大乘勝義僧數。被釋印順誤導的大師與學人極多，很難救轉，是故作者大發悲心深入解說其錯謬之所在，佐以各種義理辨正而令讀者在不知不覺之間轉歸正道。如是久讀之後欲得斷身見、證初果，即不爲難事；乃至久之亦得大乘見道而得證眞如，脫離空有二邊而住中道，實相般若智慧生起，於佛法不再茫然，漸漸亦知悟後進修之道。屆此之時，對於大乘般若等深妙法之迷雲暗霧亦將一掃而空，生命及宇宙萬物之故鄉原野美景一一明見，是故本書仍名《霧峰無霧》，爲第二輯；讀者若欲撥雲見日、離霧見月，可以此書爲緣。游宗明　老師著　已於2019年出版　售價250元。

假藏傳佛教的神話—性、謊言、喇嘛教：本書編著者是由一首名爲「阿姊鼓」的歌曲爲緣起，展開了序幕，揭開假藏傳佛教—喇嘛教—的神秘面紗。其重點是蒐集、摘錄網路上質疑「喇嘛教」的帖子，以揭穿「假藏傳佛教的神話」爲主題，串聯成書，並附加彩色插圖以及說明，讓讀者們瞭解西藏密宗及相關人事如何被操作爲「神話」的過程，以及神話背後的眞相。作者：張正玄教授。售價200元。

達賴真面目—玩盡天下女人：假使您不想戴綠帽子，請記得詳細閱讀此書；假使您不想讓好朋友戴綠帽子，請您將此書介紹給您的好朋友。假使您想保護家中的女性，也想要保護好朋友的女眷，請記得將此書送給家中的女性和好友的女眷都來閱讀。本書爲印刷精美的大本彩色中英對照精裝本，爲您揭開達賴喇嘛的眞面目，內容精彩不容錯過，爲利益社會大眾，特別以優惠價格嘉惠所有讀者。編著者：白志偉等。大開版雪銅紙彩色精裝本。售價800元。

童女迦葉考—論呂凱文〈佛教輪迴思想的論述分析〉之謬：童女迦葉是佛世率領五百大比丘遊行於人間的歷史事實，是以童貞行而依止菩薩戒弘化於人間的大菩薩，不依別解脫戒（聲聞戒）來弘化於人間。這是大乘佛教與聲聞佛教同時存在於佛世的歷史明證，證明大乘佛教不是從聲聞法中分裂出來的部派佛教的產物，卻是聲聞佛教分裂出來的部派佛教聲聞凡夫僧所不樂見的史實；於是古今聲聞法中的凡夫都欲加以扭曲而作詭說，更是末法時代高聲大呼「大乘非佛說」的六識論聲聞凡夫極力想要扭曲的佛教史實之一，於是想方設法扭曲迦葉菩薩爲聲聞僧，以及扭曲迦葉童女爲比丘僧等荒謬不實之論著便陸續出現，古時聲聞僧寫作的《分別功德論》是最具體之事例，現代之代表作則是呂凱文先生的〈佛教輪迴思想的論述分析〉論文。鑑於如是假藉學術考證以籠罩大眾之不實謬論，未來仍將繼續造作及流竄於佛教界，繼續扼殺大乘佛教學人法身慧命，必須舉證辨正之，遂成此書。平實導師 著，每冊180元。

末代達賴—性交教主的悲歌：簡介從藏傳偽佛教（喇嘛教）的修行核心—性力派男女雙修，探討達賴喇嘛及藏傳偽佛教的修行內涵。書中引用外國知名學者著作、世界各地新聞報導，包含：歷代達賴喇嘛的祕史、達賴六世修雙身法的事蹟，以及《時輪續》中的性交灌頂儀式……等；達賴喇嘛書中開示的雙修法、達賴喇嘛的黑暗政治手段；達賴喇嘛所領導的寺院爆發喇嘛性侵兒童；新聞報導《西藏生死書》作者索甲仁波切性侵女信徒、澳洲喇嘛秋達公開道歉、美國最大假藏傳佛教組織領導人邱陽創巴仁波切的性氾濫，等等事件背後眞相的揭露。作者：張善思、呂艾倫、辛燕。售價250元。

黯淡的達賴—失去光彩的諾貝爾和平獎：本書舉出很多證據與論述，詳述達賴喇嘛不為世人所知的一面，顯示達賴喇嘛並不是眞正的和平使者，而是假借諾貝爾和平獎的光環來欺騙世人；透過本書的說明與舉證，讀者可以更清楚的瞭解，達賴喇嘛是結合暴力、黑暗、淫欲於喇嘛教裡的集團首領，其政治行為與宗教主張，早已讓諾貝爾和平獎的光環染污了。　本書由財團法人正覺教育基金會寫作、編輯，由正覺出版社印行，每冊250元。

第七意識與第八意識？—穿越時空「超意識」：「三界唯心，萬法唯識」是佛教中應該實證的聖教，也是《華嚴經》中明載而可以實證的法界實相。唯心者，三界一切境界、一切諸法唯是一心所成就，即是每一個有情的第八識如來藏，不是意識心。唯識者，即是人類各各都具足的八識心王——眼識、耳鼻舌身意識、意根、阿賴耶識，第八阿賴耶識又名如來藏，人類五陰相應的萬法，莫不由八識心王共同運作而成就，故說萬法唯識。依聖教量及現量、比量，都可以證明意識是二法因緣生，是由第八識藉意根與法塵二法為因緣而出生，又是夜夜斷滅不存之生滅心，即無可能反過來出生第七識意根、第八識如來藏，當知不可能從生滅性的意識心中，細分出恆審思量的第七識意根，更無可能細分出恆而不審的第八識如來藏。本書是將演講內容整理成文字，細說如是內容，並已在〈正覺電子報〉連載完畢，今彙集成書以廣流通，欲幫助佛門有緣人斷除意識我見，跳脫於識陰之外而取證聲聞初果；嗣後修學禪宗時即得不墮外道神我之中，得以求證第八識金剛心而發起般若實智。平實導師 述，每冊300元。

中觀金鑑—詳述應成派中觀的起源與其破法本質：學佛人往往迷於中觀學派之不同學說，被應成派與自續派所迷惑；修學般若中觀二十年後自以爲實證般若中觀了，卻仍不曾入門，甫聞實證般若中觀者之所說，則茫無所知，迷惑不解；隨後信心盡失，不知如何實證佛法；凡此，皆因惑於這二派中觀學說所致。自續派中觀所說同於常見，以意識境界立爲第八識如來藏之境界，應成派所說則同於斷見，但又同立意識爲常住法，故亦具足斷常二見。今者孫正德老師有鑑於此，乃將起源於密宗的應成派中觀學說，追本溯源，詳考其來源之外，亦一一舉證其立論內容，詳加辨正，令密宗雙身法祖師以識陰境界而造之應成派中觀學說本質，詳細呈現於學人眼前，令其維護雙身法之目的無所遁形。若欲遠離密宗此二大派中觀謬說，欲於三乘菩提有所進道者，允宜具足閱讀並細加思惟，反覆讀之以後將可捨棄邪道返歸正道，則於般若之實證即有可能，證後自能現觀如來藏之中道境界而成就中觀。本書分上、中、下三冊，每冊250元，全部出版完畢。

人間佛教—實證者必定不悖三乘菩提：「大乘非佛說」的講法似乎流傳已久，卻只是日本人企圖擺脫中國正統佛教的影響，而在明治維新時期才開始提出來的說法；台灣佛教、大陸佛教的淺學無智之人，由於未曾實證佛法而迷信日本人錯誤的學術考證，錯認爲這些別有用心的日本佛學考證的講法爲天竺佛教的眞實歷史；甚至還有更激進的反對佛教者提出「釋迦牟尼佛並非眞實存在，只是後人捏造的假歷史人物」，竟然也有少數佛教徒願意跟著「學術」的假光環而信受不疑，亦導致部分台灣佛教界人士，造作了反對中國大乘佛教而推崇南洋小乘佛教的行爲，使台灣佛教的信仰者難以檢擇，亦導致一般大陸人士開始轉入基督教的盲目迷信中。在這些佛教及外教人士之中，也就有一分人根據此邪說而大聲主張「大乘非佛說」的謬論，這些人以「人間佛教」的名義來抵制中國正統佛教，公然宣稱中國的大乘佛教是由聲聞部派佛教的凡夫僧所創造出來的。這樣的說法流傳於台灣及大陸佛教界凡夫僧之中已久，卻非眞正的佛教歷史中曾經發生過的事，只是繼承六識論的聲聞法中凡夫僧，以及別有居心的日本佛教界，依自己的意識境界立場，純憑臆想而編造出來的妄想說法，卻已經影響許多無智之凡夫僧俗信受不移。本書則是從佛教的經藏法義實質及實證的現量內涵本質立論，證明大乘佛法本是佛說，是從《阿含正義》尚未說過的不同面向來討論「人間佛教」的議題，證明「大乘眞佛說」。閱讀本書可以斷除六識論邪見，迴入三乘菩提正道發起實證的因緣；也能斷除禪宗學人學禪時普遍存在之錯誤知見，對於建立參禪時的正知見有很深的著墨。平實導師 述，內文488頁，全書528頁，定價400元。

喇嘛性世界—揭開假藏傳佛教譚崔瑜伽的面紗：這個世界中的喇嘛，號稱來自世外桃源的香格里拉，穿著或紅或黃的喇嘛長袍，散布於我們的身邊傳教灌頂，吸引了無數的人嚮往學習；這些喇嘛虔誠地爲大衆祈福，手中拿著寶杵（金剛）與寶鈴（蓮花），口中唸著咒語：「唵．嘛呢．叭咪．吽……」，咒語的意思是說：「我至誠歸命金剛杵上的寶珠伸向蓮花寶穴之中」！　「喇嘛性世界」是什麼樣的「世界」呢？　本書將爲您呈現喇嘛世界的面貌。　當您發現眞相以後，您將會唸：「噢！喇嘛．性．世界，譚崔性交嘛！」作者：張善思、呂艾倫。售價200元。

見性與看話頭：黃正倖老師的《見性與看話頭》於《正覺電子報》連載完畢，今結集出版。書中詳說禪宗看話頭的詳細方法，並細說看話頭與眼見佛性的關係，以及眼見佛性者求見佛性前必須具備的條件。本書是禪宗實修者追求明心開悟時參禪的方法書，也是求見佛性者作功夫時必讀的方法書，內容兼顧眼見佛性的理論與實修之方法，是依實修之體驗配合理論而詳述，條理分明而且極爲詳實、周全、深入。本書內文375頁，全書416頁，售價300元。

實相經宗通：學佛之目的在於實證一切法界背後之實相，禪宗稱之爲本來面目或本地風光，佛菩提道中稱之爲實相法界；此實相法界即是金剛藏，又名佛法之祕密藏，即是能生有情五陰、十八界及宇宙萬有（山河大地、諸天、三惡道世間）的第八識如來藏，又名阿賴耶識心，即是禪宗祖師所說的眞如心，此心即是三界萬有背後的實相。證得此第八識心時，自能瞭解般若諸經中隱說的種種密意，即得發起實相般若——實相智慧。每見學佛人修學佛法二十年後仍對實相般若茫然無知，亦不知如何入門，茫無所趣；更因不知三乘菩提的互異互同，是故越是久學者對佛法越覺茫然，都肇因於尚未瞭解佛法的全貌，亦未瞭解佛法的修證內容即是第八識心所致。本書對於修學佛法者所應實證的實相境界提出明確解析，並提示趣入佛菩提道的入手處，有心親證實相般若的佛法實修者，宜詳讀之，於佛菩提道之實證即有下手處。平實導師述著，共八輯，已於2016年出版完畢，每輯成本價250元。

真心告訴您㈠—達賴喇嘛在幹什麼？這是一本報導篇章的選集，更是「破邪顯正」的暮鼓晨鐘。「破邪」是戳破假象，說明達賴喇嘛及其所率領的密宗四大派法王、喇嘛們，弘傳的佛法是仿冒的佛法；他們是假藏傳佛教，是坦特羅（譚崔性交）外道法和藏地崇奉鬼神的苯教混合成的「喇嘛教」，推廣的是以所謂「無上瑜伽」的男女雙身法冒充佛法的假佛教，詐財騙色誤導眾生，常常造成信徒家庭破碎、家中兒少失怙的嚴重後果。「顯正」是揭櫫眞相，指出眞正的藏傳佛教只有一個，就是覺囊巴，傳的是 釋迦牟尼佛演繹的第八識如來藏妙法，稱爲他空見大中觀。正覺教育基金會即以此古今輝映的如來藏正法正知見，在眞心新聞網中逐次報導出來，將箇中原委「眞心告訴您」，如今結集成書，與想要知道密宗眞相的您分享。售價250元。

法華經講義：此書爲平實導師始從2009/7/21演述至2014/1/14之講經錄音整理所成。世尊一代時教，總分五時三教，即是華嚴時、聲聞緣覺教、般若教、種智唯識教、法華時；依此五時三教區分爲藏、通、別、圓四教。本經是最後一時的圓教經典，圓滿收攝一切法教於本經中，是故最後的圓教聖訓中，特地指出無有三乘菩提，其實唯有一佛乘；皆因眾生愚迷故，方便區分爲三乘菩提以助眾生證道。世尊於此經中特地說明如來示現於人間的唯一大事因緣，便是爲有緣眾生「開、示、悟、入」諸佛的所知所見——第八識如來藏妙眞如心，並於諸品中隱說「妙法蓮花」如來藏心的密意。然因此經所說甚深難解，眞義隱晦，古來難得有人能窺堂奧；平實導師以知如是密意故，特爲末法佛門四眾演述《妙法蓮華經》中各品蘊含之密意，使古來未曾被古德註解出來的「此經」密意，如實顯示於當代學人眼前。乃至〈藥王菩薩本事品〉、〈妙音菩薩品〉、〈觀世音菩薩普門品〉、〈普賢菩薩勸發品〉中的微細密意，亦皆一併詳述之，可謂開前人所未曾言之密意，示前人所未見之妙法。最後乃至以〈法華大義〉而總其成，全經妙旨貫通始終，而依佛旨圓攝於一心如來藏妙心，厥爲曠古未有之大說也。平實導師述，共有25輯，已於2019/05/31出版完畢。每輯300元。

西藏「活佛轉世」制度—附佛、造神、世俗法：歷來關於喇嘛教活佛轉世的研究，多針對歷史及文化兩部分，於其所以成立的理論基礎，較少系統化的探討。尤其是此制度是否依據「佛法」而施設？是否合乎佛法眞實義？現有的文獻大多含糊其詞，或人云亦云，不曾有明確的闡釋與如實的見解。因此本文先從活佛轉世的由來，探索此制度的起源、背景與功能，並進而從活佛的尋訪與認證之過程，發掘活佛轉世的特徵，以確認「活佛轉世」在佛法中應具足何種果德。定價150元。

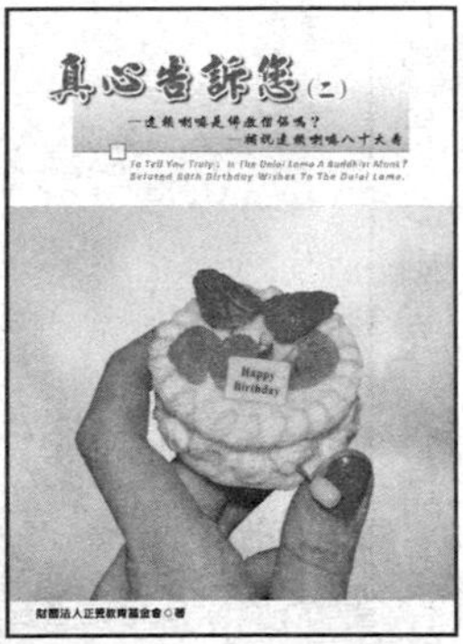

真心告訴您(二)—達賴喇嘛是佛教僧侶嗎？補祝達賴喇嘛八十大壽：這是一本針對當今達賴喇嘛所領導的喇嘛教，冒用佛教名相、於師徒間或師兄姊間，實修男女邪淫，而從佛法三乘菩提的現量與聖教量，揭發其謊言與邪術，證明達賴及其喇嘛教是仿冒佛教的外道，是「假藏傳佛教」。藏密四大派教義雖有「八識論」與「六識論」的表面差異，然其實修之內容，皆共許「無上瑜伽」四部灌頂爲究竟「成佛」之法門，也就是共以男女雙修之邪淫法爲「即身成佛」之密要，雖美其名曰「欲貪爲道」之「金剛乘」，並誇稱其成就超越於（應身佛）釋迦牟尼佛所傳之顯教般若乘之上；然詳考其理論，則或以意識離念時之粗細心爲第八識如來藏，或以中脈裡的明點爲第八識如來藏，或如宗喀巴與達賴堅決主張第六意識爲常恆不變之眞心者，分別墮於外道之常見與斷見中；全然違背 佛說能生五蘊之如來藏的實質。售價300元。

涅槃—解說四種涅槃之實證及內涵：眞正學佛之人，首要即是見道，由見道故方有涅槃之實證，證涅槃者方能出生死，但涅槃有四種：二乘聖者的有餘涅槃、無餘涅槃，以及大乘聖者的本來自性清淨涅槃、佛地的無住處涅槃。大乘聖者實證本來自性清淨涅槃，入地前再取證二乘涅槃，然後起惑潤生捨離二乘涅槃，繼續進修而在七地心前斷盡三界愛之習氣種子，依七地無生法忍之具足而證得念念入滅盡定；八地後進斷異熟生死，直至妙覺地下生人間成佛，具足四種涅槃，方是眞正成佛。此理古來少人言，以致誤會涅槃正理者比比皆是，今於此書中廣說四種涅槃、如何實證之理、實證前應有之條件，實屬本世紀佛教界極重要之著作，令人對涅槃有正確無訛之認識，然後可以依之實行而得實證。本書共有上下二冊，每冊各四百餘頁，對涅槃詳加解說，每冊各350元。

佛藏經講義：本經說明爲何佛菩提難以實證之原因，都因往昔無數阿僧祇劫前的邪見，引生此世求證時之業障而難以實證。即以諸法實相詳細解說，繼之以念佛品、念法品、念僧品，說明諸佛與法之實質；然後以淨戒品之說明，期待佛弟子四衆堅持清淨戒而轉化心性，並以往古品的實例說明歷代學佛人在實證上的業障由來，教導四衆務必滅除邪見轉入正見中，不再造作謗法及謗賢聖之大惡業，以免未來世尋求實證之時被業障所障；然後以了戒品的說明和囑累品的付囑，期望末法時代的佛門四衆弟子皆能清淨知見而得以實證。平實導師於此經中有極深入的解說，總共21輯，已於2022/11/30出版完畢，每輯三百餘頁，售價300元。

大法鼓經講義：本經解說佛法的總成：法、非法。由開解法、非法二義，說明了義佛法與世間戲論法的差異，指出佛法實證之標的即是法——第八識如來藏；並顯示實證後的智慧，如實擊大法鼓、演深妙法，演說如來祕密教法，非二乘定性及諸凡夫所能得聞，唯有具足菩薩性者方能得聞。正聞之後即得依於 世尊大願而拔除邪見，入於正法而得實證；深解不了義經之方便說，亦能實解了義經所說之眞實義，得以證法——如來藏，而得發起根本無分別智，乃至進修而發起後得無分別智；並堅持布施及受持清淨戒而轉化心性，得以現觀眞我眞法如來藏之各種層面。此爲第一義諦聖教，並授記末法最後餘八十年時，一切世間樂見離車童子以七地證量而示現爲凡夫身，將繼續護持此經所說正法。平實導師於此經中有極深入的解說，總共六輯，已於2023/11/30出版完畢，每輯三百餘頁，售價每輯300元。

成唯識論釋：本論係大唐玄奘菩薩揉合當時天竺十大論師的說法加以辨正而著成，攝盡佛門證悟菩薩及部派佛教聲聞凡夫論師對佛法的論述，並函蓋當時天竺諸大外道對生命實相的錯誤論述加以辨正，是由玄奘大師依據無生法忍證量加以評論確定而成爲此論。平實導師弘法初期即已依於證量略講過一次，歷時大約四年，當時正覺同修會規模尚小，聞法成員亦多尚未證悟，是故並未整理成書；如今正覺同修會中的證悟同修已超過六百人，鑑於此論在護持正法、實證佛法及悟後進修上的重要性，已於2022年初重講，並已經預先註釋完畢編輯成書，名爲《成唯識論釋》，總共十輯，每輯目次41頁、序文7頁、每輯內文多達四百餘頁，並將原本13級字縮小爲12級字編排，以增加其內容；於增上班宣講時的內容將會更詳細於書中所說，涉及佛法密意的詳細內容只於增上班中宣講，於書中皆依佛誡隱覆密意而說，然已足夠所有學人藉此一窺佛法堂奧而進入正道、免入岐途。重新判教後編成的〈目次〉已經詳盡判定論中諸段句義，用供學人參考；是故讀者閱完此論之釋，即可深解成佛之道的正確內涵。本書總共十輯，預定每一輯內容講述完畢時即予出版，第一輯於2023年五月底出版，然後每七至十個月出版下一輯，每輯定價400元。

不退轉法輪經講義：世尊弘法有五時三教之別，分爲藏、通、別、圓四教之理，本經是大乘般若期前的通教經典，所說之大乘般若正理與所證解脫果，通於二乘解脫道，佛法智慧則通大乘般若，皆屬大乘般若與解脫甚深之理，故其所證解脫果位通於二乘法教；而其中所說第八識無分別法之正理，即是世尊降生人間的唯一大事因緣。如是第八識能仁而且寂靜，恆順衆生於生死之中從無乖違，識體中所藏之本來無漏性的有爲法以及眞如涅槃境界，皆能助益學人最後成就佛道；此謂釋迦意爲能仁，牟尼意爲寂靜，此第八識即名釋迦牟尼，釋迦牟尼即是能仁寂靜的第八識眞如；若有人聽聞如是第八識常住、如來不滅之正理，信受奉行之人皆有大乘實證之因緣，永得不退於成佛之道，是故聽聞釋迦牟尼名號而解其義者，皆得不退轉於無上正等正覺，未來世中必有實證之因緣。如是深妙經典，已由平實導師詳述圓滿並整理成書，於2024/01/30開始，每二個月發行一輯，總共十輯，每輯300元。

解深密經講義：本經是所有尋求大乘見道及悟後欲入地者所應詳讀串習的三經之一，即是《楞伽經》、《解深密經》、《楞嚴經》三經中的一經，亦可作爲見道眞假的自我印證依據。此經是 世尊晚年第三轉法輪時，宣說地上菩薩所應熏修之無生法忍唯識正義經典；經中總說眞見道位所見的智慧總相，兼及相見道位所應熏修的七眞如等法；亦開示入地應修之十地眞如等義理，乃是大乘一切種智增上慧學，以阿陀那識—如來藏—阿賴耶識爲成佛之道的主體。禪宗之證悟者，若欲修證初地無生法忍乃至八地無生法忍者，必須修學《楞伽經、解深密經、楞嚴經》所說之八識心王一切種智。此三經所說正法，方是眞正成佛之道；印順法師否定第八識如來藏之後所說萬法緣起性空之法，墮於六識論中而著作的《成佛之道》，乃宗本於密宗宗喀巴六識論邪思而寫成的邪見，是以誤會後之二乘解脫道取代大乘眞正成佛之道，承襲自古天竺部派佛教聲聞凡夫論師的邪見，尚且不符二乘解脫道正理，亦已墮於斷滅見及常見中，所說全屬臆想所得的外道見，不符本經、諸經中佛所說的正義。平實導師曾於本會郭故理事長往生時，於喪宅中從**首七**開始宣講此經，於每一七起各宣講三小時，至**十七**而快速略講圓滿，作爲郭老之往生後的佛事功德，迴向郭老早證八地、速返娑婆住持正法。茲爲今時後世學人故，已經開始重講《解深密經》，以淺顯之語句講畢後，將會整理成文並梓行流通，用供證悟者進道；亦令諸方未悟者，據此經中佛語正義修正邪見，依之速能入道。平實導師述著，全書輯數未定，每輯三百餘頁，預定於《不退轉法輪經講義》發行圓滿之後逐輯陸續出版。

菩薩瓔珞本業經講義：本經是律部經典，依之修行可免誤犯大妄語業。成佛之道總共有五十二階位，前十階位爲十信位，是對佛法僧三寶修學正確的信心，如實理解三寶的實質都是依第八識如來藏而成就的；然後轉入四十二個位階修學，才是正式修學佛道，即是十住、十行、十迴向、十地、等覺、妙覺，分別名爲習種性、性種性、道種性、聖種性、等覺性、妙覺性，所應修習完成的是銅寶瓔珞、銀寶瓔珞、金寶瓔珞、琉璃寶瓔珞、摩尼寶瓔珞、水精瓔珞，依於如是所應修學的內容及階位而實修，方是眞正的成佛之道。此經中亦對大乘菩提的見道提出了判位，名爲「第六般若波羅蜜正觀現在前」，說明正觀現時應該如何方能成爲眞見道菩薩，否則皆必退轉。平實導師述著，全書輯數未定，每輯三百餘頁，預定於《解深密經講義》出版發行圓滿之後逐輯陸續出版。